YINGSHANGHUANJING JIANSHEDE LILUNLUOJI
JISHIXIANLUJINGYANJIU

营商环境建设的理论逻辑及实现路径研究

郭 薇 等著

上海三联书店

前　　言

营商环境建设是一项系统工程,是建立在"政府—市场—社会"三维空间内的多向立体式治理活动,这种系统性来自于营商环境本身是所处区域的政治经济制度、法律法规条款、人文风俗习惯、产业市场环境、经济基础形势等因素共同作用的产物,政府、市场、社会要通过持续的互动,甚至是"博弈"来不断调整各自的职责范围以催生三者之间的合作机制,这种合作机制以三者间弹性的职责边界为基础,任何一方对权力的"私"都有可能引发营商环境建设乱象。营商环境建设本质上是一个经济治理过程,在这个过程中政府、市场、社会作为治理端起着控制全盘的作用,构成了营商环境建设的"控制"系统,各类社会因素则是治理端真正发挥作用的载体,构成了营商环境建设的"作业"系统,它们围绕优化营商环境的共同目标,在复杂的社会环境中形成动态式平衡,这种平衡状态赋予各类市场主体更加适存的外部环境,以降低制度性交易成本为主提升市场主体的"营商"体验。可见,营商环境建设中的系统性思维不可或缺,治理上的"顾此失彼"绝非可以容忍。因此,要以全局观为指引,树立"大营商环境观",提升营商环境的工具价值,全面维持市场经济的平稳健康发展。

目　　录

第一章 营商环境建设的历史逻辑

我国的营商环境建设服务于大局。计划经济时代,经济发展目标隶属于政治发展目标,"营商"活动的政治性暴露无遗,营商环境自身的建设被抛之脑后。1978 年实施改革开放后,随着商品经济复活以及市场经济的引入,我国的营商环境建设才开始起步,"十四五"之后进入全方位建设阶段。营商环境通俗来讲就是市场主体的生产经营环境,属于制度性环境的一种,它覆盖市场主体的准入、生产经营和退出全程。好的营商环境代表一个国家和地区的经济"软实力",在聚集发展要素、激发市场主体活力方面能够发挥巨大作用。目前,我国正处于后工业时代,资源红利、人口红利、政策红利逐渐消退,人民的需求已经从满足生存的物质条件转向提升美好生活感受的精神领域,客观存在的"硬资源"已经无法充当经济发展的核心驱动力,创新、人才、技术、制度等"软资源"才是经济增长的重要支撑。因此,营商环境建设成为经济高质量发展阶段的必然选择。

一 中国营商环境建设的历程

改革开放之初,僵化的计划经济体制、集体经济的意识形态、庞大而低效的国有企业[①],无法满足实现四个现代化需要的巨额建设资金。早在 1978—1979 年进行的计划测算中就估计到,中国实现四化的总投资十分宏大,其中的 2/3 可以靠内部积累,1/3 则需吸收与利用外资,其规模大体在 3000 亿美元上下。[②] 与此同时,发达国家从 20 世纪 70 年代起,开始将国内夕阳产业转移到生产成本相对低廉的发展中国家。在这样的国内外背景下,1978 年12 月,党的十一届三中全会作出了把党和国家工作重心转移到经济建设上来,实行改革开放的历史性决策,也开启了我国营商环境建设的进程。

(一) 改革开放初期:粗放型招商引资

1. 僵化的经济体制催生新的改革需求

改革开放是旧的非均衡制度到新的均衡制度间创新发展的新动力,解除旧体制对资本与劳动力要素的束缚,在封闭和半封闭市场中实现贸易和投资自由,[③]所谓旧体制即开放前高度集中的计划经济体制,政府指令决定资源配置。新中国积贫积弱,计划经济

---

① 宋林霖,何成祥:《从招商引资至优化营商环境:地方政府经济职能履行方式的重大转向》,《上海行政学院学报》2019 年第 6 期。

② 李吟枫:《对目前中国投资环境的概要分析》,《世界经济文汇》1992 年第 2 期。

③ 袁易明:《中国经济特区建立与发展的三大制度贡献》,深圳大学学报(人文社会科学版)2018 年第 4 期。

无疑是一根"救命稻草"，以"集中力量办大事"在短时期内将有限的资源集中于工业化建设，为社会主义提供完整的工业体系和国民经济体系。生产资料公有制是计划经济体制最鲜明的特征，"生产什么、怎样生产、为谁生产"均由政府决定。这种长期的"被计划"状态逐渐压垮企业和市场的积极性，企业沦为行政部门下属单位，市场作用荡然无存。① 穷则思变，中国迫切需要进行第二次革命来解放和发展生产力。改革后，为缓解国内资源不足问题，1979年1月，邓小平同胡厥文、胡子昂、荣毅仁等工商界领导人谈话时指出，"现在搞建设，门路要多一点，可以利用外国的资金和技术，华侨、华裔也可以回来办工厂"。由此，国家将目光投向国外资本，实行招商引资，大力进行国内经济环境改造，即开始我国第一代"营商环境"建设工作。从这一点看，初期"营商环境"建设可以理解为"投资环境"建设。

2. 初代营商环境建设存在条件不足

在确定实行招商引资后，为进一步畅通外资进入国内市场的渠道，国家在诸多方面做出努力。首先，突破理论禁忌，赋予外资合法性和合法生存空间。② 外资的引入将非公有制经济成分推向社会主义市场，在落后的生产力和先进的社会改革理念之间搭建起沟通桥梁，市场的辅助作用日益凸显。1979年，我国出台第一部涉外经济法——《中华人民共和国中外合资企业法》，与之后的一系列政策性立法为外商直接投资中国企业提供了法律依据。其

---

① 董洁：《70年来经济体制的探索与启示》，《经济日报》2019年第14版。
② 刘建丽：《新中国利用外资70年：历程、效应与主要经验》，《管理世界》2019年第11期。

次,给予外资政策优惠。利用税收优惠、降低土地租金、提供廉价劳动力等激励政策吸引外资,大搞经济特区、沿海开放城市建设。1984—1988 年中央政府共设立 5 个经济特区、14 个开放沿海城市、3 个沿海经济开放区,作为经济体制改革的"试验田",实行特殊政策和灵活措施吸引海外华人华侨资本、引进国外先进技术和经营管理方法,以期在全国范围内形成辐射和带动作用。① 各个地方政府在财税、土地、金融、基础设施和公用事业等方面给予外资各种形式的政策刺激。② 初期的招商引资在很大程度上缓解了我国资金匮乏和生产力低下的紧张局面,但由于缺乏经验,招商引资大体上比较粗放,外资引入以借款为主,招商手段局限于提供政策优惠,对少数企业的倾斜性政策支持导致出现非公平竞争问题,且时常发生与国际惯例和国际规则相悖的事件。

3. 改革开放进入初期试点改革阶段

(1) 设立经济特区

1979 年 7 月,中共中央、国务院批准在深圳、珠海、汕头、厦门试办"出口特区",作为招商引资试验区。1980 年 5 月,"出口特区"正式更名为"经济特区"。1988 年,海南经济特区正式成立,成为我国首个省级经济特区,5 个经济特区成为改革开放初期的招商"窗口"。随后,各经济特区立足本区域内产业基础、经济形式等制定《经济特区条例》,作为外商投资基本指南,将吸引外来投资推

---

① 何勇钦:《中国经济特区的回顾与展望》,硕士学位论文,长江大学,2013 年,第 1—7 页。

② 马相东,张文魁,刘丁一:《地方政府招商引资政策的变迁历程与取向观察:1978—2021 年》,《改革》2021 年第 8 期。

向制度化和程序化。以《广东省经济特区条例》为例,其中明确规定"特区为客商提供广阔的经营范围,创造良好的经营条件,保证稳定的经营场所。一切在国际经济合作和技术交流中具有积极意义的工业、农业、畜牧业、养殖业、旅游业、住宅和建筑业、高级技术研究制造业,以及客商与我方共同感兴趣的其他行业,都可以投资兴办或者与我方合资兴办"。还规定了7条投资优惠政策与办法,涉及土地供给、生产资料购买、企业所得税、外汇管理、出入境手续等多个方面。如客商用地,按实际需要提供,其使用年限、使用费数额和缴纳办法,根据不同行业和用途,给予优惠;特区企业进口生产所必需的机器设备、零配件、原材料、运输工具和其他生产资料,免征进口税;对必需的生活用品,可以根据具体情况、分别征税或者减免进口税。特区企业所得税税率为15%,比内地合营企业低一半;对投资额达500万美元以上的企业,或技术性较高、资金周转期较长的企业,给予特别优惠待遇;客商所得利润在特区内进行再投资为期5年以上者,可申请减免用于再投资部分的所得税等。

（2）开放沿海城市

1984年2月,邓小平视察广东、福建两省经济特区后对"中国开放"的走向给出了清晰的答案:"我们建立经济特区,实行开放政策,有个指导思想要明确,就是不是收,而是放。""除现在的特区之外,可以考虑再开放几个港口城市,如大连、青岛。这些地方不叫特区,但可以实行特区的某些政策。"[1]1984年5月,中共中央、国

---

① 张翼,董蓓:《一串明珠点亮改革开放前沿》,《光明日报》2021年03月26日第6版。

务院决定进一步开放大连、天津、秦皇岛、青岛、烟台、上海、南通、连云港、宁波、温州、福州、广州、湛江、北海等 14 个沿海港口城市，随后又于 1985 年增加营口市、1988 年增加威海市。沿海开放城市的引资权限得以扩大，如放宽利用外资建设项目的审批权限，增加外汇使用额度和外汇贷款，对"三资"企业在税收、外汇管理上给予优惠待遇，可逐步兴办经济技术开发区等。沿海开放城市的设立在原经济特区开放的基础上，进一步扩大了改革开放初期的外商投资规模。据《1984 年国民经济和社会发展统计公报》显示，当年我国利用外资进一步扩大，全国实际使用外资达到 26.6 亿美元，比上年增长 35.7%。使用各种贷款 13.2 亿美元，比上年增长 25.7%；吸收国外直接投资 13.4 亿美元，比上年增长 47.3%。开放沿海城市是中国改革开放由点及面的开端，以其特殊的地理区位使中国经济与海外市场的衔接程度愈加升高，使国内由以对内经济建设为主的经济改革逐渐向对外贸易与对内经济建设并重的新的经济发展阶段。

（3）开辟沿海经济开放区

1985 年 2 月，党中央、国务院决定在长江三角洲、珠江三角洲和厦漳泉三角地区开辟沿海经济开放区，要求在沿海经济开放区逐步形成"贸—工—农"型的生产结构，即按出口贸易的需要发展加工工业，按加工的需要发展农业和其他原材料的生产。这是我国实施对内搞活经济、对外实行开放的又一重要步骤。1988 年 3 月，国务院进一步扩大了长江、珠江三角洲和闽南三角洲地区经济开放区的范围，并把辽东半岛、山东半岛、环渤海地区的一些市、县和沿海开放城市的所辖县列为沿海经济开放区，初步形成了"经济特区—沿海开放城市—沿海经济开放区—内地"这样一个多层次、逐步推进的开放格局。这一时期,中国的改革开放正式由区域性试验阶段转向全面展开和深化的阶段,"沿海经济开放带"逐渐成形,以沿海加工出口为重点的外向型经济初现雏形,国内市场与国际市场的联系日益紧密,开展经济合作的自主性逐渐增强。经济开放区通过"外引内联"使国外先进科学技术、管理经验以及外商资源在开放地区聚集,大量的外资项目在沿海地区内落地落实,既能发挥地区内既有的产业优势,又能通过技术和管理革新等进一步解放和发展生产力,提高生产效率。除开辟沿海经济开放区外,1990 年,我国又开放了上海浦东,同意上海市在浦东实行经济技术开发区和某些经济特区的政策。同时,继 1988 年 5 月国务院批准建立第一个国家高新区——北京市新技术产业开发试验区后①,1991 年,国务院发出《关于批准国家高新技术开发区和有关政策规定的通知》,决定再批准 21 个国家高新技术产业开发区。②自此,我国经济技术开发区建设正式拉开了序幕。此外,1991 年,中国还开放满洲里、丹东、绥芬河、珲春 4 个北部口岸。很明显,改革开放前十余年,我国对外开放力度逐渐增强,到 90 年代初期对外经济合作达到空前繁荣,发展社会主义市场经济的步伐加快。

4. 营商环境建设呈现明显的不成熟性

由于正处于新旧经济体制交替初期,国内羸弱的经济发展基

---

① 张亚雄:《"高新区一定要成为科技型企业的栖息地"》,《光明日报》2020 年 7 月 24 日第 9 版。

② 《之二:对外开放迈向新阶段》,国家统计局,http://www.stats.gov.cn/zt_18555/ztfx/yjsld/202303/t20230301_1920318.html,2002 年 9 月 29 日。

础以及政府对招商引资工作经验缺失和指导空白等问题,尽管取得了相应的招商引资成绩,但改革开放初期投资环境的短板也很明显。一是社会基础设施建设较为落后。道路、交通、通讯、输电、供水、排水等尤其不能适应外商投资建设需要,难以令外国投资者满意。同时像教育、医疗、商业等配套也存在较多缺陷。二是法律制度问题。虽然当时发布了一系列政策、法规,国外一些公司仍然认为,这些规定不够具体和详细[1],所以很多国外投资者犹豫不决。三是体制机制问题。经济特区管理体制官商不分、政企合一,机构臃肿重叠、职责不清,官僚作风严重,人浮于事、相互推诿,办事效率低下[2]。当时北京人人大酒楼总经理曾出于爱国心及对利润的追求考虑到国内投资,但种种繁琐的手续和复杂的人际关系令他望而止步[3]。四是专业人才问题。无论是特区的行政工作人员、经济管理人员、工程技术人员,还是熟练工人队伍,都未能做好充分的配备,与引进外资、发展特区的需要,形成严重的脱节。[4]为了解决上述各项问题,各地区进行了多个方面的初步探索。绝大多数地方政府都把重点放在改善基础设施和配套上。例如广州经济技术开发区第一年重点建设通讯设施和能源设施,保证电话畅通、电力充足,两年内最先建设的 2 个小区已经实现"五通"和"二有",即"通车、通电、通讯、通水、通排污""有可用厂房 17 万平

---

① 菲利普斯,张鹏:《一个外国人看中国的投资环境》,《瞭望周刊》1984 年第 44 期。
② 陈乔之:《试析新加坡的投资气候——兼论改善我国经济特区投资环境的问题》,《东南亚研究资料》1982 年第 3 期。
③ 王萍:《改善我国投资环境亟待解决的几个问题》,《特区经济》1990 年第 1 期。
④ 陈乔之:《试析新加坡的投资气候——兼论改善我国经济特区投资环境的问题》,《东南亚研究资料》1982 年第 3 期。

方米、有生活服务设施 3 万多平方米",为外商投资设厂生产经营
提供保障。深圳蛇口工业区除了做好"五通一平"基础工程和标准
厂房之外,还先后兴建别墅、公寓、饭店、招待所、商店、银行、学校、
医院和公园,全面配套,建成综合性的工业区。同时,各地方从制
定优惠政策、健全法规、改革体制、培养人才等四个方面提升招商
引资实力。如江西宜丰县制定优惠政策,经营期在十年以上的独
资企业,其土地征用、使用费可全免;经营十年以上的合资企业,其
土地征用、使用费可按规定价格减半征收。此外,对合作数额较大
的项目,可在上述优惠办法的基础上更加优惠,并重奖招商引资有
贡献者。① 广州经济技术开发区从《开发区条例》这一基础法规到
"投资程序""税收办法"以及"工作人员文明礼仪须知"等工作细
则,都有明文规定,使区内的经济活动、人际交往都有法可依,有章
可循。② 且上述两个地区还十分重视人才的培养,广州经济技术
开发区一方面开展"服务观念、信誉观念、时效观念、竞争观念"的
职业道德教育,另一方面举办各种专业培训班,一年之内培训人员
达 1139 人次,形成了一支高素质人才队伍。江西宜丰县特聘请三
资企业外方经理帮助决策,管理三资企业,培养外经管理人才;采
取"请进来""送出去"的办法,多形式、多层次、多渠道,培养一支适
应形势发展的外向型人才队伍。③ 此外,各地区还不遗余力地进
行体制机制改革,如天津开发区实行政企分开,行政管理权集中于
管委会,管委会下设工商管理、税务、海关、财政等系统,各项事宜

---

① 孙世群:《创造条件加快招商引资》,《老区建设》1992 年第 11 期。

② 朱秉衡:《广州经济技术开发区的发展策略》,《热带地理》1988 年第 4 期。

③ 孙世群:《创造条件加快招商引资》,《老区建设》1992 年第 11 期。

能就地办理。而天津开发区总公司负责开发区的开发、投资和经营，下设若干专业公司，专门为投资客商提供相应合作和服务。上海的闵行、虹桥开发区，整个开发区本身就是企业，受上海市政府及各主管部门领导，以经济法人地位组织全区的经济活动。

（二）邓小平南方讲话后：精准化招商引资

1. 改革开放面临复杂严峻的内外部挑战

传统的社会主义坚持生产资料公有制，而改革开放强调引进私人资产，从这一点看，二者似乎不能同日而语。但为何在党的十四大确立建立社会主义市场经济改革目标后，我国仍能顺利进入改革开放第二次热潮呢？事实上，"消灭私有制"这一公认观点只是实现社会主义的理论途径，从价值生产过程来看，社会主义和资本主义中都存在私人资本生产、国有资本生产、社会资本生产、非资本价值生产四大价值生产方式，姓"资"或姓"社"是由总生产中四大价值生产方式所占比例决定。[1] 这就是"社会主义也可以搞市场经济"的原因所在，这充分说明改革开放确实是一场史无前例的伟大探索，因为其背后的逻辑在当时还未可知。开放后，大量的外资涌入使得中国 GDP 总规模从 1978 年的 3650 亿元增加到 1990 年的 61130 亿元，人均 GDP 从 381.8 元增加到 1653.9 元。[2] 这些数据表明，初期的试点改革是成功的、可复制的。因此在邓小平南方讲话后，我国改革开放正式进入到"由点及面"阶段，开放区域由沿海地区扩

---

① 蔡定创：《信用价值论》，2015 年第一版，2020 年第二版。
② 《改革开放与中国经济增长三次上行（一）：1978—1990》，财新网，https://opinion.caixin.com/m/2020-10-22/101617425.html，2020 年 10 月 22 日。

大至沿江、沿边、内陆和省会城市,形成全方位、大开放格局。① 除此之外,这一时期我国还面临着相当艰难的外部生存环境。20 世纪 80 年代末、90 年代初期,苏东局势的持续恶化使社会主义事业处于低潮,西方大国也联合对我国进行制裁,我们面临的国际形势一度十分严峻。于是,经济发展速度有所放缓,政治动乱的发生也使一些人对改革开放提出质疑,"左"倾思想有所抬头,这种错误的认识和解读开始影响整个社会思潮,招商引资在巨大的质疑声中艰难前行。此时,意志坚定的改革者们认识到单纯的政策优惠已经不足以满足巨大的开放需求,也不足以抵御外界干扰。因此,创新招商模式、强化国内资源利用效率、丰富资源运行载体迫在眉睫。

2. 地方政府打造区域招商引资优势

除了扩大改革开放程度、健全相关法规外,中央政府也开始从战略、体制机制方面,发挥顶层设计功能,对地方招商引资工作进行引导。首先,进行地方政府招商引资机构改革。1992 年以后,国际投资促进理论研究受到我国政府和学术界的重视,商务部外国投资管理司召开全国第一届招商引资工作会议,邀请世界银行专家介绍招商引资的理论和实践,各地随后开始在招商引资工作中引入了"营销"理念,用投资促进理论指导实践,极大地推动外商来华直接投资。1996 年,商务部外国投资管理司再次与世界银行合作举办招商引资研讨班,综合介绍招商引资的方式、成本收益等方面的专业理论体系与实践经验。此次研讨班推动各地方政府的

① 《1992 年沿海城市开放大事记》,中国改革信息库,http://www.reformdata.org/2012/1105/1126.shtml,2012 年 11 月 5 日。

招商引资机构改革,部分地区开始建立起具有独立法人身份的招商局、经济发展局等。这些招商引资机构有的是直属地方政府,有的是地方商务部门下属事业单位,不仅在制定和施行优惠政策方面具有权威,还能面向市场调整工作方法,推动地方政府的招商引资工作迈上新台阶。

其次,地方政府同步进行投资"硬环境""软环境"改造。在投资硬环境方面,基础设施建设突显高标准和超前性。如:当时对招商投资环境要求较高的苏州工业园区,因其招商重点是跨国公司的高新技术项目和高效益项目,此类跨国公司与传统劳动密集型中小型投资商相比,须具备基础完备、通讯快捷、高效廉洁等综合优势。因此园区在基础设施建设上立足高标准,做到"九通一平"(道路、供水、供电、供气、供热、排污、排雨水、有线电视、通讯和土地平整)。再如广东省在足以满足需求的前提下,仍超前布局基础项目,实现横跨珠江的虎门大桥通车,筹建贯通珠海与香港的伶仃洋跨海大桥,继珠海机场建成后又开始谋划广州花都机场。在投资软环境方面,地方政府开始探索逐步运用市场机制并转变政府服务理念。广东省于1996年和1997年先后两次放宽内销比例,在审批权限内,符合一定政策的外商投资项目,在企业外汇自求平衡的前提下,可根据国内外的市场需求,确定和调整产品内外销比例。这种适当放宽外商投资企业产品内销比例的做法可以充分发挥市场潜力,不仅拓宽外资利用领域,也为以后发展内外结合型经济奠定了基础。1996年上海浦东新区一改以往政府招商引资唱主角的做法,采用"中介招商"方式,实行海外招商代理制。投资中介机构把浦东新区招商引资的政策和产业导向推向全球市场,然后筛选出最理想的投资商。浦东新区选择的招商代理都是在世界享有盛名的中介机构和企业,有日本四大证券之首的大和证券株式会社、著名房地产咨询机构日本不动产中央情报中心等,他们凭借自己的信息优势和众多的固定客户,为上海浦东招到了高质量的项目,还提高了效率和资金到位率。

3. 优化营商环境开启对外对内"两手抓"

(1)改革开放政策覆盖范围增大

"加快改革开放的步伐,集中精力把经济建设搞上去"是邓小平南方讲话重要精神之一,"能否大胆改革开放"成为走出中国特色社会主义道路的一个根本问题。南方讲话后,姓"资"还是姓"社"的争论有了明确的界定,即是否有利于发展社会主义社会的生产力,是否有利于增强社会主义国家的综合国力,是否有利于提高人民的生活水平。[①] 这一时期,我国先后批准开放 13 个沿边城市、6 个长江沿岸城市、18 个内陆省会城市。并且先后批准 32 个国家级经济技术开发区、52 个高新技术开发区、13 个保税区,开放 34 个口岸,形成沿海、沿江、沿边和内陆地区多层次、全方位的开放新格局。[②] 并且,这一阶段我国出口产品结构获得实质性优化。开放初期,我国出口商品以初级产品为主。80 年代以工业制成品为主,而 90 年代又实现由轻纺产品为主向机电产品为主的转变[③],这表明我国的产

[①] 《邓小平"南方讲话"》,中华人民共和国国史网,http://hprc.cssn.cn/gsgl/dsnb/zdsj/jdbndsdd/202103/t20210318_5319713.html,2021 年 3 月 18 日。

[②] 《常健:中国对外开放的历史进程》,中国科学院,https://www.cas.cn/zt/jzt/ltzt/dlqzgxdhyjltwx/dhbg/200809/t20080928_2671087.shtml,2008 年 9 月 28 日。

[③] 《对外经贸跨越发展　开放水平全面提升——改革开放 40 年经济社会发展成就系列报告之三》,国家统计局,http://www.stats.gov.cn/zt_18555/ztfx/ggkf40n/202302/t20230209_1902583.html,2018 年 8 月 30 日。

业开放已经由劳动密集型转向技术密集型。最重要的是,对外开放从以"引进来"为主向"引进来"与"走出去"并重,我们不仅不断扩大外国资本和先进技术引进与利用的规模,还开启了对外投资合作。据统计,1982—2000 年,我国累计实现对外直接投资 278 亿美元。尽管年均投资额仅 14.6 亿美元①,但这为之后的对外经济贸易合作奠定了良好的开端,也是我国打开国门,真正融入世界经济潮流的重要标志。

(2)产业园区建设进入热潮

基于经济特区及各沿海开放区域试点改革的成功,1992 年以后,一种特殊区位环境——产业园区,在中国落地生根且日益成为经济建设和招商引资政策运行的主要载体,它由若干企业在某一空间内聚集而形成,各类企业间的产业联动推动资源积聚和共享,是孕育新兴产业、推动区域创新、提升城市投资吸引力的重要载体。但改革开放初期的产业园区建设并不理想,当时的园区大多是简单工业加工区,以低端劳动密集型产业为主,且园区建设参照经济特区,生产经营的自由度较低。1984 年以后,产业园区数量逐渐增多,园区的功能性得到关注。② 直到 1992 年后,产业园区才真正进入到人们的视野当中,仅 1992—2002 年,我国就新增各类产业园区近 120 个③,成为招商引资的中流砥柱。与初期相比,

---

① 《从"请进来"到"走出去"40 年 40 组关键词》,中国日报网,https://china.chinadaily.com.cn/2018-11/22/content_37301180.htm,2018 年 11 月 22 日。

② 刘佳骏:《中国产业园区转型升级历程与政策建议》,《重庆理工大学学报》(社会科学)2019 年第 9 期。

③ 甄杰,任浩,唐开翼:《中国产业园区持续发展:历程、形态与逻辑》,《城市规划学刊》2022 年第 1 期。

该时期的产业园区由生产主导进入到产业主导阶段,园区内特色产业结构形成。另一方面,园区由政府主导的外生干预型转向以市场为主导的内生自持型,产业园区在资源配置、要素流通等环节的自主性变大,资源利用能力随之提升,资源利用效率大幅提高。这一时期,我国招商引资已经不完全依赖浅表性的政策优惠,而是真正的"拿实力说话",投资者面对的不再是一个"未知环境",投资精准度和资源使用透明度大幅提升,投资价值实现了可预测、可计算。产业园区的类型十分丰富,包括高新技术开发区、经济技术开发区、科技园等等。从数量上看,从 1992 年到 2002 年 3 月,全国共有 35 个国家级经济技术开发区经国务院的批准设立,2022 年 9 月,增加到 49 个,其中超过半数落地于东部沿海地区。国务院还批准建立 53 个国家级高新技术产业开发区、15 个国家级出口加工区、14 个国家级保税区和 14 个国家级边境经济合作区。从进出口规模上看,2001 年全国经济技术开发区和浦东、苏州、洋浦等特殊开放区的进出口额合计达到 512.3 亿美元,占当年中国对外贸易总额的比重上升至 10%。5 个经济特区、14 个保税区和 14 个沿海开放城市的进出口额分别达到 567 亿美元、193 亿美元、1554.9 亿美元,各占当年中国对外贸易总额的 11.1%、3.8%和 30.5%。[1]

(3) 改善国内个体工商户和私营企业生存环境

邓小平南方讲话后,我国的营商环境建设不再单纯聚焦在外商投资环境建设,开始重视国内市场的健康发育和扩大,个体私营

---

[1] 《之二:对外开放迈向新阶段》,国家统计局,http://www.stats.gov.cn/zt_18555/ztfx/yjsld/202303/t20230301_1920318.html,2002 年 9 月 29 日。

经济在经历了长期的压制后终于获得了广阔的发展天地。作为非公有制经济成分,1982 年,党的十二大提出个体经济是公有制经济必要的、有益补充,年底的宪法修正案将个体经济写入宪法;1987 年党的十三大首次承认并允许私营经济发展,并于次年将私营经济写入宪法。这两次会议从根本上赋予了个体私营经济合法性地位。1988 年,我国颁布《私营企业暂行条例》,进一步提升私营经济在社会主义市场经济中的制度性地位。这一时期,一系列制度政策支持使民营经济得到快速发展,尽管此时的"支持"仍是有限度的、不完善的。据统计,从 1978 年到 1992 年,全国个体经济从业人员从 14 万人快速增加到 2467.7 万人,私营企业数量也达到 13.9 万户。[1] 与此同时,一种针对体制内人员的创业政策——"停薪留职",掀起党政干部"下海从商"的热潮,当年辞职下海的有 12 万人,没辞职而投身商海的超过 1000 万人,成为民营经济发展史上第一次大规模下海潮。[2] 随后,个体私营经济的发展环境进一步优化。

1993 年,党的十四大明确了经济体制改革的目标是建立社会主义市场经济体制,十四届三中全会通过《中共中央关于建立社会主义市场经济体制若干问题的决定》,指出"国家要为各种所有制经济平等参与市场竞争创造条件,对各类企业一视同仁",为个体私营经济发展创造了更加宽松的外部环境。1993 年和 1994 年,全国私营企业数量分别达到 23.79 万户、43.22 万户,较上一年分别增长

① 辜胜阻,韩龙艳:《中国民营经济发展进入新的历史阶段》,《求是》2017 年 3 月 31 日。
② 张志勇:《民营企业 40 年》,经济日报出版社 2019 年版,第 10 页。

了 70.4％和 81.7％。[①] 1997—1999 年,个体、私营经济的地位逐渐上升,党的十五大将其从社会主义经济的补充地位提升到社会主义市场经济的组成部分,确认其具有市场经济条件下平等参与竞争的资格。九届全国人大二次会议通过的《中华人民共和国宪法修正案》又确认其为社会主义初级阶段的基本经济制度的重要组成部分。尤其是 1997 年爆发亚洲经济危机后,为解决国有企业大量亏损及中国经济发展面临的巨大压力,"抓大放小"国有企业改革使大批中小型国有企业出售卖给私营企业,个体私营经济发展迎来了又一个新高潮,其本身具备的经济调节作用得到了实践证明。

2022 年,党的十六大提出"让一切创造财富的源泉充分涌流",鼓励私营企业家发展生产。许多私营企业实行股份制,通过上市融资,迅速壮大。以前是私营公司为主,此后以股份制公司为主。截止 2002 年底,全国个体工商户达 23.77.5 万户,从业人员 4742.9 万人,注册资金 3782.4 亿元;私营企业 243.5 万户,从业人员 3247.5 万人,注册资金为 24756.2 亿元;非公有制经济创造的增加值占 GDP 的比重达 1/3[②][③]。

4. 政策健全带动营商环境系统性优化

(1) 对外健全招商引资法规政策体系

南方讲话之后,国内对于招商引资又有了新的争论,即经济效

---

① 郑修敏,许晓明:《政策引导还是自我发展?——新中国六十年中国民营经济发展动力探究》,《社会科学战线》2009 年第 9 期。

② 黄孟复:《中国民营经济史·大事记》,社会科学文献出版社 2009 年版,第 13—16 页。

③ 全国工商联研究室:《中国改革开放 30 年民营经济发展数据》,中华工商联合出版社 2010 年版,第 1—5 页。

益与国家安全的矛盾,也就是说如何在引入外资的同时保护国民经济命脉产业。为此,国家进一步完善招商引资政策体系,致力于从更有效率、更加科学利用外资的视角,引导外资企业在国内市场上健康稳定发展。1992 年,国家出台《关于加快改革、扩大开放、力争经济更好更快地上一个新台阶的意见》《关于加强政法工作,更好地为改革开放和经济建设服务的意见》《中共中央关于加强和改进宣传思想工作,更好地为经济建设和改革开放服务的意见》《中共中央关于加强党的建设,提高党在改革和建设中的战斗力的意见》等一系列指导性文件,为改革开放提供更好的宏观政策环境、法制环境和社会环境。①

在具体的外商投资实践中,1992 年之前,我国已经出台《关于加强利用外资工作的指示》《中华人民共和国中外合作经营企业法》《中华人民共和国外资企业法》《合资法实施条例》《外资法实施细则》《中外合资经营企业法(修订版)》《指导外商投资方向暂行规定》《中华人民共和国外商投资企业和外国企业所得税法》《中华人民共和国外商投资企业和外国企业所得税法实施细则》等一系列与外商投资相关的政策法律体系。②

1995 年,国家发布《指导外商投资方向暂行规定》明确其作为审批外商投资项目的指导依据,随后又出台《外商投资产业指导目录》,首次以法规的形式对外公布鼓励、限制和禁止外商在华投资

---

① 《邓小平"南方讲话"》,中华人民共和国国史网,http://hprc.cssn.cn/gsgl/dsnb/zdsj/jdbndsdd/202103/t20210318_5319713.html,2021 年 3 月 18 日。

② 《关于我国外商投资政策的发展与参考》,中国产业海外发展协会,http://www.ciodpa.org.cn/index.php? m＝content&c＝index&a＝show&catid＝64&id＝2607,2020 年 4 月 17 日。

的产业领域。同年,出台了《中外合作企业法实施细则》,在符合国家的发展政策和产业政策的前提下,积极推动中外企业依法展开合作。1999 年 8 月,国家经贸委颁布《外商收购国有企业的暂行规定》,为外商参与并购国有企业提供了政策依据。[①] 在政策引导下,外商在华直接投资势头迅猛。截止到 2001 年底,已累计批准设立外商投资企业 390484 家,合同外资金额 7459.1 亿美元,实际利用外资 3954.7 亿美元。[②] 从 1993 年起我国的外商直接投资金额连续 9 年居发展中国家第一、世界第二。[③] 可见,南方讲话后我国招商引资全方位走向法治化和制度化阶段,国际资本在我国的经济建设中起到越来越重要的作用,社会主义市场经济产业体系初步形成,现代企业制度初现雏形,国际经济影响力日益上升。

(2) 对内优化个体私营经济政策环境

个体私营经济的蓬勃发展,奠定了 90 年代中国经济稳定高速增长的基础,繁荣了区域经济、壮大了地方财源,但是与国有经济、外资经济相比,个体私营经济发展的环境没有先天优势,更没有比较优势,掣肘因素多且突出,主要有五点:一是市场准入限制、经营门槛高。个体私营经济主要被限制在服务业、流通领域和制造业,其他领域被国有经济垄断。私营企业想要获得自营出口权门槛很高。我国对私营有限公司注册资本的要求是当时世界上最高的。

---

① 刘建丽:《新中国利用外资 70 年:历程、效应与主要经验》,《管理世界》2019 年第 31 期。

② 《国家计委就对外商投资实行新的导向政策答记者问》,法治动能,http://www.law-lib.com/fzdt/newshtml/21/20050710210729.htm,2002 年 3 月 22 日。

③ 《之十四:对外经济与合作成绩喜人》,国家统计局,http://www.stats.gov.cn/zt_18555/ztfx/xzg50nxlfxbg/202303/t20230301_1920452.html,1999 年 9 月 28 日。

二是产权模糊。由于在法律上没有明确"国家保护私人财产神圣不可侵犯",所以私营企业的经济权益受到侵害纠纷时,很难得到法律保护。许多私营企业的产权边界不明确,无法顺利建立现代企业制度。三是融资障碍。无论是直接资本市场还是间接融资市场都无法满足私营企业融资需求。全国性资本市场主要服务于国有企业,地方性、区域性产权交易市场融资活动目前还不具有合法性。与国有企业相比,私营企业规模小、管理薄弱、经营风险高,银行向中小私营企业放款的意愿偏低。四是行政审批繁琐。例如在深圳市开办一个三星级宾馆需要办理 160 个各种"证件",支付 21 万元费用,并且需要专门安排 2 名员工负责①。作为经济特区的深圳情况尚且如此,全国整体情况可见一斑。五是乱收费。国务院三令五申治理"三乱",即乱收费、乱摊派、乱罚款。但是,各地却屡禁不止。如浙江省台州市物价部门与"减负"在清收费项目发现及企业的项目多达一千多项,大多数企业的费负与税负基本达到 0.85∶1 的比例,再加上企业的"灰色支出"企业实际费负超过税负②。

　　针对上述私营经济发展的普遍性问题,全国各省市竭尽所能从政策视角出发,清除各类发展阻碍。以陕西省为例,1997 年出台《中共陕西省委、陕西省人民政府关于大力发展非公有制经济的决定》,强调要拓宽非公有制经济的经营领域,在商贸、餐饮、社会服务等第三产业继续扩大规模、提高档次的同时,加快向第

①　高尚全:《体制创新与民营经济发展》,《中国工业经济》2001 年第 12 期。

②　阮雯:《政府管理制度创新与浙江民营经济发展》,《中共杭州市委党校学报》2001 年第 6 期。

一、第二产业拓展；放宽市场准入条件，简化注册手续。对开办个体工商户、私营企业等取消法人设立审批制，实行注册制。法律、法规未作规定的许可证、登记证和专项审批一律取消。全面推行"一厅式"注册，"一条龙"服务；落实"个体私营经济发展基金"，各级财政还要利用财源建设资金和财政信用资金扶持个体私营经济的发展，同时，聚集社会资金，引进省外资金；坚决制止一切乱收费、乱罚款、乱摊派行为，规定任何部门和单位不得平调非公有制企业的财产，不得强行非法改变业主财产的权属关系。冠以国有或集体名义的非公有制企业，应按照自愿原则，恢复本来的所有制性质以明晰产权，防止因经济责任、民事责任不明确引发产权纠纷。保护非公有制企业的自主经营权、知识产权、投资权、劳动用工权等各项合法权利。[①] 可以看出，90 年代我国个体私营经济被全盘激活，尽管存在一定的发展阻碍，但随着经济改革的深入进行，非公有制经济已经成为社会主义市场经济不可或缺的组成成分，其生产经营活跃度和自由度的上升成为国内市场经济繁荣的显著标志。

（三）加入世贸：政府与市场关系变革

1. 加入 WTO 推动传统招商引资模式转型

20 世纪末，我国的对外互动实现了建国初期的基于知识学习和技术引进的"单向开放"到改革开放后基于商品和要素自由流动

---

① 《中共陕西省委、陕西省人民政府关于大力发展非公有制经济的决定》，陕西省人民政府，http://dfz.shaanxi.gov.cn/sqzlk/sxnj/sxnjwz/nj1998/201405/t20140508_703996.html，1997 年 12 月 4 日。

的"经贸双向开放"的巨大转变。① 对外开放从东部沿海地区和省会城市扩大到全国,由政府决定的对外开放转向以市场经济下以资源的有效配置为基础的对外开放,国民待遇、公平竞争等世贸原则不断渗入到我们正在建立和完善的市场经济体制,推动我国改革传统的经济管理和行政管理方式,转变政府职能,不断调整优化营商环境。改革开放前 20 年,我国的对外开放一直是以政府为主导的渐进模式,但随着市场意识的觉醒,传统招商模式的弊端日益显露。例如它造成的资源配置扭曲。尽管市场经济改革目标已经确立,但政府仍长期主导大部分资源配置,国有企业和政府融资平台可优先获得资金,中小企业融资却面临路径窄、成本高的艰难境遇;再如它造成的竞争结构扭曲。政府垄断管制导致创新低迷、生产率低,使得部分行业供给不足而产生高额的垄断利润,消费者利益受损。② 此外,由于经济发展与政府的政绩目标挂钩,所以政府寻租滋生腐败、政府收入过高而与民争利等次生问题也严重影响经济健康程度。直到 2001 年,我国成功加入世界贸易组织(World Trade Organization,简称 WTO),政府主导的招商模式开始趋向瓦解,改革开放进入全新阶段。

2. 新的招商规则触发政府改革意识觉醒

加入 WTO 后,我国的招商引资进一步与国际接轨。首先,形成多边贸易体制的开放。开放以 WTO 为组织和法律基础面向

---

① 陈大鹏,吴舒钰,李稻葵:《中国构建开放型经济的经验和对新发展阶段的启示——政府与市场经济学的视角》,《国际经济评论》2021 年第 6 期。

② 《诸建芳:以政府为中心的资源配置走到尽头》,中国广播网,http://news. cnr. cn/special/gov/latest/201310/t20131030_513980208. shtml,2013 年 10 月 30 日。

WTO全体成员,开放区域扩大至全国,开放产业多元化程度升高。其次,进入规则开放阶段。以WTO贸易规则、WTO赋予成员的权利和义务为准则进行贸易往来,以优惠政策鼓励投资正式成为过去式。[①] 另外,地区和产业优势成为外商投资重要指标,招商也从一般性的引进资金和技术转向吸引跨国公司建立全面性的生产制造中心、技术研发中心和地区性管理中心,招商引资逐渐由追求数量扩张转向追求质量效益。[②] 种种新变化暗示我国必须尽快建立与WTO规则相适应的新型招商体制,才能营造适应社会主义市场经济发展的招商引资新环境。此时,政府意识到使市场迸发活力才是招商引资的关键,因此将改革的目光投向如何处理政府与市场(企业)关系和转变政府职能上。2002年后,中央明确提出社会主义市场经济条件下政府的基本职能是"经济调节、市场监管、社会管理、公共服务",可以看出,政府此时已经趋于由"全能型"向"服务型"转变。事实上,还权于市场一直是改革开放以来政府职能转变的基本遵循,但在浓重的计划经济色彩下,前期的政府改革只能以撤并专业经济管理部门为主,加入WTO后,政府逐渐退居"幕后",建立起宏观调控和市场监管机构,政府开始以开展行政审批制度改革为主,采用机构撤并和向市场转移权力来减持不合理的职能总量的办法,扫除制约市场经济发展的体制机制障碍。[③] 这一举动使我国正式步入政企分开改革阶段,扩大企业的生产经营自主权,改革

---

① 薛荣久:《入世在中国改革开放中的意义、作用与维护》,《国际贸易问题》2018年第10期。

② 马宏滨:《加入WTO与我国招商引资策略的调整》,《齐齐哈尔大学学报》(哲学社会科学版)2003年第2版。

③ 黄小勇:《机构改革的历程及其内在逻辑》,《行政管理改革》2018年第5版。

理念延续至今,成为发展现代化社会主义市场经济的重要工具。

3. 外资企业与私营企业均享受国民待遇

(1) 取消外资企业的低/超国民待遇

"国民待遇原则"是构建 WTO 法律体系的基石,是发展市场经济体制的通行惯例,体现了自由、平等、公平等现代法治精神。为外资提供国民待遇主要包括两个方面,一是取消不平等的超国民待遇,二是取消限制投资的低国民待遇。事实上,进入到 90 年代,改革者们就已经逐渐认识到超国民待遇对国内市场产生的负面影响。所谓"超国民待遇"是指国家给予外商直接高于本国国民投资的待遇。例如地方政府为追求政绩,不少开发区违反中央政策和国家法律法规,竞相攀比给外商投资优惠。有的经济开发区甚至不计成本压低土地价格或免收土地出让费,国家规定的"两免三减半"的投资优惠政策被"两免六减半""五免五减半"甚至"十免十减半"所替代。同时为了享受优惠待遇,某些内资企业变身为外资后再进入中国,出现大量"假外资现象"①,种种负面影响使市场有序竞争秩序遭到严重破坏。1994 年,国家印发《国务院关于外商投资企业和外国企业适用增值税、消费税、营业税等税收暂行条例有关问题的通知》,同时要求外商投资企业和外国企业适用包括《中华人民共和国土地增值税暂行条例》《中华人民共和国资源税暂行条例》等在内的 7 项税收条例。② 21 世纪初期,我国对外商

①　罗兰:《取消"超国民待遇"是国际惯例》,《人民日报海外版》2013 年 10 月 21 日第 2 版。

②　《国务院关于外商投资企业和外国企业适用增值税、消费税、营业税等税收暂行条例有关问题的通知》,中央人民政府,https://www.gov.cn/zhengce/202203/content_3338440.htm,1994 年 2 月 22 日。

投资企业和所有内资企业逐渐实行一致的、无差别的优惠、特权和豁免等政策。《城镇土地使用税暂行条例》《车船税暂行条例》《耕地占用税暂行条例》等均规定外商投资企业和外国企业要按规定履行纳税人义务。2010 年 12 月，国家发布《国务院关于统一内外资企业和个人城市维护建设税和教育费附加制度的通知》，内外资企业和个人同等享受统一的城市维护建设税和教育费附加制度。至此，外资企业在我国享有的"超国民待遇"彻底结束。

为切实履行入世承诺，我国也进一步降低外商来华投资的要求与门槛，取消入世之前实行的"低国民待遇"。"当地含量要求""贸易平衡要求""出口业绩要求""进口用汇限制"等 4 项限制投资措施被严令禁止。① 2001 年 3 月，按照《中外合资经营企业法》，我国取消了外商投资企业的生产经营计划必须报主管部门备案的规定，取消了对外商投资企业外汇自行平衡的要求，还取消了对外商投资企业出口产品必须达到一定比例的要求，取消对外商投资企业生产所需原材料和零配件优先在中国购买的规定。2002 年 3 月，我国实现电信、燃气、热力、供排水等城市管网基础建设首次对外开放。国家印发《关于加快市政公用行业市场化进程的意见》，全面开放市政公用行业建设、投资和经营市场，鼓励社会资金和外国资本采取独资、合资、合作等形式参与城镇燃气建设。② 在保

---

① 《加入世贸后利用外资战略要转变——访南开大学教授熊性美》，青岛市人民政府，http://www. qingdao. gov. cn/lslm/zt/jrwto/202111/t20211118_3835223. shtml，2002 年 5 月 13 日。

② 刘洁：《我国管道燃气规制机构亟需调整》，《开放导报》2007 年第 6 期。

险、基金、证券、商业、运输、旅游等多个服务贸易领域,放宽开放地域、数量、经营范围、股比要求。① 可以看出,加入世贸组织是我国对外开放的一个极为重要的转折点,我国对外来投资从既优惠又歧视的扭曲性政策转向既不优惠、也不限制的公平的国民待遇政策,这一转变为中外投资者创造了更加公平有序的市场竞争环境,同时,提升了各类资源的整合与利用效率。

(2) 提高个体私营经济的国民待遇

前文提到,邓小平南方讲话后,我国个体和私营经济发展环境得到前所未有的改善。但从内资企业整体的发展条件来看,待遇间的差别仍显而易见,个体私营经济在国有经济面前,其发展面临的各类限制依然较多。内资企业待遇间的非公平性自然使外商难以相信其投资会在国内市场享有与内资企业同等的待遇,在他们眼里国内对个体私营经济的"歧视待遇"不仅阻碍各类型内资企业的平等竞争与同步发展,还在无形之中增加了外资进入中国的"堵点"。2002 年,党的十六大提出充分发挥个体、私营等非公有制经济在促进经济增长、扩大就业和活跃市场等方面的重要作用,放宽国内民间资本的市场准入领域,在投融资、税收、土地使用和对外贸易等方面采取措施,实现公平竞争。2004 年 3 月,十届全国人大二次会议通过宪法修正案,又确立了民营企业家"社会主义事业建设者"的政治地位,明确保护民营企业的合法权益。2005 年 2 月,国务院发布《关于鼓励支持和引导个体私营等非公有制经济发展的若干意见》,这是新中国成立以来第一部以中央政府名义发布

---

① 《国家计委就对外商投资实行新的导向政策答记者问》,法治动能,http://www.law-lib.com/fzdt/newshtml/21/20050710210729.htm,2002 年 3 月 22 日。

的鼓励支持和引导非公有制经济发展的政策文件,被称为"非公经济 36 条",强调贯彻平等准入、公平待遇原则,允许非公有资本进入法律法规未禁入的行业和领域;允许外资进入的行业和领域,也允许国内非公有资本进入,并放宽股权比例限制等方面的条件;在投资核准、融资服务、财税政策、土地使用、对外贸易和经济技术合作等方面,对非公有制企业与其他所有制企业一视同仁,实行同等待遇。[1]

2007 年 3 月,十届全国人大五次会议通过《中华人民共和国物权法》,这是国家第一次以法律形式明确对公有财产和私有财产给予平等保护。2007 年,党的十七大报告指出"两个平等",坚持平等保护物权,形成各种所有制经济平等竞争、相互促进的新格局。2010 年 5 月,国家发布《关于鼓励和引导民间投资健康发展的若干意见》,被称为新"36 条",是改革开放以来国务院出台的第一份专门针对民间投资发展、管理和调控方面的综合性政策文件。针对民间投资存在的"玻璃门""弹簧门"等现象,新"36 条"在扩大市场准入、推动转型升级、参与国际竞争、创造良好环境、加强服务指导和规范管理等方面系统提出了鼓励和引导民间投资健康发展的政策措施。[2] 随着法律与政策环境的系统性优化,我国民营经济数量规模继续扩大。

根据 2012 年度《中国民营经济发展形势分析报告》可知,截至

---

① 《国务院关于鼓励支持和引导个体私营等非公有制经济发展的若干意见》,中央人民政府,https://www.gov.cn/zwgk/2005-08/12/content_21691.htm,2005 年 8 月 12 日。·

② 《国务院关于鼓励和引导民间投资健康发展的若干意见》,中国政府网,https://www.gov.cn/zwgk/2010-05/13/content_1605218.htm,2010 年 5 月 13 日。

2012 年 9 月,中国登记注册的私营企业数量已突破 1000 万家,同比增长 12.6％;登记注册的私营企业户均注册资金同比增长 7.8％;投资者人数 2163.5 万人,同比增长 11.6％;从业人员 8907.9 万人,同比增长 9.4％,总计超过 1.1 亿人。个体工商户总户数达到 3900 多万户,同比增长 7.8％,从业人员达 8454.7 万人,同比增长 10.4％。全年民营经济在 GDP 中的比重超过 60％。①

4. 政府改革和行业自律激发市场经济活力

(1) 全国性行政审批制度改革正式启动

政府管理和法律规范透明度是 WTO 的另一基本原则,这一原则使我国认识到加快政府职能转变,让市场更自由的重要性。此外,长期以来政府对经济的过度干预也暴露出经济发展客观现实与市场经济体制发展一般规律之间的矛盾与冲突,尤其是 20 世纪 90 年代政府以管市场、强调控等名义延伸的各种类别的审批管理事项,导致出现政府审批事项繁多、报件审核程序繁琐、跨部门跨层级审批事项耗时较长、各审批事项功能不清等问题②,行政诟病由此发展成为阻碍经济发展的体制机制障碍。

2001 年 9 月,国务院下发《关于成立国务院行政审批制度改革工作领导小组的通知》,正式在全国以行政审批制度改革为切入点,开启政府改革进程。10 月,又发布《国务院批转关于行政

---

① 《中国民营经济发展:在册私营企业数量突破千万家》,人民网,http://politics.people.com.cn/n/2013/0203/c1001-20414896.html,2013 年 2 月 26 日。

② 张定安、彭云、武俊伟:《深化行政审批制度改革　推进政府治理现代化》,《中国行政管理》2022 年第 7 期。

审批制度改革工作实施意见的通知》，作为实施行政审批制度改革的指导性文件。12月，国家下发《关于印发〈关于贯彻行政审批制度改革的五项原则需要把握的几个问题〉的通知》，对行政审批概念、范围、形式等基本信息作出规定，并要求必须依法进行行政审批权的设定和实施。① 此后，我国就优化行政审批制度陆续出台各类法规政策文件，不断优化的顶层设计促进政府行政体制不断实现与社会主义市场经济体制高度融合，使市场"无形的手"日益发挥不可替代的调节作用。据统计，截至2007年6月，国务院部门共取消和调整行政审批项目1806项，占总数的50.1%，各省、自治区、直辖市也陆续取消和调整半数以上的审批项目。② 2008年，国务院建立"行政审批制度改革工作部际联席会议制度"，由监察部为牵头单位协调推进改革。同年10月，《关于深入推进行政审批制度改革意见的通知》的出台开启了新一轮的改革，这轮改革进一步减少政府行政审批事项，推动审批行为实现了公开透明、规范运作，健全了行政审批相关制度和制约监督机制，遏制了利用审批权牟取私利、乱收费等现象，提高了人民群众满意度。2011年11月，国务院召开"深入推进行政审批制度改革工作电视电话会议"，强调要坚定不移地继续推进，进一步清理、减少和调整行政审批事项，推进政府职能转变；严格依法设定和实施审批事项，推进法治政府建设；创新行政审

---

① 潘小娟：《政府的自我革命：中国行政审批制度改革的逻辑起点与发展深化》，《行政管理改革》2021年第3版。

② 《全国行政审批制度改革取得重要进展和明显的成效》，人民政府网，https://www.gov.cn/zfjs/2007-06/20/content_654347.htm，2007年6月20日。

批服务方式,推进服务型政府建设;强化对权力运行的监督制约,推进反腐倡廉建设。总之,通过一系列改革,2001—2012 年国务院分六批共取消、调整和下放行政审批事项 2431 项,占原有总数的 67.4%,中央与省(自治区、直辖市)两级减幅均超过 2/3[①]。行政审批制度逐步标准化、规范化和法治化。除精简审批事项外,"放权"也成为行政审批改革的一项重要手段,中央鼓励各级政府进行审批体制机制的改革,创新行政审批服务方式。2008 年,成都市武侯区成立全国首个行政审批局,加之各行政服务中心的陆续建立,网上审批、并联审批与"一窗式服务"得到不同程度的探索,电子政务建设始露苗头并逐步推进。[②] 行政审批制度改革使我国逐渐厘清政府与市场的关系,一方面提高政府审批效能,一方面赋予市场主体相对宽松的生存环境,可以说是改革开放后优化国内经济环境的一场最为深刻的改革实践。

（2）行业协会商会逐渐承接微观经济管理职能

我国的行业协会商会发展具有浓厚的历史渊源和时代特征,无论是封建社会还是现代社会,行业协会商会都是我们规范行业发展的重要依托。新中国成立后,以工业联合会为代表的机构组织主管国家私营经济和工商业的发展壮大。在"文化大革命"短暂冲击后,伴随改革开放浪潮,我国的行业协会商会逐渐复活并成为政府管理经济的有效补充。[③] 1979 年,原国家经贸委组建了我国

---

① 孙彩红:《改革开放以来行政审批制度改革历史与发展逻辑》,《行政论坛》2022 年第 2 期。

② 江彩云:《我国行政审批制度改革的发展及特征》,《学术交流》2019 年第 1 期。

③ 景朝阳,李勇,高成运,陈建国:《协会商会蓝皮书:中国行业协会商会发展报告(2014)》,社会科学文献出版社,2015 年。

第一家全国性行业协会——中国企业管理协会[①]，后经国务院批准，又相继组建中国包装技术协会、中国食品工业协会、中国饲料工业协会等行业组织。从实际管理功能来看，尽管新的管理行业组织不断组建成型，但初期的行业组织仍大多数受政府部门管理，组织运行依赖原管理部门的支撑与扶持，行业自律的功能并未充分发挥。且立法与经费的缺失也使得当时的行业组织出现设立混乱、职能交叉、运行无序等一系列有损权威性的问题出现。[②]

　　随着市场经济体制的确立与完善，为满足经济治理的客观需要，国家开始制度化推进行业协会商会建设。1997 年，国家经贸委印发《关于选择若干城市进行行业协会试点的方案》，决定在上海、广州、厦门、温州四个城市进行行业协会试点工作，试点的目的在于如何在中国特色社会主义市场经济体制下确定行业协会在行业中的地位、职能、作用，找到并解决行业协会存在的困难和问题，以及按照社会主义市场经济的要求发展行业协会的形式、内容、手段。[③] 1999 年，国家又印发《关于加快培育和发展工商领域协会的若干意见（试行）》，规定了工商领域协会的地位、作用、职能，强调除依法培育和发展协会，还要遵循自愿、自立、自治、自养的原则[④]，此时的协会在功能发挥和自身发展上逐渐

---

① 马庆钰：《行业协会商会脱钩改革急需解决的关键问题》，《行政管理改革》2020 年第 12 期。

② 佚名：《起步、发展、停滞、再发展——中国行业协会发展历程》，《中国市场》1998 年第 11 期。

③ 张冉：《中国行业协会研究综述》，《甘肃社会科学》2007 年第 5 期。

④ 《关于加快培育和发展工商领域协会的若干意见（试行）》，110 网，https://www.110.com/fagui/law_102092.html，1999 年 1 月 1 日。

开始脱离部门管制。2002年4月,国家经贸委印发《关于加强行业协会规范管理和培育发展工作的通知》,提出要按照"调整、规范、培育、提高"的工作方针,进一步加强行业协会的规范管理和培育发展。同年,温州烟具协会与外经贸部合作组成交涉团,通过与欧盟协调,将欧盟CR法案的生效期延迟2年,为温州烟具企业转型升级赢得宝贵时间,使温州烟具企业最终站稳欧盟市场。温州打火机行业以民间的力量应对欧盟经贸摩擦的这一事件,体现了入世后行业协会在保护我国经贸利益和企业发展方面不可忽视的作用。[1]

2007年,国务院办公厅印发《关于加快推进行业协会商会改革和发展的若干意见》,其中重点强调要按照市场化规则规范和发展各类行业协会等自律性组织,行业协会的职能范围进一步扩大,受政府改革和经济发展的双重需要,行业协会既要做政府职能下放的承接者,又要做行业自律监管的实施者,还要做维护行业利益的服务者和开拓国际市场的践行者。[2] 可见,这一时期,行业协会商会已经成为行业治理中不可或缺的重要角色,其贴近行业发展实际的优势,加之职责范围与权力运行自主性和自由度的不断提升,实质上也是市场决定资源配置、发挥市场调节作用的一种特殊表现形式。

---

① 臧姗:《政府经济治理视角下营商环境优化的历程、特点及走向》,《中共四川省委党校学报》2022年第1期。

② 《国务院办公厅关于加快推进行业协会商会改革和发展的若干意见》,人民政府网,https://www.gov.cn/gongbao/content/2007/content_663678.htm,2007年5月13日。

（四）新时代：实现全面协同优化

1. 系统性和协同性成为营商环境建设新要求

2013 年，习近平总书记在十八届三中全会中提出"推进国内贸易流通体制改革，建设法治化营商环境"，这是国内首次提及"营商环境"概念。改革开放前期，受落后经济因素的制约，我们必须站在投资者角度健全企业"进入"的环境和条件，正向影响投资者的投资决策以拉动国内经济的增长。2008 年的经济危机导致外商投资和民间投资出现不同程度的增速缓慢，甚至出现负增长。基于此，我们提出要通过优化公平竞争的营商环境，激发外商投资的活力，并写入 2014 年政府工作报告。[①] 起初，我们对营商环境的认知比较浅显，主要来源于世界银行 2003 年起连续数年发布的营商环境报告，尽管报告对营商环境的概念也未做出明确的界定，但它以影响企业营商活动的监管制度或法规作为考察对象制定评价指标体系给了我们深刻的启示。[②] 2019 年，我国出台的《优化营商环境条例》将营商环境定义为"企业等市场主体在市场经济活动中所涉及的体制机制性因素和条件"。[③] 具体来讲，我们对营商环境的认识在概念上实现由特指以招商政策优惠为主要代表的狭义规制环境向影响企业全生命周期的环境和条件总和的转变；在构

[①]　刘哲：《重视营商环境建设的深层次原因》，经济观察网，http://www.eeo.com.cn/2019/0723/361915.shtml，2019 年 7 月 23 日。

[②]　沈荣华：《优化营商环境的内涵、现状与思考》，《行政管理改革》2020 年第10 期。

[③]　《优化营商环境条例》，中国政府网，https://www.gov.cn/zhengce/content/2019-10/23/content_5443963.htm，2019 年 10 月 23 日。

成上，由早期粗放的硬环境，如土地、交通、水电等基础设施，扩充至影响企业经营管理的社会、文化、制度等软环境；在服务对象上，中小企业和创业企业成为重点服务对象；在工作上，不再局限于招商政策的优化，而是聚焦于政府职能优化。[①]

随着市场在资源配置中获得决定权，与 21 世纪初期相比，新时代政府的主导责任不再是直接参与经济活动，而是以提供服务为主，营商环境建设体现出前所未有的协同治理特色。就政府而言，这种协同主要体现在三个方面：第一，协同服务，同步优化与政府服务直接相关的政务服务和政府间接发挥引导和规制作用领域的责任履行；第二，协同治理，系统、全面治理与优化营商环境相关的政务环境、市场环境、社会环境、文化环境、自然环境等；第三，协同改革，中央政府与地方政府、政府内部各部门之间要协调推进职能优化。[②] 但政府自身的协同性仅是营商环境协同治理的众多分子之一，协同治理最鲜明的特征是要实现治理主体间的协调与同步，因为营商环境建设是囊括政府、市场、社会等多方主体的治理活动，是影响社会发展走向的各要素的组合。[③] 因此，新时代的营商环境建设是一个典型的系统工程，需要各治理主体通过利益关系的协调与维系，以转变政府职能为核心，协同联动形成多元主体合作机制，为各类市场主体营造稳定、公平、透明、可预期的良好

---

① 《优化营商环境，"近悦远来"推进高质量发展》，中国政府网，https://www.gov.cn/zhengce/202306/content_6884425.htm，2023 年 6 月 3 日。

② 郭燕芬，柏维春：《营商环境建设中的政府责任：历史逻辑、理论逻辑与实践逻辑》，《重庆社会科学》2019 年第 2 期。

③ 陈华平，樊艳丽：《协同治理视阈下的营商环境建设：内在治理逻辑及优化路径》，《南宁师范大学学报》（哲学社会科学版）2020 年第 2 期。

环境。

2. 对外开放全面进入高水平建设阶段

党的十八大以来,我国坚定不移扩大对外开放,全面加强同多边贸易规则的对接,形成全面开放新格局。在开放空间上,我国加大西部地区开放力度,逐步形成沿海内陆沿边分工协作、互动发展,东西双向互济的开放格局。在多边贸易体制构建进程中,截至 2021 年 8 月,加上党的十八大以后同柬埔寨、毛里求斯、马尔代夫、格鲁吉亚、澳大利亚、韩国、瑞士、冰岛 8 个国家签订的双边自由贸易协定,以及参与签署的《区域经济伙伴关系协定》(RCEP),我国共与 26 个国家和地区签署了 19 个自由贸易协定。[①]

在对外积极开展多边贸易的同时,国内自由贸易区也为打造全方位、高层次开放格局提供了新的"窗口"。2013 年 9 月,我国第一个国家级自由贸易试验区在上海正式揭牌成立,截至 2022 年 4 月,全国已设立 21 个自贸试验区及海南自由贸易港。2021 年,21 个自贸试验区利用外资增长 19%,比全国高出 4.1 个百分点。外贸进出口增长 29.5%,比全国高出 8.1 个百分点。[②] 与此同时,"一带一路"倡议自 2013 年提出后也已发展成为惠及全球发展的重要国际公共产品和构建人类命运共同体的重要实践平台,沿线国家的经济合作日益紧密,巨大的经济红利正逐渐覆盖各成员国。据统计,2020 年中国同沿线国家货物贸易额达 1.35 万亿美元,对

---

① 《商务部:我国已达成 19 个自由贸易协定,和 26 个国家和地区签署协定》,中国自由贸易区服务网,http://fta.mofcom.gov.cn/article/fzdongtai/202209/49857_1.html,2022 年 9 月 26 日。

② 冯其予:《自贸试验区硕果累累》,《经济日报》2022 年 5 月 2 日第 5 版。

沿线国家非金融类直接投资达 177.9 亿美元。沿线国家在华新设企业 4200 多家,直接投资超过 80 亿美元。① 目前,"一带一路"朋友圈仍在不断扩大,截至 2021 年 1 月,我国已与 147 个国家、32 个国际组织签署 200 多份共建"一带一路"的合作文件②,"一带一路"无疑已经成为构建互联互通国际经济合作治理格局的典型代表。

除积极探索经济合作机制,实现贸易便利化也是新时期我国对外开放的重点改革内容。以港口建设为例,截至 2022 年末,全国港口万吨级及以上泊位达 2751 个,比上年末增加 92 个。③ 全国港口生产用码头泊位 21323 个,比上年末增加 456 个。沿海港口生产用码头泊位 5441 个,比上年末增加 22 个;内河港口生产用码头泊位 15882 个,比上年末增加 434 个。④ 各港口不断提升通关服务、降低口岸成本、优化通关流程。2021 年 1 月起,海关总署将进出口环节原有的 86 种监管证件精简到 41 种。各港口通过业务改革大幅压缩货物通关时间,尤其是沿海各口岸出口整体通关时间均压缩 90% 以上。各地口岸全面推进查验全程线上化、无纸化。在全国上线"金税三期"出口退税新系统,纳税人"免填单"比

---

① 周进:《共建"一带一路":发展历程、主要成果与重要经验》,《当代中国史研究》2023 年第 3 期。

② 谢希瑶,闫依琳:《我国已与 147 个国家、32 个国际组织签署 200 多份共建"一带一路"合作文件》,新华社,http://www.xinhuanet.com/silkroad/2022-01/18/c_1128275918.htm,2022 年 1 月 18 日。

③ 《2022 年交通运输行业发展统计公报》,交通运输部,https://xxgk.mot.gov.cn/2020/jigou/zhghs/202306/t20230615_3847023.html,2023 年 6 月 16 日。

④ 《2022 年中国可持续交通发展报告》,中华航运网,https://info.chineseshipping.com.cn/cninfo/News/202309/t20230927_1381757.shtml,2023 年 9 月 27 日。

例提高至 70％，申报表减少约 30％，填报数据项减少约 20％，2021 年全国正常出口退税的平均办理时间从 2018 年的 13 个工作日压缩至 6 个工作日。同时，"单一窗口"金融服务系统的开发和应用实现企业缴税流程全程线上办理，2021 年"单一窗口"惠及 23 万余家外贸企业，[①]港口便利度已经成为中国营商环境水平的重要门面担当。

3. 以行政体制改革优化市场主体生存环境

（1）持续深入推进行政审批制度改革

2013 年之前，国务院部门各类审批达 1700 多项，审批范围过宽、权力过于集中、程序繁琐、周期太长，严重束缚了投资创业的积极性。2013—2016 年，经过不懈努力，国务院部门共取消和下放行政审批事项 618 项，占原有审批事项的 36％，非行政许可审批彻底终结。截至到 2019 年 10 月，行政许可事项也大幅压减，国务院已经分 16 批取消下放 1094 项行政许可事项。其中，国务院部门实施的行政许可事项清单压减比例达到 47％，有效降低了投资、贸易、创业创新等领域制度性交易成本。[②] 针对行政审批中介服务环节多、耗时长、收费乱、垄断性强等问题，2015—2017 年国务院分 3 批清理规范了 298 项国务院部门行政审批中介服务事项，其中 2015 年 89 项，2016 年 192 项，2017 年 17 项。

① 《打造优质港口营商环境任重道远》，中国港口集装网，http://www. portcontainer. com/newsAction. do? command＝viewData&categoryId＝8a9287fa30773b500130777b559b0001&dataId＝e563d28485993f3e018625efe2e7003d，2023 年 2 月 6 日。

② 《党的十八大以来 国务院已分批取消下放行政许可事项逾千项》，国务院新闻办公室，http://www. scio. gov. cn/gxjd/srbd/202207/t20220729_281765. html，2020 年 9 月 30 日。

同时，行政审批制度改革的针对性增强，改革从笼统、粗略向精细化方向转变，比较典型的是工程建设项目和投资项目的审批制度改革。工程建设项目审批涉及部门多、程序繁重、专业技术要求高，办事难、耗时长等问题一直较为突出。2017 年我国在世界银行《全球营商环境报告》中整体排名 78 位，其中"办理建筑许可"指标位列 172 位，在 10 个评价指标排序中列最后。[①] 2018 年 1 月，国务院常务会议部署要求住房城乡建设部牵头负责提升办理建筑许可指标排名专项行动，推进工程建设项目审批制度改革。5 月，国务院下发《关于开展工程建设项目审批制度改革试点的通知》。2019 年 3 月，国务院决定全面开展工程建设项目审批制度改革，实施全流程全覆盖改革，统一审批流程、切实精简审批环节，统一信息数据平台、规范审批运行管理，统一审批管理体系、加快构建长效机制，统一监管方式、加强事中事后监管。截至 2021 年 11 月，工程审批时间由 200 个工作日压减至 120 个工作日，全流程审批事项压减至平均 66 项，每年为市场主体节约成本 3000 亿元以上，"办理建筑许可"指标 2020 年提升至全球第 33 位。[②]

为充分激发社会投资活力和动力，继续发挥投资对稳定经济增长的关键作用，2021 年 12 月，国家发展改革委印发《关于进一步推进投资项目审批制度改革的若干意见》，提出要优化投资项目

---

① 《2017 年营商环境报告：人人机会平等》，世界银行官网，https://archive.doingbusiness. org/content/dam/doingBusiness/media/Annual-Reports/English/DB17-Full-Report. pdf，2017 年。

② 《审批周期缩减近一半——全国工程建设项目审批制度深化改革纪实》，住房和城乡建设部，https://www. mohurd. gov. cn/xinwen/gzdt/202111/20211119_763053. html，2021 年 11 月 19 日。

审批制度的顶层设计和法治水平,落实审批事项清单管理制度,简化特定政府投资项目审批管理流程,实现投资审批程序数字化等一系列改革要求。① 随后,全国各地纷纷进入投资项目审批制度改革进程之中,并形成了一批典型改革经验。2022 年,浙江、安徽、湖北、四川等地深化投资项目审批制度改革典型经验获得国家发展改革委的批准和公示,这些先进做法在项目审批实现跨部门跨层级的数据共享、流程再造和业务协同,加强重点领域投资攻坚,强化精准投资,推进投资项目审批全流程数字化等方面为国内其他地区改革提供了科学示范和做法引领。②

（2）全程式降低市场主体生产经营成本

十八大以来,随着我国持续深化商事制度改革,便捷高效的准入和退出机制大幅度降低了企业制度性交易成本,激发了市场主体活力。2013 年,十八届二中全会决定启动商事制度改革,先期在广东深圳、珠海、东莞、顺德及上海自贸试验区、北京中关村、福建平潭等地先行先试。先后实施"三证合一、一照一码"（2015 年 10 月）"五证合一、一照一码"（2016 年 10 月）"两证整合"（2016 年 12 月）"多证合一"（2017 年 10 月）"证照分离"（2021 年 7 月）改革全覆盖,解决了"办照容易办证难""准入不准营"等制约群众投资创业的难点问题,同时持续压缩企业开办时间至 1 个工作日以内。

---

① 《国家发展改革委关于进一步推进投资项目审批制度改革的若干意见》,国家发展和改革委员会,https://www.ndrc.gov.cn/xxgk/zcfb/tz/202112/t20211222_1308882.html。2021 年 12 月 15 日。

② 《国家发展改革委办公厅关于印发浙江、安徽、湖北、四川等省深化投资项目审批制度改革促进投资高质量发展典型经验的通知》,国家发展和改革委员会,https://www.ndrc.gov.cn/xxgk/zcfb/tz/202212/t20221227_1343935.html,2022 年 11 月 23 日。

与此同时,2015 年起,我国大力实行市场准入负面清单制度。遵循"非禁即入"理念,通过列出禁止和限制投资经营行业、领域、业务等,实现清单之外的市场主体依法平等进入,进而扩大了市场规模,打造竞争力强的市场经济环境。截至 2022 年 8 月底,我国登记在册市场主体达 1.63 亿户,相比 2012 年底的 5500 万户净增超 1 亿户,年均增幅 12%。[①] 另外,在市场主体退出方面,2017 年我国开始在全国范围内全面实行企业简易注销登记改革制度,并逐渐完善简易注销登记政策,便捷中小微企业市场退出,将企业简易注销登记公告时间由 45 天压缩为 20 天,2022 年全年通过简易注销登记程序退出市场的企业占到总量的七成[②],从根本上保证企业退出时的权益维护和成本控制。

除此之外,为缓解市场主体生产经营各环节的资金压力,党的十八大以后,我国各金融系统全面落实党中央关于金融要为实体经济服务的导向,综合运用再贷款、再贴现、下调利率、降低存款准备金率、加大应收账款融资支持、发行小微金融债等方式[③],实现 2023 年上半年金融机构各项贷款新增 15.73 万亿元,同比多增 2.02 万亿元,这表明金融体系对实体经济的支持力度进一步加大。[④] 2013

---

① 鲁元珍:《市场主体汇聚发展澎湃动力》,《光明日报》2022 年 10 月 12 日第 10 版。

② 《28 条具体措施出台! 促进民营经济发展壮大,这些问题有回应》,中国政府网,https://www.gov.cn/zhengce/202308/content_6896030.htm,2023 年 8 月 1 日。

③ 邢玉冠、杨道玲:《大数据分析十八大以来我国营商环境建设成效》,《中国发展》2022 年第 5 期。

④ 《国新办举行 2023 年上半年金融统计数据情况新闻发布会》,国务院新闻办公室,http://www.scio.gov.cn/xwfb/fbhyg_13737/wqfbhyg/202307/t20230725_743195.html,2023 年 7 月 11 日。

年起,中国人民银行先后放开贷款、存款利率的管制,建立并完善贷款市场报价利率(LPR)的形成机制,并于 2019 年对该形成机制进行革新与改进,银行的贷款利率参照 LPR 定价,LPR 以市场化招标的公开市场操作利率加点形成,以此提高利率传导效率,打破贷款利率隐性下限,推动银行降低实际贷款利率,提升信贷资源分配的合理性和公平性,尤其是降低小微企业的融资成本[①],2023 年前三季度,全国新发放普惠型小微企业贷款平均利率为 4.8%,较 2022 年下降 0.4 个百分点,较 2017 年累计下降 3.1 个百分点。[②]

　　谈到缓解企业经营压力,除解决融资难题,退税减税降费无疑是最具含金量的政策。以 2012 年开展"营业税改征增值税"试点改革为起点,中央财政进一步完善结构性减税政策。随后几年中,我国不断扩大改革试点范围,直到 2016 年,"营改增"改革正式在全国推行。截至 2017 年 8 月,我国营改增已累计减税 1.61 万亿元,仅 2016 年 5 月到 2017 年 8 月就直接减税 8500 多亿元。[③]2017 年,我国开始推进增值税税率简并,将增值税税率由四档减至三档,目前又将税率从三档向两档方向简并。税率简并一方面可以降低税收计算强度和降低税收征管风险,另一方面可以规避税负转嫁导致的企业高征低扣或低征高扣现象的产生,减轻企业税收成本和负担。随着"减税降费＋缓税缓费""大规模留抵退

---

①　《推进贷款利率并轨,着力点是培育更加市场化的利率基准》,中国政府网,https://www.gov.cn/xinwen/2019-08/20/content_5422723.htm,2019 年 8 月 20 日。

②　《前三季度中国普惠型小微企业贷款增量已超去年全年》,中国新闻网,https://www.chinanews.com.cn/cj/2023-10/20/10097966.shtml,2023 年 10 月 20 日。

③　《我国营改增已累计减税 1.61 万亿元》,中国政府网,https://www.gov.cn/zhengce/2017-08/18/content_5218782.htm,2017 年 8 月 18 日。

税＋减税降费＋缓税缓费"等一系列新型减税政策出台,我国宏观税负从 2012 年的 18.7％降至 2021 年的 15.1％,截止到 2021 年底,税务部门办理新增减税降费累计 8.8 万亿元。[①] 可以看出,目前我国市场主体的生存环境正朝着手续少、成本低的方向发展,各项改革间的联动效应将进一步增强各主体进入市场的信心,进而加速形成规模大、活跃度高、竞争力强的市场经济体系。

（3）推动政务服务集成化与数字化办理

政务服务优化是畅通国民经济循环的重要支撑,是打造高水平营商环境的基础性工作。党的十八大以来,我国以持续深化"放管服"改革为主线不断改善政府服务方式,将市场主体从繁杂的行政管制中挣脱出来,获得自主经营权和自由竞争权。如前文所述的行政审批制度改革、商事制度改革等均是在市场经济规律作用下政府进行简政放权的过程。为适应"放管服"改革需要,政府不断创新服务输出模式,以促进服务改革落到实处、发挥实效。在事项的集成化办理方面,2015 年 1 月,国务院印发《关于规范国务院部门行政审批行为改进行政审批有关工作的通知》,要求对多部门共同审批的事项进行流程再造,明确一个牵头部门,实行"一个窗口"受理、"一站式"审批。[②] 3 月,相关部门又出台了《相对集中行政许可权试点工作方案》,决定在天津市、浙江省等八地先行先试,探索相对集中的行政许可权的内容范围和实现形式,实现了前台

[①] 马海涛,姚东旻,孟晓雨:《党的十八大以来我国财税改革的重大成就、理论经验与未来展望》,《管理世界》2022 年第 10 期。

[②] 《国务院关于规范国务院部门行政审批行为改进行政审批有关工作的通知》,国家发展和改革委员会,https://www.ndrc.gov.cn/xxgk/zcfb/qt/201502/t20150204_967864.html,2015 年 2 月 4 日。

综合受理、后台分类审批、前台统一出件、一个窗口办结①，随后中央不断扩大试点范围，并实现全国性推广。这项改革改变了过去多个窗口办理一项事务的复杂办事程序，有效地压缩了企业办事时间，降低了办事难度，畅通了企业生产经营链条。2016 年之后，我国发布了《国务院关于加快推进"互联网＋政务服务"工作的指导意见》《进一步深化"互联网＋政务服务"推进政务服务"一网、一门一次"改革实施方案》《国务院关于加快推进全国一体化在线政务服务平台建设的指导意见》《政府网站集约化试点工作方案》等一系列政策文件，将政务服务推向集成化与数字化同步推进阶段。国家一体化政务平台自 2019 年上线后，仅用一年的时间就联通 32 个地区和 46 个国务院部门，并陆续接入地方部门 360 多万项政务服务事项和 1000 多项高频热点办事服务，截至 2022 年 9 月，平台已经汇聚编制政务数据目录超过 300 万条，信息项超过 2000 万个。同时，全国已建设 26 个省级政务数据平台、257 个市级政务数据平台、355 个县级政务数据平台，全国政务服务事项网上可办率达到 90％以上。② 2022 年，国家又发布《国务院办公厅关于加快推进"一件事一次办"打造政务服务升级版的指导意见》，进一步提升政务服务的标准化、规范化、便利化水平。以重庆市为例，近年统筹推出 50 项"一件事一次办"集成服务，其中有 26 项涉及企业开办、用地预审和准营事项办理等业务。截至 2023 年 10 月，

① 《相对集中行政许可权试点工作方案》，中国政府网，https：//wlcb. nmgbb. gov. cn/zzx/xzd_zzx/jggg_zzx/202007/t20200708_212352. html，2015 年 3 月 27 日。

② 《全国一体化政务大数据体系建设指南》，中国政府网，https：//www. gov. cn/zhengce/content/2022-10/28/content_5722322. htm，2022 年 10 月 28 日。

重庆市"一件事一次办"集成套餐服务已上线 40 项,涉及企业全生命周期的有 22 项,累计办件量达 45 万余件,涉及"企业开办""企业准营(餐饮)""企业变更登记(税务信息变更)""企业变更登记(社保信息变更)""企业变更登记(水路运输经营者相关信息变化备案)""企业变更登记(证照联办)""企业简易注销""企业普通注销""企业注销登记(证照联办)"等 9 项业务一件事一次办如期上线。① 可以看出,我国的政务环境正处于高速简化优化阶段,在为企业带来更多便利的同时,也加深了政府与市场的关系变革,是社会主义市场经济体制内在本质的集中要求。可以说,政务环境好坏在很大程度上影响着营商环境的好坏。

4. 营商环境新型优化和治理模式形成

(1) 坚持"法治"是营商环境治理的第一准则

法治环境是营商环境的重要组成部分,法治作为治国理政的基本方式也是营商环境建设与治理各环节必须坚持的第一准则。党的十八大以后,我国坚持以问题和目标为导向细化经济领域法规修订,例如修订《中华人民共和国中小企业促进法》《中华人民共和国公司法》《中华人民共和国企业所得税法》《中华人民共和国企业所得税法实施条例》《中华人民共和国反不正当竞争法》《中华人民共和国商标法》《中华人民共和国台湾同胞投资保护法》《外商投资法》《中华人民共和国民事诉讼法》《中华人民共和国反垄断法》等等。尤其是 2019 年修订的《优化营商环境条例》出台后,我国逐步构建并完善营商环境"1+N+X"法规政策体系。《优化营商环

---

① 周松,崔曜,黄乔:《数字重庆新鲜事 | 数字化解决"一件事"》,重庆日报网,https://app.cqrb.cn/economic/2023-10-31/1646210_pc.html,2023 年 10 月 31 日。

境条例》与各部门制定的相关领域单行法规政策以及各地区出台的配套法规政策共同构成了营商环境建设的法律体系。它的出台具有里程碑式意义，其标志着我国营商环境自此有了更为统一和精准的政策指导。作为一项综合性法规，它将近年来的经验做法转化为全社会具有法律约束力的制度规范，从制度层面为优化营商环境提供更有力的保障和支撑。① 各地营商环境政策更是层出不穷，在政策指引下以北京、上海为代表的发达地区已经先行进入营商环境建设 6.0 时代。"公平"是新时代营商环境的"代名词"之一，实现公平根本在于实施有效监管。十八大以来，我国不断创新监管方式。2015 年，国务院发布《关于推广随机抽查规范事中事后监管的通知》，创新性提出"双随机、一公开"监管模式。2019年，又发布《国务院关于在市场监管领域全面推行部门联合"双随机、一公开"监管的意见》，推行部门联合"双随机、一公开"监管，实行以重点监管为补充、以信用监管为基础的新型监管机制。② 同年，《加快推进社会信用体系建设构建以信用为基础的新型监管机制的指导意见》正式出台，强调信用监管必须贯穿企业全生命周期，以各部门协同共治来规范维护市场秩序。③ 随着"互联网＋"

---

① 顾阳：《我国优化营商环境的第一部综合性行政法规出炉 进一步强化法治保障》，中国经济网，http：//www. ce. cn/xwzx/gnsz/gdxw/201910/24/t20191024_33423567. shtml，2019 年 10 月 24 日。

② 《国务院关于在市场监管领域全面推行部门联合"双随机、一公开"监管的意见》，中国政府网，https：//www. gov. cn/zhengce/content/2019-02/15/content_5365945. htm，2019 年 2 月 15 日。

③ 《国务院办公厅关于加快推进社会信用体系建设构建以信用为基础的新型监管机制的指导意见》，中国政府网，https：//www. gov. cn/zhengce/content/2019-07/16/content_5410120. htm? tdsourcetag＝s_pcqq_aiomsg，2019 年 7 月 16 日。

的兴起,目前"互联网＋监管"模式也在全国范围内大力推行。截至到 2020 年底,"互联网＋监管"系统实现互联互通,截至 2020 年底,国家"互联网＋监管"系统已经接入各地区各部门监管应用 451 个,汇聚监管业务数据 21 亿条,发布监管动态 2 万余条,业务人员注册用户超过 200 万人。① 目前,深入推进"互联网＋监管"已经被作为各地政府优化营商环境的重点任务进行推进,截至 2021 年,已有超 75％的省级系统实现联合监管的审批联动、抄告抄送、协查协办和专项整治功能。②

另外,随着市场经济竞争越来越频繁和激烈,各类涉企案件数量增多促使全国各级法院不断提升司法服务能力,为企业发展提供有力的司法保障,依法维护企业的各项合法权益。根据《最高人民法院工作报告》的数据显示,2021 年各级法院审结一审民商事案件 1574.6 万件、行政案件 29.8 万件。法治化营商环境建设成果颇丰,例如:出台助力中小微企业发展 20 条"实招硬招";依法审理涉国资国企案件以促进国有企业布局优化和结构调整;不断强化知识产权保护力度,审结一审知识产权案件 54.1 万件,着力保护创新、激励创造;聚焦打造公平的市场竞争秩序,加强反垄断和反不正当竞争司法,审结垄断案件 49 件、不正当竞争案件 7478 件等。③

---

① 《数字中国发展报告(2020 年)》,国家互联网信息办公室,http：//www. cac. gov. cn/2021-04/29/c_1621275347055808. htm,2021 年 4 月 29 日。

② 《数字中国发展报告(2021 年)》,国家互联网信息办公室,http：//www. cac. gov. cn/2022-08/02/c_1661066515613920. htm,2022 年 8 月 2 日。

③ 《最高人民法院工作报告》,最高人民法院官网,https：//www. court. gov. cn/zixun-xiangqing-349601. html,2022 年 3 月 8 日。

（2）以多元主体协同治理推动营商环境建设

《优化营商环境条例》中提到"优化营商环境要以市场需求为导向，以深刻转变政府职能为核心，创新体制机制、强化协同联动、完善法治保障"。从任务主体来看，《条例》中提到包括政府部门及各类事业单位、各类金融机构、行业协会商会、中介服务机构、各类市场主体等在营商环境建设与优化过程中均有其特定的任务和职责。[①] 习近平总书记也多次强调"要善于运用系统科学、系统思维、系统方法研究解决问题"，营商环境在任何时期都是一个系统性问题，只不过最初呈现出来的是分散的系统性，比如"开放带"使开放地域上呈系统性、"优惠政策"使鼓励投资的策略措施呈系统性，但各系统如何交织成一个有机整体仍在考虑之中，或者说它们之间的有效融合机制并未被探索出来。随着改革开放程度加深，以及世贸组织规则等先进理念的传入，营商环境建设的系统发展逐渐被重视，这种系统性并非依靠单一治理主体的努力便可实现。因此，治理主体多元化成为新时期优化营商环境的突出标志。十八届三中全会审议通过《中共中央关于全面深化改革若干重大问题的决定》提出"创新社会治理体制、提高社会治理水平"，并强调以实现现代化作为社会治理水平提高的目标。现代化的治理是国家、社会、市场之间合作共治的治理。党的十八大之后，"放管服"改革使政府与市场关系逐渐厘清，政府自我革命形成精简高效的行政体制和便捷优质的服务体系，其职能由前期的管制转变为改革后的监管，行政干预逐渐退出经济运行，市场主体不再为严苛的准入条件和复杂的

---

① 《优化营商环境条例》，中国政府网，https://www.gov.cn/zhengce/content/2019-10/23/content_5443963.htm，2019 年 10 月 22 日。

审批程序所苦恼,并且拥有更加广阔的自由发展空间。

此外,社会力量在营商环境建设中的作用日益凸显。以行业协会商会为代表的社会组织成为改善行业管理和市场治理的重要角色担当。前文提到,改革开放前期行业协会商会参与经济治理仍在很大程度上依附于原单位或上级部门的指示,但到了新时期,行业协会商会与行政部门的"脱钩"改革兴起,标志着行业协会商会开始褪去"官色",回归社会的本源。2015 年,国家发布《行业协会商会与行政机关脱钩总体方案》,给予行业协会商会承担"为政府提供咨询、服务企业发展、优化资源配置、加强行业自律、创新社会治理、履行社会责任"职能的制度支持。随后的几年中,国家又发布《行业协会商会综合监管办法(试行)》《关于进一步规范行业协会商会收费管理的意见》《关于全面推开行业协会商会与行政机关脱钩改革的实施意见》《全国性行业协会商会章程示范文本》《民政部办公厅关于开展全国性行业协会商会服务高质量发展专项行动的通知》等一系列促进行业协会商会发展的政策文件,表明行业协会商会已经成为不可或缺的经济治理主体。截至 2022 年 8 月,我国行业协会商会数量达到 11.39 万,全国行业协会商会共拥有企业会员总数超过 746 万家,总资产约 3500 亿元。① 自 2015 年大约 100 个全国性行业协会商会开展脱钩试点开始,截至 2021 年年底,已有 70428 家行业协会商会实现"脱钩",脱钩改革任务目标已基本完成。②

目前,政府、市场以及行业协会商会间的协同治理机制基本形

---

① 《我国行业协会商会数量达 11.39 万》,《人民日报》2022 年 08 月 25 日第 4 版。

② 王冰洁:《成功走出一条具有中国特色的社会组织发展之路》,《中国社会报》2022 年第 4 期。

成,其中政府负责宏观调控和市场监管,企业作为市场基本单元依法展开微观经济活动,行业协会商会则起到衔接宏观和微观的作用,发挥市场、人才、信息等独特优势,汇集企业发展需求,引导行业健康发展,承接政府意志,缓解政府治理压力。同时,以其靠近市场的先天优势按市场所需展开一系列治理活动。独立的法律地位及清晰的责权边界是三者关系重构的基础,不断更新升级的互动合作机制将成为实现国家治理体系和治理能力现代化的重要推动力。

（3）营商环境评估工作正式开启且机制日益成熟

2003 年起,世界银行采用由"开办企业、办理建筑许可、获得电力、登记财产、获得信贷、保护中小投资者、纳税、跨境贸易、执行合同、办理破产、劳动力市场监管、政府采购"等 12 个方面构成的"全球营商环境评价指标体系（DB 评估体系）",围绕企业全生命周期对全球众多国家的营商环境展开评价,北京和上海作为中国营商环境代表性城市在 2004 年也被纳入全球评估行列。但作为全球经济体中实行特殊的社会主义市场经济体制的国家,完全按世行标准进行国内营商环境的评价存在一定的不合理性,于是建立一套符合我国客观国情的营商环境评价体系极为重要。2018年,在覆盖"DB 评估体系"评价指标的基础上,我国将"获得用水用气、招标投标、政府服务、知识产权保护和运用、市场监管、包容普惠创新"等 6 个指标纳入评价,初步构建了中国特色营商环境评价体系,并在全国 22 个城市开展了两批试评价。2020 年,我国正式发布首部国家级营商环境报告——《中国营商环境报告 2020》,标志着国内营商环境评价的统一标准和流程形成。在国家宏观引领下,各省市按"国家可比、对标国家、基于特色"的原则构建起本地区营商环境评价指标体系,其中辽宁省还在全国率先出台首个省级法治化营商环境评价指标体系。

除政府牵头外,营商环境的第三方评估成果也十分丰富,例如中央广播电视总台构建的"中国城市营商环境的评价体系",调查形成的《中国城市营商环境年度报告》是国内首份主流媒体发布的第三方营商环境报告;北京大学光华管理学院和武汉大学经济与管理学院专家学者构建的"中国省份营商环境评价指标体系",从市场环境、政务环境、法律政策环境、人文环境四个方面对各省实际情况进行调查。类似的较有影响力的报告还包括《中国城市营商软环境竞争力报告》《中国主要城市高质量发展评价指标体系》《全国经开区营商环境指数评价体系》等。可以看出,营商环境评价在我国已经逐渐实现常态化,"以评促改,以评促优"已经成为打造一流营商环境的基本途径。

但是,我们也必须重视一个"新变化"可能带来的营商环境评估滞后问题。所谓"新变化"即 2021 年世界银行组织以新的"BBE评估项目"(Business Enabling Environment)代替旧的"DB 评估项目"(Doing Business),将全球营商环境评价推向新的高度。"Doing Business"和"Business Enabling Environment"两个阶段分别代表着营商环境建设两个层级的目标,前者期望构建基础的营商环境体系,后者则致力于转型升级,也就是实现"宜商"这一全球普遍共识。"宜商",既指"更加适宜",也指"更加便利"。从指标来看,"BBE项目"将"获得电力"更改为"公共服务链接",新指标的评价对象范围明显宽于旧指标,且更具有时代性,比如市场主体除电力以外的其他基础资源需求,还具有信息化资源需求等。同时,"BBE 项目"还将"获得信贷"更改为"获得金融服务",这一变化一方面暗示全球信贷监管基础体系或架构已经形成,但如何保证监管体系能使企业更快、更好地获得信贷成为新的建设目标。通过对比可以发现,新体系中类似的体现发展性的目标不在少数。更值得关注的是,"BBE 项目"中新增的两个指标。一是"雇佣员工"指标,表明营商环境中劳动者的权益开始受到国际关注。当劳动者的生存和利益环境趋好时,社会劳动生产率必然提升,市场活力将进一步迸发。二是新增"促进市场竞争"指标,自由、平等、公平的竞争秩序是市场经济运行的基本载体。严格意义上来说,这一指标的纳入才是企业全生命周期在评价指标体系中的真正体现。就目前来讲,我国的指标体系大多数在"DB 评估项目"时期产生,因此在国际新变化面前,指标设置也许需要进行一定程度的更新,以避免产生拖慢国际化营商环境建设进程的后果。

二　中国营商环境建设动因分析

2019 年,中央发布《中共中央关于坚持和完善中国特色社会主义制度　推进国家治理体系和治理能力现代化若干重大问题的决定》,提出"坚持和完善中国特色社会主义法治体系""构建职责明确、依法行政的政府治理体系""坚持和完善社会主义基本经济制度"等系列指示要求。① 从这一点看,实现治理现代化与优化营

---

① 《中共中央关于坚持和完善中国特色社会主义制度　推进国家治理体系和治理能力现代化若干重大问题的决定》,中国政府网,https://www.gov.cn/zhengce/2019-11/05/content_5449023.htm,2019 年 11 月 5 日。

商环境存在目标和路径上的内在一致性,营商环境的系统性要求其在处理好政府与市场关系的前提下,采用法治的基本手段平等对待各类市场主体,以优良的政治、经济、社会环境为依托繁荣社会主义市场经济。也就是说,治理现代化和营商环境建设可以看作是一个有机整体,治理现代化是营商环境建设的宏观依据,营商环境既是实现治理现代化的一个过程,也是现代化治理的重要产物。

（一）经济角度:市场主体活力之"源"

政府直接干预经济规避市场失灵,但政府失灵也随之产生。一方面,宏观经济调控中计划的准确性难以保证;另一方面,微观经济管理中平均主义泛滥,劳动者激励机制缺乏。[①] 20 世纪 60、70 年代国内经济发育迟缓,计划经济体制难以为继。改革者们意识到转变政府经济职能的迫切性,于是决定引入市场调节机制来再生市场活力。起初,我们以市场机制代替政府权力调节农村经济,解放农村生产力,结果是农民的自主权扩大催生农业生产效率提升,我国农业走上以市场经济为导向的现代化道路,市场调节机制渗入范围开始扩大,改革红利刺激着市场经济的壮大。经济发展的基本载体是市场中的各类主体,由我国的改革实践可以看出,市场主体合理健康的自由度和活跃度是资源配置效率最大化和配置最优化的决定性因素,由此扩大市场主体自主经营权、激发市场

---

① 武力:《中国政府经济职能演进历史及比较研究》,国史网,http://www.hprc.org.cn/gsyj/yjjg/zggsyjxh_1/gsnhlw_1/sanguoshilxswj/200906/t20090629_12929_3.html,2009 年 6 月 29 日。

主体活力成为我国经济体制改革的主线。前三十多年,我们采用碎片化的改革模式,各领域各有其轨。"营商环境"的提出将以往的改革政策、措施"串联成线、由线及面",以市场主体视野全方位打造健康有序的生产经营环境,市场主体活力竞相迸发。

首先,"放管服"改革重塑政府和市场关系。"放""管""服"紧密配合使政府对内精简行政审批程序,提升营商便利度,降低企业由准入到退出的一系列制度性交易成本。对外让权、还权于市场、社会,促进资源与要素的自主流动;创新市场监管模式,以"双随机、一公开"为基本手段,加强重点领域监管,全面推进信用监管,严格规制市场进出、市场竞争和市场交易,打造法治化经济环境;全力建设"服务型"政府,协调推进基础设施建设和政务服务优化,做好经济发展的后勤工作。[1]

其次,知识产权保护驱动创新。创造是知识产权活动的源头,创新是创造的更高层次,保护知识产权就是保护创新。2018 年以后,我们围绕《深化党和国家机构改革方案》完善知识产权保护的顶层设计,重组国家知识产权局,商标法、专利法、著作权法的新一轮修改已经完成,惩罚性赔偿制度逐渐完善。[2] 2019 年,我国成立最高人民法院知识产权法庭,知识产权保护能力空前强大。目前知识产权保护已经成为净化市场环境,激励技术创新,激发权利人创新活力的重要支撑。

---

[1]　陈诗怡:《"放管服"改革背景下的营商环境优化》,《中共山西省委党校学报》2023 年第 3 期。

[2]　张莉:《全面加强知识产权保护　优化创新环境和营商环境》,《中国对外贸易》2022 年第 5 期。

最后,高层次的开放型经济提供机遇。改革开放以来,对外招商引资始终是我们夯实国内经济的法宝,2023 年 7 月国务院印发《关于进一步优化外商投资环境　加大吸引外商投资力度的意见》,这是打造国际化一流营商环境的关键一步,意味着新一轮外商投资热潮即将到来,各类市场主体将面临更多的机会打入国际市场,必须铆足精神,抓住机遇,融入经济新发展格局。

（二）治理角度:现代化社会治理的必由之路

党的十八大之前,我们经历了社会管控和社会管理两个阶段。社会管控是源于计划经济体制要求建立的全能管控型社会管理体制,这一阶段国家和社会高度整合,呈现出较强的"国家——社会一体化"特征。社会管理则源于改革开放使新的社会阶层涌入,社会流动速度加快和社会结构变化对传统的政府全权管控模式的冲击。社会管理阶段,政府权力范围逐渐缩小,以政府为主导,社会协同、公众力量参与的管理格局形成。[1] 2013 年,党的十八届三中全会后政府与社会的关系又由"管理"升级到"治理",主要变化是治理主体的多元化和治理方式的法治化。行政化、单向度的管理模式不复存在,取而代之的是多维度、体系化、法治化的治理模式,政府、市场、社会合作共治。[2] 习近平总书记曾提到"社会治理是一门科学",需要处理好政府与社会、市场的关系,在维护人民群众

---

① 梁理文:《社会治理的中国道路:七十年的探索历程》,中国社会科学网,http://www. nopss. gov. cn/n1/2019/1127/c219470-31476366. html,2019 年 11 月 27 日。

② 《从"管理"到"治理"意味着什么》,中国共产党新闻网,http://theory. people. com. cn/n/2013/1126/c107503-23652511. html,2013 年 11 月 26 日。

利益和维护社会稳定、激发社会活力、维持社会秩序间达到平衡。可以看出,社会治理与营商环境建设的逻辑起点相同,以厘清各方关系为基础,以激发活力为手段,以造福市场主体为目标。换言之,社会治理总路线为营商环境建设提供指引,营商环境治理寓于现代化社会治理进程,从经济治理角度推动现代化社会治理格局的形成。

当前的营商环境以市场化、法治化、国际化为原则,市场化要求理顺政府与市场关系,以市场主体需求为导向,营造公平竞争的市场环境,打破制约市场活力、社会创新能力的体制机制障碍;法治化要求将法治理念和思维融于营商环境建设全程。社会主义市场经济本质是法治经济,充分发挥法治的引导、规范、促进和保障作用是维护市场主体权益、营造健康安全的生产经营环境、激发市场主体活力的根本保证;国际化要求对标国际先进,以国际通用规则和惯例为标准缩小营商环境差距,简化外来投资行政审批程序,破除贸易壁垒,打造舒适、安全和生态良好的生存环境,优化与外资企业生产经营相关的政务环境,"吸引"外资与"留住"外资并重。

上述均是优化营商环境的外在表现形成,而其内在逻辑是制度改革和创新的过程,集中体现中国特色社会主义制度和治理体系的显著优势。具体看来,营商环境建设以党的领导为基本遵循,坚持人民当家作主,坚持依法治理,平等对待各类市场主体,提升社会生产力,打造更高水平的开放型经济。可以说,优化营商环境是新时代国家治理的产物,它以持续的改革创新不断将制度优势转化成治理效能,同时它也是制度的"照妖镜",以改革实践反映制度缺陷,进而倒逼制度革新与进步。

（三）安全角度：国家安全的新晋"保卫兵"

发展以安全为前提，安全以发展为保障。国家安全狭义上是指粮食安全、能源资源安全、金融安全等各行业各领域的安全；广义上是指政治、经济、文化、国防等方面的大安全。[①] 当前，国际格局变化使风险、威胁和挑战的联动效应显著增强，风险传导、叠加、升级的几率大幅升高。[②] 可以说，损害国家安全的不安定因素持续存在，打造有利于国家内部安全稳定的外部环境是治国理政的长期话题，其中政治安全和经济安全是两大"抓手"。这一点我们可从近代中国的屈辱历史中找到有力佐证。1840 年鸦片战争以后，封建政府在强盗式的入侵面前任人鱼肉，根本原因是政治体制羸弱、统治者腐败无能。政府统治一触即溃导致整个民族陷入严重的社会危机。这时我国政治安全遭遇严重破坏，国家主权和领土任由他国瓜分、制度体系千疮百孔、民族文化被肆意掠夺、民族尊严荡然无存。另一方面，落后的经济体制难以为国家安全提供保障。鸦片战争前，中国的经济规模远超英国，但生产力极低的小农经济在不断释放的工业产能面前不堪一击，长期的闭关锁国使得军队建设、军事储备断层式滞后。落后的经济思想和经济体制难以维护国家经济主权，大量资源和能源的流失以及混乱的市场秩序严重阻碍近代中国经济的发展。

---

① 赵玉辉：《统筹发展和安全的理论逻辑、历史逻辑和现实逻辑》，《中国应急管理科学》2023 年第 7 期。

② 汤俊峰：《坚持把政治安全放在首要位置》，解放军网，https://jf-h5.81.cn/article/jfjb2326d5fc5a90454c9cffc9a729c11c26，2022 年 6 月 29 日。

　　近代史是中国发展的"清醒剂"①,今天我们强调政治安全是根本,经济安全是基础,不仅是历史视角反思结果,更是新时代在全球治理格局中自我保护的基本要求。营商环境看似与国家安全联系尚少,但从结果来看,首先,优化营商环境保障国家产业安全。它要求优化国内产业链布局,以技术进步掌控产业链关键环节和重点领域,使产业矩阵、产业网络代替"链条"应对全球产业链重构,不同规模企业分别承担业务牵引和重点环节保障责任,使生产、分配、流通、消费环环相扣。另一方面,数字经济的快速发展打通了长期存在的产业链堵点。高度的信息化、数字化和智能化在促进资源和要素跨区域流通方面起到巨大作用。其次,优化营商环境是保障社会主义市场经济制度平稳运行的历史性决策。它坚持中国共产党的领导,巩固社会主义政权和中国特色社会主义政治体制,以构建安全平稳的市场经济秩序促进社会安定团结。另外,经济的飞速发展使我国的军事力量羽翼渐丰,足够抵御外来势力侵袭。最后,优化营商环境提高公共安全治理水平。正如前文所述,优化营商环境是实现现代化社会治理的必由之路。除为化解风险提供充足的物力、财力外,宏观上政府、市场、社会构成多元主体治理格局,微观上政治、经济、文化、科技等领域构建合作治理网络,各方力量联动压制干扰社会稳定的不良因素,保证国家内部安全。

---

① 高中华:《近代史是中国发展的"清醒剂"》,《人民论坛》2016 年第 19 期。

第二章 营商环境建设的价值逻辑

传统经济思想中,社会主义代表纯粹公有制,资本主义代表纯粹私有制,二者分别对应计划和市场经济体制,社会主义与市场经济不可同时出现。[①] 但中国打破传统搭配"公式",建立起具备中国特色的社会主义市场经济体制。不同于资本主义社会的市场经济,它坚持公有制,但同时也鼓励其他所有制经济共同发展。究其根本,除前文提到的四大生产价值占比的缘由外,社会主义和市场经济还存在价值逻辑上的相通性。主要表现为社会主义主张政治、经济、社会公平基础上的效率,而市场经济同样坚持以经济公平促进效率提升。[②] 改革开放以来,我们不断优化企业生存环境来促进公平竞争、提升经济效率,如今已经进入优化营商环境的大热潮中,这轮优化是系统性、多维度的。它以壮大社会主义制度中的市场经济为逻辑起点,深入挖掘二者的内在价值和外在表现等

---

① 吴林潼:《构建高水平社会主义市场经济体制的三维探析》,《社会科学动态》2023 年第 8 期。

② 郭宏福:《社会主义市场经济是更优越的市场经济》,《中国物价》2019 年第 5 期。

各方面的可融合性,强劲我国现代化社会主义市场经济的发展势头。

一　营商环境的研究渊源与特征分析

在世界银行最新发布的《2020年全球营商环境报告》中,我国成为营商环境改善最为显著的经济体之一,营商环境的世界排名跃升60位,由2012年的第91位上升至2020年的第31位,这对于长期受计划经济体制残余干扰,且营商环境建设起步较晚的发展中国家来讲,无疑是一个非凡的经济建设成就。从我国改革开放后四十余年的营商环境建设历程来看,我们的营商环境中既蕴含着众多的中国特色,又包含了心系全球经济发展的、促进全人类共同繁荣的大局观念。作为全球最大的发展中国家,我们走出了一条独特的营商环境建设之路。

(一)营商环境的研究历程与概念界定

1.营商环境的研究历程

我国对营商环境的研究大致开始于20世纪90年代末期,在此之前,研究者们受认知及经济发展目标的影响,大多局限于如何通过理论与实践探讨推动投资环境与招商环境的建设与优化上。但从整体上来讲,我国有关营商环境的研究的确起步较晚,在改革开放的前20年内,国内掀起了投资环境的研究热潮,各类研究成果层出不穷。而到了20世纪80年代末90年代初期招商环境相关的学术探讨才逐渐兴起,但与投资环境相比,招商环境的相关研究成果并不具备数量上的优势。而真正属于营商环境的研究时代是进入 21 世纪之后，尤其是在党的十八大召开之后，营商环境研究进入高潮。接着，在党的十九大召开以后，有关营商环境的研究蔚然成风。总的来讲，我国的营商环境的研究进程大致可以分为如下几个历程。

（1）萌芽阶段：对营商环境展开粗略式探讨

21 世纪的前十年，是我国营商环境研究的萌芽时期。这一时期，营商环境概念在中国市场上还未形成明确的概念认识和建构体系，因此相关研究中体现了较多的研究者主观意识，研究成果也难成体系。同时，这一时期的研究体现出了极大的地域特色，相关研究主要集中在我国南方地区，尤其是改革开放先导区以及港澳地区的营商环境建设上。例如，陈可煜（2000）以香港营商环境评估结果由全球第一位下降至全球第六位为契机，试图对国际社会对香港营商环境的不公正看法提出声讨，并提出香港应在"一国两制"的大背景下全方位打造"新香港"。[①] 马爱华（2002）将香港称之为"最佳营商之地"，通过对香港特区政府的行政体制改革、招商引资体系的建立健全、中小企业发展支持举措、贸易发展格局构建等四个方面对香港的营商环境展开全方位的细致描述，并期望从香港的实践经验中提取出具备参考性的营商环境建设做法。[②]

这一时期的营商环境相关研究的另一个特点在于部分研究者喜欢从成本的角度考虑营商环境建设问题，同时营商环境在一定

---

① 陈可煜：《营商环境》，《开放导报》2000 年第 6 期。
② 马爱华：《香港的营商环境及对天津开发区的启示》，《天津经济》2002 年第 11 期。

程度上仍片面地被看作是投资环境。例如,潘小飞,王薇(2003)综合分析了深圳面临的土地资源匮乏、优惠政策取消、职业化人才缺乏、隐性费用上升以及电价、水价、劳动力成本高等显性成本上升的多重压力,同时也肯定了深圳在区域关联互动、产业配套成型、信息化程度高、物流优势明显等方面对降成本起到的关键作用。[1]陈峰,羽林(2004)指明成本是影响投资决策的重要因素。他们从"硬成本"和"软成本"两个方面解析武汉的营商成本,并提出上述两个方面的协调发展才是最佳营商成本的体现。[2] 王焕培(2005)深入分析了湖南营商成本偏高的原因,提出要以制度建设降低税费负担,突出整治向企业乱收费和乱罚款现象,以行政审批事项降低企业办事负担,完善民营经济发展政策和监督机制等举措降低私营企业营商成本。[3] 可以看出,初期的研究具有一个非常明显的缺失,即研究者们基本不讨论什么才是真正的营商环境的问题,而以一种非常直接的方式阐述如何建设营商环境。因此,研究成果具有非常大的松散性,要么仅在某一地区具有一定的参考性,要么仅在某个环节具有借鉴作用。但尽管如此,从目前营商环境的建设实际来看,初期的研究确实也在一定程度上拼凑出了营商环境建设的一般内容,也为后来更加深入地交流探讨打开了先河。

(2) 发展阶段:法治化国际化营商环境研究成为主流

党的十八大之后,"营商环境"概念被正式引入中国,研究者们

---

[1]　潘小飞,王薇:《深圳有多贵? ——深圳营商成本分析》,《深圳特区科技》2003年第12期。

[2]　陈峰,羽林:《解析武汉"营商成本"》,《学习与实践》2004年第4期。

[3]　王焕培:《关于降低湖南个体私营企业营商成本的思考》,《湖南省社会主义学院学报》2005年第6期。

对营商环境的认知发生了巨大的转变,开始基于更宽广的视角展开各类研究。由于正处于新的发展阶段,中国经济的国际影响力大幅提升。加上习近平总书记讲"法治是最好的营商环境",使得这一时期营商环境相关研究集中于法治化和国际化建设上,尤其是 2014 年之后,有关法治化国际化营商环境建设的研究扎堆出现。同时,在相关研究中,也开始出现了有关营商环境概念的探讨。例如,吴冰(2012)指出"营商环境是指企业在开设、经营、贸易活动、纳税、关闭及执行合约等方面遵循的政策法规所需的时间和成本等条件",并提出应从加强依法治省建设,构建与国际接轨的营商法治体系;加强对市场秩序的维护,形成与国际标准对接的市场环境以及加强行政管理体制改革,形成适应对外开放要求的政府办事环境等三个方面提高广东省营商环境的法治化、国际化水平。[1] 向景,刘中虎(2013)从税务环境视角对营商环境做出定义,指出"税务营商环境是指企业遵循税法规定、在缴纳税收方面的条件与状况。在经济全球化背景下,税务环境越来越成为引导资本投资、产业转移的重要因素",通过对比和借鉴世界其他国家优化税务环境的先进经验做法,研究从加快推进税收法治化国际化进程、把纳税时间降至国际平均水平、构建有中国特色的税收遵从体系三个方面提出优化我国税务营商环境的具体建议。[2] 龚柏华(2014)在迎合国际高标准的贸易投资规则的指引下,从建设投资便利、贸易便利、金融市场化、行政法治化四个方面实现上海自贸

---

[1]　吴冰:《打造法治化、国际化的营商环境》,《广东经济》2012 年第 6 期。

[2]　向景,刘中虎:《借鉴国际经验 优化我国税务营商环境》,《国际税收》2013 年第 8 期。

区营商环境的国际化与法治化。[①]

与此同时,在法治化和国际化的大趋势下,2015 年之后的相关研究又开始指向政府的行政体制改革。例如,彭清华(2015)从加快落实"先照后证""三证合一"等改革措施提高办企的便捷性,同时积极帮助初创企业解决融资、经营场所、市场开拓等方面难题,激发初创企业的活跃度。还要通过加快建立以信用监管为核心的新型监管制度,维护市场秩序。[②] 武文卿(2015)提出通过实行市场准入负面清单制度优化外资准入管理方式,推动构建法治化营商环境。[③] 崔庆安(2016)从推行项目审批"一站式"办结、"一口式"收费、"一条龙"服务三个方面提升建设项目行政审批服务效能,优化营商环境。[④] 可以看出,这一时期,有关营商环境的研究已经逐渐实现了与经济社会实际发展需要的对接,研究成果的实用性和参考性进一步提高,对于我国的营商环境建设实践具有较强的指导作用。

(3) 成熟阶段:形成以问题为导向的营商环境研究机制

随着营商环境逐渐成为公共治理领域的新范畴以及国家营商环境制度顶层设计的不断完善,学术界对营商环境建设的探讨进入了相对成熟的研究阶段。从整体上看,有关研究的宽度和广度明显提升,形成了多层次、立体化的营商环境优化机制。与此

[①] 龚柏华:《国际化和法治化视野下的上海自贸区营商环境建设》,《学术月刊》2014 年第 1 期。

[②] 彭清华:《深化改革 强化监管 优化营商环境》,《广西经济》2015 年第 9 期。

[③] 武文卿:《负面清单制度:构建法治化营商环境》,《中国招标》2015 年第 43 期。

[④] 崔庆安:《以深化建设项目审批改革为引擎 做好优化营商环境大文章》,《机构与行政》2016 年第 9 期。

同时,在国内营商环境建设已经取得了一定成绩的基础上,相关研究开始注重从问题出发,提出了营商环境优化建议的务实性和可操作性,使得相关研究的内在价值进一步提升。金彦海(2017)指出辽宁营商环境中的软环境短板问题包括官员的不作为问题、政府缺乏信用、大企业和人才流失、企业成本增大、政府和市场角色错位等五个方面,并根据上述问题提出具有针对性的政策建议。① 张威(2017)从政策环境、要素环境、政务环境、法治环境、贸易环境、投资环境等六个大的方面来分析我国营商环境存在的主要问题,提出要以系统性思维做好放、改、减、惠、守五篇文章。② 丁新正(2018)通过对我国中小微企业营商法治环境现状的概括及分析发现我国中小微企业在金融部门服务、财政税务部门服务、政府人力资源培训、行业协会的运作方面等的法治建设都存在一定的不足,并进而提出了五项优化改善我国中小微企业法治环境的具体路径。③ 李瑞峰(2018)深入分析了我国营商环境中的投资环境问题和要素环境问题,提出应从放宽企业经营发展制度性约束、改进政府职责短板、减小企业要素成本、出台利于企业生存发展的政策与保障措施等几个方面构建更加和谐的营商环境。④

另外,这一时期,相关研究的精细化程度也显著上升,有关各

---

① 金彦海:《辽宁营商环境存在的问题及对策》,《辽宁省社会主义学院学报》2017 年第 1 期。

② 张威:《我国营商环境存在的问题及优化建议》,《理论学刊》2017 年第 5 期。

③ 丁新正:《优化我国中小微企业营商法治环境的路径研究——以重庆为个案》,《重庆理工大学学报》(社会科学)2018 年第 2 期。

④ 李瑞峰:《如何构建更加和谐的营商环境》,《人民论坛》2018 年第 11 期。

行业营商环境建设的研究成果逐渐增多。例如,天酬(2018)探讨了物流业营商环境对优化营商环境的迫切需求,提出当务之急是要以完善顶层设计降低物流成本,同时还要优化中小公路货运、仓储企业的运营环境,使物流业更加高效地衔接生产和消费两大环节。[①] 周鲜华,肖乃,龙玲(2018)对沈阳市建筑业营商环境现状进行分析,提出从扩大市场准入、打造廉洁高效的服务型政府、深入推进校企合作、优化金融服务、完善相关法律法规等六个方面优化建筑企业营商环境。[②]

与此同时,这一时期的研究还体现出另一个亮点,即如何构建营商环境建设合作机制。研究依托于国内传统城市群与国际各类经济合作组织内部各成员间的密切联系,以期实现营商环境的共建共享。周名峰(2018)提出要以"共商"为基础,实现中国与沿线国家共同制定优化营商环境的方法,同时利用法治手段助推沿线营商环境的提升。[③] 代中现,曾宪慧(2018)在对粤港澳大湾区内营商环境法治化建设存在的问题进行分析的基础上,提出应在湾区内部形成合作机制,采用相对统一的营商环境建设标准,提升地区营商环境的法治化水平的相关建议。[④] 王庆德(2019)从基础设施、产业体系、政务环境、对外开放、人才创新、融资环境的角度分析北部湾经济区的营商环境建设现状,提出要

---

① 天酬:《物流业对营商环境优化需求迫切》,《中国储运》2018 年第 3 期。
② 周鲜华,肖乃和,龙玲:《沈阳市建筑业企业营商环境现状分析与优化对策研究》,《辽宁经济》2018 年第 6 期。
③ 周名峰:《和谐价值观视域下"一带一路"沿线营商环境的优化》,《云南社会科学》2018 年第 5 期。
④ 代中现,曾宪慧:《粤港澳大湾区营商环境法治化建设存在的问题及对策》,《探求》2018 年第 6 期。

借鉴先进地区的经验做法,通过国际产能合作带动国际合作环境改善。[1] 毛雁冰(2019)提出要通过协调一致的财税政策体系,优化政府与市场之间的关系,抓好重点领域改革,提高公共基础服务的水平等举措来推动长三角区域的一体化营商环境建设。[2] 可以看出,这一时期我国营商环境研究视角逐渐丰富,研究成果也不再是与实际有一定距离的"表面文章",而是在对营商环境建设现实的深入剖析中寻找优化路径,进而推动营商环境的升级。

(4) 外延拔高阶段:以助企纾困和实现高质量发展为研究主要依据

最近几年,受新冠疫情的冲击,国内经济一度处于缓慢运作甚至瘫痪状态之中。因此,营商环境的整体建设进程也在一定程度上有所放缓。此时,国内关于营商环境的研究风向开始发生微微转变。从疫情之前的可实地调研、可开展各类调查转向了相对静态的研究实践之中,尽管相关研究成果在数量上并未出现较大的波动,但研究者们不得不承认疫情的冲击对营商环境建设有着巨大的阻碍作用。因此,部分研究者开始将研究指向如何促进疫情期间的营商环境建设问题上,将助力企业的复工复产作为研究的最终目标。例如,夏洪利(2020)从政策优化的角度提出四项助企纾困政策,一是统筹推进复工复产政策工具的制定与落实;二是兼

---

① 王庆德:《北部湾经济区营商环境优化策略研究》,《中国经贸导刊(中)》2019年第 3 期。
② 毛雁冰:《提升长三角区域一体化营商环境的关键问题及对策》,《中国发展》2019 年第 6 期。

顾企业生产要素与生活配套的刚性需求；三是内需表达与外部监督双机制发力营造营商环境；四是疫情背景下优化营商环境政策供给。[①] 黄晓艳(2021)通过对疫情期间中小微企业六大融资困境进行分析,从政府改革和金融创新两大方面提出若干破解融资难的政策建议。[②] 王昭君,肖萍(2021)指出疫情影响下跨境电商面临着"三重压力",分别是企业资金链承压,现金流风险加剧；配套服务不完善,贸易成本上升；贸易保护主义加剧,全球产业链和供应链受阻。强调要从加强政府引导和完善配套服务两个方面破除疫情期间跨境电商行业发展阻碍。[③] 贺桂华,胡霄桐(2022)从企业破产重整角度提出常态化疫情防控下破除企业困境的政策建议,为危困企业提供纾困路径。强调应完善企业重整制度、采用合理高效适用的破产重整程序、基于市场主体退出的多元需求等拯救危困企业。[④]

随着疫情时代逐渐成为过去时,国内的经济社会也正式步入了全方位高质量发展阶段。因此,如何服务于高质量发展成为新时期营商环境建设的一个新的主题。侯冠宇(2023)采用模糊集定性比较分析方法得出营商环境与工业高质量发展之间存在着复杂多样的关系。要通过不断改善工业企业所处营商环境中的政府关

---

① 夏洪利:《新冠疫情背景下复工复产政策对营商环境优化的影响分析》,《行政科学论坛》2020 年第 6 期。

② 黄晓艳:《破解疫情影响下中小微企业经济发展与融资困境的研究》,《商业经济》2021 年第 10 期。

③ 王昭君,肖萍:《疫情影响下我国跨境电商面临的困境与对策》,《中国经贸导刊(中)》2021 年第 5 期。

④ 贺桂华,胡霄桐:《常态化疫情防控下企业破产重整之纾困》,《经济研究导刊》2022 年第 9 期。

怀、要素协同、精准施策等举措推动工业的高质量发展。[①] 胡杨
(2023)基于 DEMATEL—ISM 营商环境影响因素分析结果,提出
要从简化开办企业流程,缩短行政审批时间;提高市场监管水平;
提升贸易便利度,优化商务环境建设;推进纳税服务智能化进程等
四个方面推动区域经济高质量发展。[②] 程风雨,王翔宇(2023)综
合分析了广州市营商环境建设的优势与短板,提出高质量发展背
景下应坚持营商环境改革的系统性和整体性;科学统筹"宜商兴
业"的科学监管与优质服务;深化数字技术应用;优化人才政策;创
新用地供给模式;加大融资支持;畅通政企沟通渠道等七个方面打
造国际一流的营商环境。[③] 可以看出,现阶段营商环境的相关研
究既可以随着社会波动及时为经济的可持续发展提供指导,又可
适应高质量发展的总体需求,不断提升研究成果与时代需求的融
合度。已有研究为本书后续的内容阐述以及未来相关领域的研究
奠定了扎实的基础。

　2. 营商环境的概念界定

　营商环境是市场主体生存发展的基础。目前,优化营商环境
已经是一个全球性的经济话题。明确概念是展开研究的基础,什
么是营商环境? 学者们从不同角度给出了答案。Benn Eifert
(2005)等人从营商环境与企业关系角度提出一切影响企业经营效

---

　① 侯冠宇:《营商环境赋能工业高质量发展:影响因素与提升路径》,《理论月刊》
2023 年第 11 期。
　② 胡杨:《营商环境影响因素分析及其对区域经济高质量发展的影响》,《科技经
济市场》2023 年第 6 期。
　③ 程风雨,王翔宇:《广州营商环境高质量发展的城市比较分析:兼论打造国际
一流营商环境标杆城市》,《特区经济》2023 年第 12 期。

率的政策、机构、设施、人员、自然环境等均称为营商环境。① 陈伟伟,张琦(2019)提出优化营商环境是为企业生产经营提供良好的外部环境,降低企业生产经营的制度性交易成本,这些外部环境包括一个地区的政治经济制度、法律法规、风俗习惯、国际政治经济局势、产业环境、市场环境、基础设施配套等。② 张国勇,娄成武(2018)指出营商环境由投资环境演变而来,有"软硬"之分,"硬环境"包括地理区位、资源禀赋、硬件设施等客观物质条件;"软环境"包括政策、文化、制度、法律、思想观念等外部因素之和。③ 张定安,高乐(2021)指出营商环境是市场主体生产经营涉及的制度要素和社会条件,综合反映国家治理能力、体制机制、社会环境、资源禀赋、基础设施和思想观念。④ 顾东明,周明(2023)指出营商环境本质上是制度环境,由政策营商环境、政务营商环境、市场营商环境、法务营商环境四部分组成。⑤ 2019 年,国务院发布的《优化营商环境条例》将营商环境定义为"企业等市场主体在市场经济活动中所涉及的体制机制性因素和条件"。⑥

---

① Eifert, Benn, Alan Gelb and Vijaya Ramachandran. "Business Environment and Comparative Advantage in Africa: Evidence from the Investment Climate Data." Emerging Markets: Economics(2005): n. pag.

② 陈伟伟,张琦:《系统优化我国区域营商环境的逻辑框架和思路》,《改革》2019年第 5 期。

③ 张国勇,娄成武:《基于制度嵌入性的营商环境优化研究——以辽宁省为例》,《东北大学学报》(社会科学版)2018 年第 3 期。

④ 张定安,高乐:《聚焦市场主体关切持续打造市场化法治化国际化营商环境》,《中国行政管理》2021 年第 8 期。

⑤ 顾东明,周明:《激励相容视角下地方政府优化营商环境的动因研究:一个央地关系的分析框架》,《现代管理科学》2023 年第 4 期。

⑥ 《优化营商环境条例》,中国政府网,https://www.gov.cn/zhengce/content/2019-10/23/content_5443963.htm,2019 年 10 月 23 日。

　　可以看出,无论从哪种角度界定营商环境,其一般性质均可概括为四点:第一,它是非单元素集合;第二,它以制度集成为主体;第三,它是抽象环境和非抽象环境的结合体;第四,它具有完整的系统,各子系统互为影响。根据已有研究,结合我国营商环境建设的具体实践,本书认为营商环境是指市场主体生存空间中对生产经营活动直接或间接产生影响的各类因素的总和,是以企业全生命周期为主线的政治、经济、文化、法律等制度的集合。其外在表现包括三方面内容:一是所处社会制度中的政务环境、行政体制、治理水平等;二是所处经济制度中的政府与市场关系、市场活力、经济发展水平等;三是所处社会空间的基础设施完善度、社会包容度、生态宜居度等。它们的内在联系集中反映时代主流价值、治理思想、信念需求。内外的系统性优化是营商环境向好发展的真谛。

（二）营商环境的特征分析

1. 属性:一种特殊的公共产品

　　1954 年,萨缪尔森首次提出公共产品的定义:"若每个人对这种物品的消费都不会减少其他人对该物品消费,则该物品就属于公共产品"。后又提出"公共产品效益扩展于他人时的成本为零,无法排除他人消费这类物品",即公共产品在消费上具有非竞争性和非排他性。[1] 通俗来讲,公共产品是由以政府为代表的公共部门提供,是用于满足社会公共需求的产品和服务的总称,它具有全民共享的特征,营商环境也可被视作一种特殊的公共产品。从提

---

　　① 刘勉,黄娅妮:《基于萨缪尔森经典定义对公共物品定义的研究》,《中国市场》2010 年第 49 期。

供者来看,营商环境不是天然形成的,它依靠政府体制变革。尽管近年来受到行业协会、民间组织、社会公众的左右,但最终的决策方仍是政府,其他参与主体的话语权实际上均是政府自觉、主动放权的结果。

从性质上看,首先,营商环境不被特定的市场主体所占有。比如我国的市场上既有国有经济和集体经济,又有个体经济、私营经济、外资经济等,我们不排斥任何一个经济成分的存在,鼓励市场经济百花齐放。再如我国产业类型十分齐全,各类产业平等享有国家政策的保护和支持权力。其次,任何市场主体享有营商环境效益时都不会影响其他市场主体的享有。另一个我们不能忽视的方面是营商环境是我国公共治理的产物之一。[①] 因其构成要素的丰富性及经济对社会发展的基础性作用,良好的营商环境不仅提高经济效益,也必然能产生巨大的社会正外部效应,全方位促进国家进步,这是营商环境公共性的重要体现。

2. 本质:一个制度的集合体

以制度进行治理是调节政府与市场关系的基本手段,它以制度变革、机构改革为内容,提升治理效能、稳固社会发展,重点关注产权制度完善和资源、要素市场化配置,它受价值取向、制度风险、制度体系、制度执行等因素的影响,最终实现政府和市场的有序互动。[②] 营商环境建设遵循制度治理逻辑。从营商环境的本质来

---

① 郭燕芬,柏维春:《营商环境建设中的政府责任:历史逻辑、理论逻辑与实践逻辑》,《重庆社会科学》2019 年第 2 期。

② 宋林霖、陈志超:《中国营商环境治理:寻求技术逻辑与制度逻辑的平衡》,《行政论坛》,2022 年第 5 期。

看,它是一切影响市场主体生产经营活动的制度集合体,按企业进入到退出的不同阶段需求可形成不同的政策组合以维护企业权益、约束市场主体行为,帮助企业解决难题。所谓"制度集合"不是政策文本的简单累加,而是以促进市场主体全员健康发展为共同目标的政治、经济、社会、文化等全部领域制度的有机结合,不同政策互为制定、执行、修订依据,以强大的政策合力提升地区的营商能力。这个"集合体"既包括政府等公共部门制定的正式制度,如政策、法律规定等,也包括各种非正式制度,如风俗习惯等。

从企业成本的角度来看,制度集成大大降低了企业的制度性交易成本,即企业在遵循政府规章制度时所需付出的成本。制度性交易成本存在有形和无形之分。有形成本以税费为主,无形成本包括产权保护成本、寻租成本、信用成本、信息成本、决策成本等,无形成本无法在账面上体现出来,但却给企业带来实在的成本压力。① 降低制度性交易成本是营商环境建设的一个重难点,尤其是无形成本。2022 年,国务院发布《关于进一步优化营商环境降低市场主体制度性交易成本的意见》,明确了破除企业进入的隐性门槛、规范涉企收费、优化涉企服务、加强市场监管、规范行政权力等五项措施,为缓解企业压力提供了指导。② 营商环境建设实际上是制度"集成—变革—优化"的过程,这一过程从制度的刚性约束和柔性服务两方面为市场主体打造稳定有序的生存环境。

---

① 高明华:《创造低制度成本营商环境》,《智库时代》2017 年第 1 期。
② 《国务院办公厅关于进一步优化营商环境 降低市场主体制度性交易成本的意见》,中国政府网,https://www.gov.cn/zhengce/content/2022-09/15/content_5709962.htm,2022 年 9 月 15 日。

3. 结构：多元化主体与多元化要素

社会治理类型的划分以政府权力的扩张和收缩为判断依据，多元主体协同合作治理模式已经成为当今社会的共识，营商环境建设也不例外，而政府放权是形成多元主体治理结构的直接原因。长期以来，我们将政府放权归结为市场配置资源的需要，认为其是市场经济发展规律作用下的产物。其实不然，经济诱因无疑是核心动力，但外部因素同样重要。曾有学者提出多元主体结构是对外参与全球化治理格局、对内构建和谐社会的需要。它能够促进治理对象多样化，主体间功能和领域互补是实现社会充分治理的前提，治理内容的多样性和治理结构的包容性为参与全球治理打下基础，主体间合作互动又是和谐社会的重要标志。① 可见，多元化治理主体结构存在坚实而丰富的理论和实践支撑。"主体多元化"先于"营商环境"被提出，其大大缩短了营商环境建设参与主体的探索历程。通常意义上的主体包括政府、市场、社会三方，清晰的政府职责边界是基础，强大的市场整合功能是关键，积极主动的社会参与是保障②，三者正是目前我国优化营商环境的"要义"所在。我们一直强调营商环境建设是一项系统工程，这种系统性首先源于治理主体的多样性，其次源于营商环境构成要素的丰富性，"要素"顾名思义就是构成事物的必要因素。良好的营商环境是一个国家或地区综合竞争力的象征，这里的竞争包括政治、经济、文化、法律、生态等多个方面，也就对应着营商环境的众多构成要素。

---

① 朱晓红，伊强：《论社会治理的多元主体结构》，《学习论坛》2007 年第 8 期。
② 李恒全：《增强社会治理主体的协调性》，《光明日报》2016 年 4 月 6 日第 13 版。

与我国的"五位一体"总体布局相似,营商环境建设也是一个全面规划、整体部署的过程,它以经济建设为基础、政治建设为根本、文化建设为指引、法律建设为手段、生态建设为保障、其他建设为补充,全方位提升市场主体的安全感和幸福感。

4.目标导向:实现公共利益最大化

立足市场主体需求、实现公共利益最大化是优化营商环境的目标导向。营商环境的公共产品属性决定效益的公共性,"公共性"指效益为社会成员共享,个体的效益享用不受特定边界的控制。换言之,个体享受的效益并非等量或按比分配,享受效益的类型也可同可异,真正的获益量来源于个体的满意度,是"实际获得"与"发展需要"和"预期获得"间的主观对比。个体的满意度越高,营商环境建设得越好。在公共管理语境中,我们常以"公共利益"的实现为载体实施满意度衡量。利益在某种程度上是人与人之间关系的象征,公共利益由趋于一致的私人利益集合而生。公共利益出现时,成员间便自发形成了联动和协调关系,由此产生更大的生产效率。① 营商环境建设立足"市场主体需求",所谓"需求"是实际发展需要和主观愿望的结合,营商环境既要满足发展、又要满足主体感受。实现最大化的利益,实际就是最大限度提升这两方面的满足感。从建设逻辑看,我国营商环境不断优化就是公共利益实现的过程,这一点从前文有关营商环境的公共性以及市场主体多样性、治理主体和构成要素多元化的论述中便可推出。从利益实现角度看,利益最大化有一层隐含的要求,即投入最低,以最

---

① 杨寅:《公共利益的程序主义考量》,《法学》2004年第10期。

小的投入获得最大的利益才是最大化的本质。目前我们主要关注
企业视角的"降成本",比如以要素环境优化降低企业营运成本、商
业生态系统环境优化降低协同创新成本、制度环境优化降低企业
体制成本等。① 未来,政府、社会、公众视角的成本控制也应纳入
考量。从具体实践看,"以市场主体需求为导向"的制度地位正在
提升,例如:湖北省已经发布《以市场主体需求为导向打造一流营
商环境工作实施方案》。另外,政府信息公开制度、智慧平台建设
逐渐完善使公众参与治理的便利度直线上升,各领域的公众满意
度调查项目明显增多。可以看出,当前的营商环境建设既体现现
实性,又充满发展性,它以满足全体社会成员的需求为根本问题,
又以利益的持续增多为目标,为社会的长足发展提供保障。

二 营商环境建设的价值理念

当前,全球化遭遇逆流,全球单边主义、保护主义上升,世界所
面临的不确定性也将更加凸显。与此同时,我国的经济社会发展
正在迈向高质量发展阶段,正处在转变经济发展方式、转变经济增
长模式、转换经济增长动力的重点突破时期。因此,我国必须加速
构建市场化、法治化和国际化的营商环境体系,合理利用国际国内
两个市场、两种资源,逐步建立更加完善的国际国内市场竞争制
度,为实现"十四五"时期我国的经济社会高质量增长目标提供积
极助力。一方面,我们应不断提升营商环境建设与国内主流价值

---

① 梁玉红:《优化营商环境重在降成本》,《江西日报》2022 年 12 月 22 日。

观的粘合度。另一方面,我们还应定位于国际化人文环境,主动在营商环境建设过程中引入国际先进理念,打造国际化营商文化氛围,积极投身于全球营商环境建设进程。使我们的营商环境既有浓厚的中国特色思想理念基底,又有顾全大局的全球意识。

（一）思想主线:法治、诚信、亲清、共治、包容

党的十八大开启中国特色社会主义新时代,随之而来的是国家治理体系的日益系统化和完备化。2019 年,《中共中央关于坚持和完善中国特色社会主义制度 推进国家治理体系和治理能力现代化若干重大问题的决定》发布,我国的治国理政正式向现代化进程迈进。以十八大以来治理领域相关政策、方针以及习近平新时代治国理政思想等为资料基础,可凝练出十余年来我国推进治国理政的几个关键词:法治、诚信、亲清、共治、包容。作为治国理政的新内容,我国的营商环境建设也正是以这五个关键词为思想引领,不断向国家整体治理需求靠近。

第一,"法治是最好的营商环境"是"依法治国是治国理政基本方式"的继承与延伸。[①] 市场经济的本质是法治经济,这是从法治角度为建设营商环境提供了逻辑起点。从法治自身的功能来看,它能对各种社会关系起到确认、保护、规范和调整作用,又能为经济社会中各项事业起到引导、定向、推动和促进作用。[②] 因此,营

---

① 《习近平:推进全面依法治国,发挥法治在国家治理体系和治理能力现代化中的积极作用》,中国政府网,https://www.gov.cn/xinwen/2020-11/15/content_5561685.htm,2020 年 11 月 15 日。

② 沈春耀:《有效发挥法治固根本、稳预期、利长远的保障作用》,《中国人大》2020 年第 22 期。

商环境建设必须坚持法治思维，为各类市场主体提供公平稳定的市场运行秩序，提升市场主体的获得感和幸福感。

第二，诚信建设步伐加快。政务诚信、市场诚信、社会诚信等同步进行，大力推进以完善社会信用体系为核心的诚信建设制度化。[①] 完善的社会信用体系是营商环境各治理主体形成合力的基本前提，只有各主体、各领域均以诚信意识为前提展开行动，才能保证营商环境建设机制的安全、平稳运行，以防各主体在思想和行动上受失信不良之风的侵蚀。

第三，亲清政商关系逐步形成。2016 年，习近平总书记首次利用"亲"和"清"二字为厘清政商关系提供指引。政商关系的核心是政府与市场关系，清明的政商关系是政治生态良好的保障，是多元主体治理体系的基础。[②] 我们多次强调营商环境建设的首要任务就是厘清政府与市场的关系，作为一个分支，亲清政商关系一方面关闭了政府寻租的大门，对构建廉洁高效的现代化服务型政府提供了基础前提；另一方面，亲清政商关系是政府还权于市场，摒弃过度行政干预的基本手段。当政府以服务者身份出现在营商环境建设进程中时，市场的资源配置决定权才可以真正发挥作用。

第四，设置共建共治共享社会治理格局新目标。共建共治共享要求所有社会成员参与社会治理过程，共同享有治理成果，它是我国以人民为中心的发展理念在社会治理中的又一次深化，是最

---

① 王辉：《着重把握新时代诚信建设制度化的三重维度》，人民网，http://theory. people. com. cn/n1/2021/0723/c148980-32167390. html，2021 年 7 月 23 日。

② 石羚：《形成亲清统一的新型政商关系》，《人民日报》2023 年 7 月 19 日第 4 版。

鲜明的时代发展特征。营商环境作为一个复杂的系统工程,可以说已经将全社会方方面面全部纳入其优化进程中来,这就意味着任何人都不可能脱离营商环境建设进程,也就是我们不断强调的"人人都是营商环境"。人人都是"画中人",而非"旁观者",因此,我们必须在全社会范围内唤起各类社会力量的主人翁意识,鼓励他们积极承担营商环境优化职责,最大限度凝聚社会共识,不断提升营商环境与时代发展的契合度。

第五,形成以构建人类命运共同体为鲜明底色的包容性开放制度。2013 年,习近平总书记首次提出"人类命运共同体"概念,并成为之后我国发展开放型经济、积极参与全球治理的主要思想引领。随着全球经济体间的联系越来越紧密,营商环境建设已然成为了一个全球性治理话题,任何国家在营商环境问题上都不能脱离集体而独行。开放共赢、合作共治是中国长期以来形成的传统开放优势,在营商环境建设上也应如此。我们既要不断对标国际先进,又要不断贡献中国智慧,携手世界各国实现营商环境的高质量发展。

（二）理念基础:新发展理念、新发展格局

2020 年 7 月,中国共产党中央政治局会议中指出,为推动"十四五"期间的经济社会发展,必须坚持和完善党领导国家经济社会发展的领导体制机制,为实现国民经济高质量增长提供根本保证。始终坚持服务人民、依靠人民、共享成果,不断满足人民美好生活向往。为实现更高质量、更加公平、更有效率、更可持续、更为安全的发展,必须始终坚持新发展理念,并将其贯穿于经济社会发展全过程和各领域。需要坚定不移地推动改革,必须持续扩大开放,进一步增强经济社会的发展动能和活力。要进行前瞻性思考、整体谋划、战略性规划、整体推进,以便于实现发展规模、结构、效益、安全等的统一。同年8月,习近平总书记主持召开我国发展经济领域专家座谈会,认真倾听专家学者的意见,并发表重要讲话,提出从新机遇新挑战、新发展格局、新发展动能、新发展活力、竞争新优势、发展新局面等六个方面,解答了我国经济社会发展的重大问题。也就是说,新发展理念和新发展格局共同构建出我国社会进步与发展的新方位。营商环境作为目前我国提升民生福祉的重要依托,必须在新框架下实现各项优化目标。

第一,以创新、协调、绿色、开放、共享的新发展理念为逻辑起点,不断强劲市场经济发展势能。营商环境建设一要以创新来解决发展动力问题,要不断强化创新支持和保护力度,挖掘市场主体及人民大众的创新创造潜力,提升企业生产效能,为经济发展注入源源不断的新动力。二要以协调来解决发展的不平衡和不充分问题,通过实现不同地理方位、不同行业、不同企业类型等全方位的协调发展,才能从根本上缩小国内的贫富差距和现代化发展差距,从而实现人民的共同富裕。三要以绿色发展解决人与自然和谐共生问题。当前,打造生态宜居的自然环境已经成为全社会的基本共识。营商环境与生态环境之间存在着互为支撑的关系,一方面良好的生态环境将更加助于吸引人才、资金等资源和要素的流入与聚集,为经济发展提供坚实的后盾力量;另一方面,营商环境优化带来的一系列诸如设备智能化、生产低碳化、资源低耗化、排污升级化等降低生态损耗的有效措施将进一步减轻地区的生态破坏力度和生态还原压力，真正实现人与自然的和谐相处。四要以更高的开放意识形成内外联动机制。在营商环境建设上，我们要依托现有的与"一带一路"沿线国家、"东北亚经济圈"成员国、"APEC组织"成员国等之间的亲密友好关系，积极探索营商环境建设领域的互动合作机制，推动开放成果共享，为全球营商环境共同建设提供地区样本。五要以共享不断提升社会公平正义。让广大人民共享改革成果是社会主义的本质要求。在营商环境建设方面，我们要严格落实发展为了群众、发展依靠群众的群众路线，既鼓励全体社会成员为营商环境建设建言献策，又不断强化共享理念，使改革成果惠及全体人民，使营商环境建设既解人民之"难"，又解人民之"盼"。

第二，在以国内大循环为主，国内国际双循环相互促进的新发展格局中清除市场经济发展堵点，形成畅通高效的资源与要素流通和配置机制。构建新发展格局关键在于实现经济循环的畅通无阻。首先，要打通国内生产、分配、流通、消费各环节之间的"堵点"，不断提升供给体系对国内需求的适配性，实现以需求为优化供给提供指引、以供给激发更多需求的互动机制，进而实现二者之间高水平的动态平衡。从营商环境建设角度来看，实现国内经济大循环要以构建国内统一大市场为前提，因此营商环境的一体化建设也必须作为重点任务推进。要不断破除地域间的行政体制机制障碍，推动服务事项的"跨省""跨域"快捷办理，从而实现企业全生命周期业务办理的便利度，从根本上为资源和要素以及商品服务的有序流通扫清障碍。其次，要充分发挥目前我国在国际市场上的巨大影响力，以国际产业链和价值链为依托，积极打造国家投资格局和国际金融服务体系,在各个经济体的良性竞争中实现全球经济的转型升级。要进一步畅通国际资本来华投资通道,完善口岸服务体系,拓宽对外开放合作领域,同时还要不断扩大商品出口支持政策优化,依托中欧班列等强化商品输出力度,从而推动国内经济更好对接国际市场。

（三）建设原则:市场化、法治化、国际化

《优化营商环境条例》中明确指出我国"优化营商环境应当坚持市场化、法治化、国际化原则,以市场主体需求为导向,以深刻转变政府职能为核心,创新体制机制、强化协同联动、完善法治保障,对标国际先进水平,为各类市场主体投资兴业营造稳定、公平、透明、可预期的良好环境"。[①] 市场化、法治化、国际化三者之间并不是简单的并列关系,而是相互支撑、相辅相成的有机整体。在营商环境中,实现市场化的最终目的是要维护市场经济的尊严,使市场在资源配置中起到决定性作用,从而激发市场活力,通过不断提升资源配置效率来实现效益的最大化。实现法治化的最终目的是打造法治经济,利用法治手段营造公开透明的市场规则,固化营商环境建设成果。通过对市场实施有效的法治监管,保障各种所有制经济平等参与市场竞争。政府要承担起自身的法治职责,不断完善营商环境法规政策体系、提升依法执法能力、营造良好司法生态,全方位为市场经济发展保驾护航。同时,要确保政府改革在法治轨道上运行,以打造诚信、有为的法治政府,夯实营商环境建设

---

① 《优化营商环境条例》,中国政府网,https://www.gov.cn/zhengce/content/2019-10/23/content_5443963.htm,2019 年 10 月 23 日。

的法治基础。实现国际化的最终目的是不断提升我国市场的综合竞争力,通过对标国际通行规则和国际一流标准来持续改善营商规则,破除对外贸易合作的体制机制障碍,畅通国际资金、人才、商品、服务等流通渠道,不断提升我国的投资吸引力。我们要始终保持促进全球经济发展的大局意识,将自身经济发展寓于全球经济大繁荣、大发展的进程中去,携手世界各国合作打造循环畅通的国际营商大环境。

在市场化营商环境建设方面,我们要关注以下三项重点内容:一是务必尊重市场经济发展规律。除让市场决定资源配置外,还要对市场的自我修正能力保持高度的信任。也就是说,政府的干预必须是适时的、合理的且有效的,比如破除垄断、降低准入、维护公平以及危机中的资源调配、优质公共服务体系的构建等等。二是构建公平的市场竞争秩序。我们一再强调竞争,是因为市场经济本身就是竞争经济。良性竞争对产品和服务的优胜劣汰以及升级换代有着不可替代的重要作用。市场竞争状态在很大程度上可以被看作是营商环境优劣的基本象征,对营商环境建设成效起到决定性的作用。在具体实践中,要强化公平竞争审查制度刚性约束,持续完善公平竞争审查细则,清理废除妨碍统一市场和公平竞争的规定及做法,还要不断完善市场竞争状况评估制度,建立妨碍市场公平竞争行为的投诉举报和处理回应机制。另外,还要进一步强化反垄断和反不正当竞争执法司法力度,防止资本的无序扩张。三是完善社会信用体系建设。要持续推进信用监管平台化,强化平台的信息归集功能,为建立健全信用分级监管制度或方案提供支撑。进一步打造新型社会信用监管格局,加强重点领域信用监管，强化守信激励和失信惩戒机制的动态调整，在全社会范围内营造知法守法的良好风气。还要完善信用修复制度，不断完善重建信用的恢复性机制，尽可能减少信用损失，帮助失信主体重新获取良好的信用评价。

在法治化营商环境建设方面，我们要关注以下两项重点内容：一是加快市场经济领域有关法律法规立改废释。目前，全球经济竞争日益激烈，意味着我们必须时刻保持对经济发展大趋势的精准把控，严格警惕国家法治建设滞后的问题和风险，保证法规政策跟得上经济形势需要，确保国内经济具备应对各类风险挑战的实力与对策。同时，还要针对新技术新产业新业态新模式的不断涌现，持续强化重点领域的立法，使得法规体系更加契合信息化时代的经济发展需要。二是强化规范执法和公正司法。法律发生实效在很大程度上取决于执法和司法两大环节是否能够推进法规政策的落地落实。在执法方面，既要保证依法执法，又要保证规范执法，执法部门要坚持"法无授权不可为"和"法定职责必须为"，执法行为必须受法治约束，避免多头执法。另外，应强化行政执法公示、执法全过程记录、重大执法决定法治审核"三项制度"的落实，剔除一切不合理执法、粗暴执法现象，推行"谁执法谁普法"的普法责任制，实现在执法过程中加深执法人员对相关法规条款的理解，同时又推进普法工作的精准性。在司法方面，必须坚持公正是司法的第一准则，要不断营造良好的司法生态，运用现代化信息技术创新司法工作机制，保证市场主体所需的司法服务更易得。要不断巩固提升一站式多元纠纷解决机制，实现矛盾的源头预防化解，最大限度维护各方权益。

在法治化营商环境建设方面，我们要关注以下五项重点内容：

一是要畅通要素的国际流动。首要的是要不断强化国内市场规则与国际惯例、通行规则、通用标准的对接程度,降低各类要素流入中国市场时的规则障碍。这就要求我们必须根据国际新需求、新变化、新趋势不断深化国内相关领域改革。二是必须加大自主开放力度,深化我国目前的制度型开放水平。除上述提到的规则建设之外,还要建立具备中国特色的社会治理框架以及涉外法律法规体系,不断提升国内市场对境外投资者的吸引力。三是持续优化外来投资行政审批流程优化,尤其是口岸及自由贸易区的审批服务改革。通过"智慧通关""智慧口岸"建设打造科学高效的货物通关模式,不断压缩货物通关时间,同时清理不规范收费,进一步降低进出口环节费用。丰富国际贸易"单一窗口"功能,推进相关事项的全流程"无纸化",全方位降低企业通关事务办理成本。四是合理缩减外资准入负面清单,吸引更多全球要素进入中国市场。我们要持续清理"准入不准营"等负面清单之外的隐性壁垒,保障外资依法平等进入负面清单之外的各个领域,享受平等参与市场竞争的资格,不断提升外来投资者的获得感。五是积极回应外资企业诉求,完善在华企业及人员的日常生产生活配套设施,聚焦外资在华发展的重点难点焦点问题,持续通过制度建设和服务优化,采取具有针对性的措施保障外资企业的平稳运行。

（四）国际引领:从世行及其他权威评价指标体系中提取营商
　　　环境建设主线

目前,对于我国的营商环境建设来讲,最具有权威性和参考性的营商环境评价指标体系当属世界银行的"DB 营商环境评估指标体系"和新的"BEE 宜商环境评估指标体系"以及中国国家发展和改革委员会发布的"中国营商环境评估指标体系"。通过对比可以发现,世行与国内的营商环境评估指标体系的共性在于从企业的全生命周期出发考察企业获得感,而中国的指标体系在指标数量更多的基础上还重点考察了地区的投资吸引力和地区监管与服务水平。

"DB 营商环境评估指标体系"和"BEE 宜商环境评估指标体系"对比:2001 年起,世界银行开启全球营商环境评估 DB 项目,形成一套沿用了近 20 年的评价指标体系,即"DB 营商环境评估指标体系",该体系共含有 10 项评价指标,分别是开办企业、办理建筑许可、获得电力、登记财产、获得信贷、保护中小投资者、纳税、跨境交易、执行合同、办理破产、劳动力市场监管(观察)、政府采购(观察)。直到 2019 年,由于 DB 项目出现了数据违规问题,2020年这一项目宣告停止。2022 年,新的营商环境评估 BEE 项目正式启动,从 Doing Business 到 Business Enabling Environment,世界银行在全球营商环境的评价中开始引入"宜商"概念。新的"BEE 宜商环境评估指标体系"也包括 10 项评价指标,分别是企业准入、获得经营场所、公共服务连接、劳工、金融服务、国际贸易、纳税、争端解决、促进市场竞争、办理破产、数字技术(跨领域)、环境可持续(跨领域)。通过对比两版指标体系可以看出,新的体系扩大了评价的广度,举个例子来看,将"办理行政许可"更新为"获得经营场所",新的指标既将旧的指标涵盖在内,又增添了许多新的评价内容。另外,BEE 指标体系也更加注重监管和公共服务方面的衡量,对促进市场有效运作来讲有更大的助益。

　　"中国营商环境评估指标体系"与两版世界银行指标体系的对比:《中国营商环境报告2020》是中国首部国家级营商环境评估报告,它的出台正式开启了我国营商环境评估历程。这也是"中国营商环境评估指标体系"在国内外的首次亮相。该体系一共包括18个一级指标,分别是开办企业、办理建筑许可、获得电力、获得用水用气、登记财产、纳税、跨境贸易、办理破产、获得信贷、保护中小投资者、执行合同、劳动力市场监管、政府采购、招标投标、政务服务、知识产权创造保护和运用、市场监管和包容普惠创新。可以看出,这一指标体系中的大多指标均来自世界银行的DB体系,但评价项目整体上又远远多于DB体系。也就是说,我国自身的营商环境评价工作较世行来讲更加精细化,且更加反映中国营商环境建设实际。但是我们也必须认识到,新的BEE体系的出现表明目前全球营商环境建设已经朝着更加多层次、高水平的方向迈进,因此,我们也必须适时修改和完善我国的营商环境评估体系,以评促优,促使营商环境建设达到国际一流水平。

　　国内其他较为权威的营商环境评估指标列举:除上述提到的两个权威性的营商环境评估指标体系外,国内许多第三方组织和机构以及先进省市的营商环境评估指标体系同样值得关注。例如,北京大学光华管理学院和武汉大学经济与管理学院共同编制的"中国省份营商环境评价指标体系",该体系将营商环境细分为市场环境、政务环境、法律政策环境、人文环境四个方面,同时将这四个方面细分为融资、创新、竞争公平、资源获取、市场中介、政企关系、政府廉洁、政府效率、政策透明、对外开放、社会信用等12个二级指标。再如,中央广播电视总台编撰的"中国城市营商环境指数评价体系",这一体系包括"硬环境"和"软环境"两个一级指标,同时对一级指标进行细分,其中"硬环境"指标下包含两个二级指标,分别是自然环境、基础设施环境,"硬环境"指标下包含五个二级指标,分别是技术创新环境、金融环境、人才环境、文化环境、生活环境。可以看出,第三方组织的营商环境评价具有较强的宏观性,大多从营商环境的子系统出发,分别展开评价。而各省市的评价则基本坚持对标国际、突出特色两大标准而制成,例如,北京市从企业全生命周期角度出台了包括 25 项指标的营商环境评价体系,这 25 个指标分别是开办企业、办理建筑许可、获得电力、获得用水用气、登记财产、纳税、跨境贸易、办理破产、获得信贷、保护中小投资者、执行合同、劳动力市场监管、政府采购、招标投标、政务服务、知识产权创造保护和运用、市场监管、包容普惠创新、落实市委市政府重大决策部署、加分项、减分项、经济活力、科技创新、依法行政、基础环境。广东省同样围绕企业全生命周期,按照国际可比原则制定了包括 19 项指标的营商环境评价体系,分别是开办企业、办理建筑许可、获得电力、获得用水用气、登记财产、获得信贷、保护少数投资者、纳税、跨境贸易、执行合同、办理破产、政府采购、招标投标、市场监管、知识产权创造、运用和保护、政务服务、劳动力市场监管、包容普惠创新、市场主体满意度。可以看出,目前国内各地区的营商环境评估工作基本都在遵循世行和国家营商环境评估规则,但其中又不乏基于地区经济发展实际的指标选择。整体上看,各地区已经形成了较为完整的营商环境评价"链条"。

第三章　营商环境建设的生成逻辑

　　根据前文所述,营商环境的本质是制度的集合体。作为制度的建构者和输出方,政府必须审时度势,通过适时、及时、准确地提供制度供给,保证制度链条的完整和流畅运转。动态上看,各级政府及各类部门构成一个"传送带",通过层级间的配合将制度运送至营商治理各领域,确保制度效能最大限度被激发,进而实现治理目标。静态上看,政府纵向层级和横向部门设置构成相对固定的权力运行机制,各权力部门在各自职权范围内形成互动合作,确保制度运行既可扩大效能覆盖范围,又可缓解因部门间权力交叉和职能重复而产生的利益冲突问题。因此,制度实效在很大程度上取决于政府权力的互动形式。但是,仅靠政府内部的配合是远远不够的,营商环境的系统性和协同性要求其建设必须是多主体参与的治理过程,即政府、市场、社会三方任何一方都必须承担职责,既要有主动参与的意识,又要顶住压力避免被动出局。构建三者间的合作机制在具体实践中并非易事,但却是决定营商环境优劣的"症结"所在。作为市场主体内外部生存条件的总和,营商环境建设中的复杂性和不确定性难以估量。经过改革开放四十余年的探索,我国已经初步形成多层面互动合作机制,营商环境建设工作正有序进行。

一   宏观机制:"央地"机制

1956 年之前,高度的中央集权使国内经济发展缓慢、机制僵化,严重阻碍社会发展进程。于是,在《论十大关系》中,毛泽东同志提出"有中央和地方两个积极性,比只有一个积极性好得多"的重要论断。1958 年,全国性的放权运动迅速展开,地方政府获得大量的经济管理权,一时间全国上下进入经济建设热潮,国内经济取得了跨越式发展,这次放权运动就是我们熟知的"大跃进运动"。但由于未能掌控好放权的限度,中央政府逐渐失去经济控制权,甚至在经济建设领域兴起无政府主义。再加上盲目追求速度而忽略客观经济规律,运动很快面临崩溃并造成严重的负面结果,这场深刻的历史教训表明政府放权必须是有限的、合理的。2013 年,十八届三中全会对央地两级政府职能作出明确界定:中央政府具备宏观调控的职责和能力,地方政府具备公共服务、市场监管、社会管理、环境保护等职责。① 随后,政府改革有了更加明确具体的依据,并在科学的权力分配基础上形成了"央地"宏观治理机制,且深度融于社会各项事业发展进程中,营商环境建设也是如此。

---

① 胡鞍钢,唐啸,杨竺松,鄢一龙:《中国国家治理现代化》,中国人民大学出版社,2014 年。

（一）自上而下：中央政府顶层设计到地方政府贯彻落实

新中国成立后，中央政府与地方政府的互动关系一直处于动态调整过程，外在表现为中央政府权力的"收放"，即中央集权与地方分权两者的博弈过程，目的是为平衡中央与地方权力与资源配置。有学者曾指出中国的中央与地方关系演变是一个带有鲜明实验主义特点的渐进调适的过程。[①] 随着国家治理经验的日益丰富，中央和地方的关系终于由改革开放前期大规模非制度化和低规范性的"收放权"运动转化为目前的以微调为主的自上而下的"央地"机制，这种机制本质上是一种激励相容。通俗来讲，就是中央希望做成的事或达成的治理目标，地方有意愿和能力去做。其中地方政府的意愿来源于两个方面，分别是中央的权威和地方本身具有的治理优势。在经济治理领域，或者具体到营商环境建设领域，这种机制表现为中央政府负责宏观顶层设计，地方政府负责接受上层意志并根据地区实际展开工作。

1. 中央政府设置宏观目标体系和战略规划部署

（1）"五年规划"与"分步走"战略奠定经济发展总基调

清晰的目标规划是新中国成立 70 多年来经济飞跃发展的基本前提。1953 年起，我国开始实行"五年计划"，自此，编制和实施国民经济和社会发展五年规划成为治国理政的基本方式。到目前为止，我国已经经历十个"五年计划"和三个"五年规划"，"十四五"规划也已进入倒计时。"五年规（计）划"是以五年为期制定国家发展战略

---

① 朱旭峰，吴冠生：《中国特色的央地关系：演变与特点》，《治理研究》2018 年第
2 期。

意图、明确政府工作重点,作为构建社会主义国家、打造社会主义市场经济的行动纲领,"五年规(计)划"是政府有效履行经济调节、市场监管、社会管理、公共服务、生态环境保护等职能的重要依据①,是我国根据经济社会发展阶段性特征和要求,有步骤、有次序并风险可控地完成社会主义现代化建设目标机制载体。除"五年规(计)划",我们还有目标实现期限更为长久的"分步走"战略。1979 年,邓小平指出"我们定的目标是在本世纪末实现四个现代化",次年又多次在重要场合提出"到本世纪末人均国内生产总值达到 800 至 1000 美元,进入小康社会"。② 1982 年,中共十二大报告《全面开创社会主义现代化建设的新局面》提出从 1981 年到 20 世纪末,力争使全国工农业年总产值翻两番,即由 1980 年的 7100 亿元增加到 2000 年的 2.8 万亿元左右,使人民的物质文化生活达到小康水平。战略部署上分两步走:前十年主要是打好基础,积蓄力量,创造条件,后十年要进入一个新的经济振兴时期。③ 1987 年,中共十三大报告《沿着有中国特色社会主义道路前进》正式提出"三步走"战略,第一步,实现国内生产总值比 1980 年翻一番,解决人民的温饱问题。第二步,到 20 世纪末,使国内生产总值再增长一倍,人民生活达到小康水平。第三步,到 21 世纪中叶,人均国内生产总值达到中等发达国

---

① 《五年规划如何编制? 意义何在? ——杨永恒解读五年规划及编制相关问题》,清华大学公共管理学院官网,https://www. sppm. tsinghua. edu. cn/info/1007/5531. htm,2020 年 8 月 20 日。

② 中共中央党史和文献研究院:《全面建成小康社会大事记》,《人民日报》2021 年 7 月 28 日第 1 版。

③ 《全面开创社会主义现代化建设的新局面——在中国共产党第十二次全国代表大会上的报告》,共产党员网,https://fuwu. 12371. cn/2012/09/27/ARTI134871209 5996447. shtml,2012 年 9 月 27 日。

家水平,人民生活比较富裕,基本实现现代化。① 1997 年,中共十五大对"三步走"战略进行了细化和更新,并提出了具体时间表,"两个一百年"奋斗目标由此诞生。2017 年,党的十九大又提出新的"三步走"战略,在实现第一个百年奋斗目标,即全面建成小康社会的基础上,以 2020 年为起点,前十五年"基本实现社会主义现代化",后十五年"建成富强民主文明和谐美丽的社会主义现代化强国"。② 得益于清晰的发展目标和明确的战略规划,经过连续的跨越,我国的国内生产总值由 1978 年的 3679 亿元达到 2017 年的 827122 亿元,而 2017 年我国人均国内生产总值 59660 元,更是比 1978 年增长了 22.8 倍。③ 继 2020 年国内生产总值首次突破 100 万亿元大关后,2022 年我国全年国内生产总值 1210207 亿元,全年人均国内生产总值 85698 元④,足以说明中国的经济社会已经发生翻天覆地的变化。

（2）立体化目标体系有序推进营商环境优化升级

2013 年 11 月,习近平总书记提出"推进国内贸易流通体制改革,建设法治化营商环境",这是党和政府首次正式提出"营商环境"概念,并以法治化为第一维度对其进行阐述。2016 年,国

---

① 《沿着有中国特色社会主义道路前进——在中国共产党第十三次全国代表大会上的报告》,共产党员网,https://fuwu. 12371. cn/2012/09/25/ARTI134856256247 3415. shtml,2012 年 9 月 25 日。

② 《决胜全面建成小康社会夺取新时代中国特色社会主义伟大胜利——在中国共产党第十九次全国代表大会上的报告》,求是网,http://www. qstheory. cn/dukan/qs/ 2017-11/01/c_1121886256. htm,2017 年 11 月 1 日。

③ 《波澜壮阔四十载 民族复兴展新篇——改革开放 40 年经济社会发展成就系列报告之一》,国家统计局,http://www. stats. gov. cn/zt_18555/ztfx/ggkf40n/202302/ t20230209_1902581. html,2018 年 8 月 27 日。

④ 《中华人民共和国 2022 年国民经济和社会发展统计公报》,国家统计局,http:// www. stats. gov. cn/sj/zxfb/202302/t20230228_1919011. html,2023 年 2 月 28 日。

家将优化营商环境作为"放管服"改革的重要内容和目标进行部署,提出要创建一流的国际化营商环境。随着我国制度性话语权的不断上升,营商环境的优化目标也更加具有丰富性和层次性。2019年起,国家要求以市场化、法治化、国际化原则打造优质营商环境,由此"三化"成为营商环境建设的核心目标。此外,便利化、数字化也成为营商环境建设的基本追求。上述更多的是营商环境建设目标的抽象描述,也是更为广义的目标,衡量各目标的实现程度主要是基于各目标内部大量的统计数据和众多改革与治理结果的综合考量,这些数据和结果来自于更为具体的建设工作,例如简政放权改革、法治环境建设、市场准入进出机制、市场竞争机制、对外引资与投资规模、信息化基础设施配置等多个方面,营商环境的系统性及各子系统内部的复杂性决定了优化营商环境的过程中诸多此类的优化项目繁多,而这些构成了具体化的营商环境目标,也即更为狭义的目标。在国家宏观目标设置的引领下,各地方聚焦地区重点优化内容,形成符合本地区特色营商环境目标体系。以北京市为例,2021年北京市发布《北京市"十四五"时期优化营商环境规划》,提到"以市场化、法治化、国际化为导向,深入实施市场环境、法治环境、投资贸易环境、政务服务环境、人文环境五大领跑行动,着力营造公平竞争、便捷高效、开放包容的国际一流营商环境"。[①] 随后,又发布《北京市培育和激发市场主体活力持续优化营商环境实施方案》,强调持续打造国际一流的市场化法治化国际化营商环境,对打造市场化、法治

[①] 《北京市"十四五"时期优化营商环境规划》,北京市人民政府,https://www.bei-jing.gov.cn/zhengce/zhengcefagui/202109/t20210908_2488076.html,2021年9月8日。

化、国际化营商环境做了十分具体的部署。[①] 不仅如此，北京市的营商环境优化也呈"分步走"的特征。例如：2018 年出台的《北京市进一步优化营商环境行动计划（2018—2020 年）》，其中对2018 年起三年内的建设目标进行详细规划，并提出北京效率、北京服务、北京标准和北京诚信"营商环境四大示范工程"。[②] 不仅如此，自 2018 年以推出营商环境"9＋N"政策为起点进入"营商环境 1.0 时代"后，北京市以每年更新一版营商环境重点建设目标与任务方案的速度成功进入"营商环境建设 6.0 时代"，各版方案有其特定的改革和优化的侧重点，构成营商环境建设的阶段性目标体系，推动营商环境优化成果的产出与积累，并为下一阶段提供了改革的实践基础和优化新方向。

2. 中央制度顶层设计刺激地方制度创新

（1）围绕企业全生命周期健全宏观制度体系

国家治理是庞大、复杂的系统工程，这一系统的运行是以国家制度作为根本依据。[③] 作为国家治理的重要组成部分，且同样作为一个庞大的系统工程，营商环境建设也需要坚实的制度根基。营商环境建设的结果本质上讲是制度优化的产物，制度的产生到结果的展现实际上就是制度效能被发挥并逐渐扩大的过程。营商环境若

---

① 《北京市培育和激发市场主体活力持续优化营商环境实施方案》，北京市人民政府，https://www.beijing.gov.cn/zhengce/zhengcefagui/202112/t20211214_2561129.html，2021 年 12 月 15 日。

② 《北京市进一步优化营商环境行动计划（2018—2020 年）》，北京市人民政府，https://www.gov.cn/xinwen/2018-11/21/content_5342147.htm，2018 年 11 月 21 日。

③ 张树华，王阳亮：《制度、体制与机制：对国家治理体系的系统分析》，《管理世界》2022 年第 1 期。

想实现提质增效,根源在于制度设计合理。近年来,中央政府致力于围绕企业全生命周期优化制度供给,持续推进营商环境革命。

第一,巩固和发展社会主义基本经济制度。社会主义基本经济制度赋予各类市场主体平等享受市场资源、参与市场竞争的制度地位和法律地位。1997 年,党的十五大将我国的基本经济制度确定为"公有制为主体、多种所有制经济共同发展"。[①] 在社会主义分配制度上,十三大以后,我国开始对按劳分配和其他分配方式之间的关系进行持续讨论,终于在 2007 年党的十七大上确立了"要坚持和完善按劳分配为主体、多种分配方式并存的分配制度,健全劳动、资本、技术、管理等生产要素按贡献参与分配的制度"。[②] 2019 年,党的十九届四中全会对我国的基本经济制度作出了新的概括,即公有制为主体、多种所有制经济共同发展,按劳分配为主体、多种分配方式并存,社会主义市场经济体制等是社会主义基本经济制度。由此,基本经济制度不再单一指经济所有形式和各类所有制经济的互动关系,而是包括经济制度、分配制度、经济体制在内的复合概念,它将涉及市场主体发展的基本制度融合为一个有机整体,强化各单项制度间的联系性,为市场主体提供更加稳健的生存环境。中央政府牵头持续优化各项制度,例如建立起中国特色现代企业制度为各类企业,尤其是国有资本企业提供基本运作机制。[③] 2020 年和

---

① 王东京:《我国基本经济制度形成发展的理论逻辑和历史逻辑》,《中国军转民》2021 年第 24 期。

② 《中国稳健前行——我国社会主义分配制度的显著优势》,求是网,http://www.qstheory.cn/wp/2019-12/19/c_1125363463.htm,2019 年 12 月 19 日。

③ 《二十大报告辅导百问丨如何理解完善中国特色现代企业制度,加快建设世界一流企业?》,中国党员网,https://www.12371.cn/2022/12/22/ARTI16716993357 80790.shtml,2022 年 12 月 22 日。

2023 年中央又分别发布《关于加强新时代民营经济统战工作的意见》《中共中央、国务院关于促进民营经济发展壮大的意见》,进一步促进民营经济发展。再如健全分配制度,尤其是解决按要素分配难题,首先明确生产要素体系构成,包括资本、知识、技术、管理、数据等。其次明确以市场来评价贡献,进而决定报酬的按要素分配操作路径。① 社会主义基本经济制度的逐渐完善表明市场在生产、分配、交换、消费等各环节均有相对稳定的制度支撑,且各环节之间的关联性将进一步增强,为各类主体进入市场提供更加有利的先决条件。

第二,建立和健全统一市场准入制度。市场准入制度是对市场主体资格的确立、审核、认可制定和实行的法律制度,是对市场经济活动基本的、初始的管理制度,主要是对进入市场的企业在注册资本、生产规模、技术水平、控制污染和卫生标准等方面规定相应的资格条件和取得资格的程序,并由国家相关部门实施审批手续和登记注册来执行。② 2013 年,十八届三中全会审议首次提出"建立公平开放透明的市场规则,实行统一的市场准入制度,在制定负面清单的基础上,各类市场主体可依法平等进入清单之外的领域"。③ 在此之前,我国已经开始部分准入制度改革,以商事制度改革为主线,以十八届二中全会提出的"改革工商登记制度"为起点开启完善我国市场准入制度的历程。2013 年 10 月,我国出台《注册资本登记

---

① 陈启清:《健全和完善生产要素参与分配机制》,《经济日报》2020 年第 11 期。

② 《为什么要实行统一的市场准入制度》,人民网,http://politics.people.com.cn/n/2013/1209/c70731-23785456.html,2013 年 12 月 9 日。

③ 《中共中央关于全面深化改革若干重大问题的决定》,《中国青年报》2013 年 11 月 16 日第 1 版。

制度改革方案》，随后又修改了《公司法》《公司登记管理条例》《企业法人登记管理条例》等多部法律法规，为降低市场进入资格限制、提高企业注册登记效率提供法治保障。在进入程序的优化上，我们先后实行了"三证合一、一照一码""五证合一、一照一码"等登记制度①，目前部分地区正在全面推进"证照分离"制度试点改革，2021年已经在全国18个自贸区进行改革事项的全覆盖试点。②

为进一步扩大社会主义市场规模、营造各类所有制经济公平竞争的市场经济环境，2015年，我国出台《国务院关于实行市场准入负面清单制度的意见》，要求国务院以清单方式明确列出在中华人民共和国境内禁止和限制投资经营的行业、领域、业务等，各级政府依法采取相应管理措施。③ 2018年我国正式开始实施市场准入负面清单制度，采用统一公平的规则体系保证清单以外的各类市场主体皆可依法平等进入市场经营，同时规定地方政府的市场准入审批环节必须以"清单"为依据，不可随意设置进入障碍。④"清单制度"作为一项重大制度创新，赋予市场主体更多的主动权。同时，国家大力推进"全国一张清单"机制，进一步保证了市场主体依法平等享有生产要素和市场资源。

---

① 《商事制度改革大事记》，中国政府网，https://www.gov.cn/xinwen/2017-09/12/content_5224235.htm，2017年9月12日。

② 《全国市场监管工作会议在京召开》，市场监管总局，https://www.samr.gov.cn/zt/ndzt/2021n/qgscjggzhy/hyyw/art/2023/art_0f964496e23c414297803fc82b8ee225.html，2021年1月18日。

③ 《国务院关于实行市场准入负面清单制度的意见》，中国政府网，https://www.gov.cn/zhengce/content/2015-10/19/content_10247.htm，2015年10月19日。

④ 《中国全面实施市场准入负面清单制度 非禁即入》，中国政府网，https://www.gov.cn/xinwen/2018-12/26/content_5352217.htm，2018年12月26日。

第三,完善和落实公平竞争制度。2019 年,党的十九届四中全会指出公平竞争制度是以竞争政策为前提,以产权保护制度为基础,以公平竞争监管为保障的制度体系。① 近年来,我国主要从两个方面健全公平竞争制度,一是竞争审查制度的逐渐完善。2016—2021 年,中共中央先后发布《国务院关于在市场体系建设中建立公平竞争审查制度的意见》《市场监管总局等四部门关于进一步推进公平竞争审查工作的通知》《公平竞争审查制度实施细则》等文件,标志着国家层面的公平竞争制度日益体系化和具体化,公平竞争审查制度旨在利用事前规制,它是公平竞争制度形成的起点,政府必须严格从有益于市场平等健康竞争秩序的出发点进行各类制度政策的制定、出台和实施。

二是完善产权和要素市场化改革。党的十九大报告提到经济体制改革必须以完善产权制度和要素市场化配置为重点。② 在前者的制度建设上,2021 年国家发布的《知识产权强国建设纲要(2021—2035 年)》《“十四五”国家知识产权保护和运用规划》中明确提出完善知识产权法律政策③,建设支撑国际一流的知识产权保护体系④,从顶层设计上为我国的知识产权保护工作提供了指

---

① 何立胜:《公平竞争制度是市场公平竞争的基础保障》,《学习时报》2020 年 3 月 18 日。

② 《产权制度是社会主义市场经济体制的基石》,中共中央纪律检查委员会,https://www.ccdi.gov.cn/special/yybbxbg/jd_yybbxbg/201712/t20171226_160721.html,2017 年 12 月 26 日。

③ 《国务院关于印发“十四五”国家知识产权保护和运用规划的通知》,中国政府网,https://www.gov.cn/zhengce/content/2021-10/28/content_5647274.htm,2021 年 10 月 28 日。

④ 《中共中央 国务院印发〈知识产权强国建设纲要(2021—2035 年)〉》,中国政府网,https://www.gov.cn/zhengce/2021-09/22/content_5638714.htm,2021 年 9 月 22 日。

导。从《中国知识产权保护与营商环境新进展报告(2021)》中可以看出,现有的产权保护法律法规,如《专利法》《著作权法》(修订)及《刑法修正案(十一)》等的施行效果良好,其他相关法律也正在修订中,产权惩罚性赔偿制度、知识产权审判制度、多元化解机制也日益完善①,法律体系的完善为激发社会创新创造能力、保护权利人的各项合法权益提供最为有力的保障。在后者的改革中,2020年,我国发布首个要素市场化配置文件——《关于构建更加完善的要素市场化配置体制机制的意见》,对土地、劳动力、资本、技术、数据等五大要素的市场化配置机制提供指导。② 2022年,国家又发布《要素市场化配置综合改革试点总体方案》,提出要素市场治理和要素协同配置的新要求。③ 要素市场化多方面体现市场经济发展的内在要求,一方面要求处理好政府与市场关系,彻底将政府角色由"定价格"转换为"定规则"。另一方面要求要素流动和配置以市场价格、市场竞争为依据,并且健全生产要素由市场评价贡献、按贡献决定报酬的机制。实现要素市场化既是我国市场经济发展的最新产物,同时也意味着市场经济成熟度的进一步提升,这正是中国特色社会主义经济的核心追求。

第四,构建和实施新型监管制度。我国的市场监管在"办市场"的过程中产生,也就是在社会主义市场经济体制目标确立之

---

① 《〈中国知识产权保护与营商环境新进展报告(2021)〉发布》,《中国市场监管报》2022年4月27日。

② 《中共中央 国务院关于构建更加完善的要素市场化配置体制机制的意见》,中国政府网,https://www.gov.cn/zhengce/2020-04/09/content_5500622.htm。2020年4月9日。

③ 《要素市场化配置综合改革试点总体方案》,中国政府网,https://www.gov.cn/zhengce/content/2022-01/06/content_5666681.htm,2022年1月6日。

后。1994—2003 年,我国市场监管机构数量急剧上升,这源于市场的进一步细化对专业性监管的需求迅速增多。[①] 但数量增多滋生的部门重叠、职能交叉、多重监管、行政资源浪费等问题在很大程度上阻碍高效统一的市场监管体系的形成。2008 年的国家机构改革要求"围绕转变政府职能和理顺部门职责关系,探索实行职能有机统一的大部门体制,合理配置宏观调控部门职能"[②],此后的市场监管部门数量开始缓慢下降。直到 2013 年,新一轮的国家机构改革提出"实行统一的市场监管"。且《关于国务院机构改革和职能转变方案的说明》中明确提出"加快形成权界清晰、分工合理、权责一致、运转高效、法治保障的国务院机构职能体系"[③],我国开始同步推进监管领域的机构改革和方式创新。

2015 年,国家发布《国务院办公厅关于推广随机抽查规范事中事后监管的通知》,提出实行"双随机、一公开"的新型事中事后监管制度[④],其中"双随机"包括随机抽取检查对象和随机指派执法检查人员两个方面,"一公开"指依托于统一的市场监管信息平台及时公开各类监管信息。这一制度创新有效地降低了权力寻租的可能性,提升了监管的公平性和规范性,且其"随机性"使市场主体时刻保持高度警惕,在无形之中通过提升自我约束意

---

① 刘亚平,苏娇妮:《中国市场监管改革 70 年的变迁经验与演进逻辑》,《中国行政管理》2019 年第 5 期。

② 《2008 年国务院机构改革》,中国政府网,https://www.gov.cn/test/2009-01/16/content_1207014.htm,2009 年 01 月 16 日。

③ 《关于国务院机构改革和职能转变方案的说明》,中国政府网,https://www.gov.cn/2013lh/content_2350848.htm,2013 年 3 月 10 日。

④ 《国务院办公厅关于推广随机抽查规范事中事后监管的通知》,中国政府网,https://www.gov.cn/gongbao/content/2015/content_2912360.htm,2015 年 7 月 29 日。

识,进而依法合规开展生产经营活动。2019 年,国家市场监管总局发布《市场监管总局关于全面推进"双随机、一公开"监管工作的通知》,由此"双随机、一公开"正式进入全国性推广进程。与此同时,市场监管也进入了全方位改革的局面,国家发布《国务院关于加强和规范事中事后监管的指导意见》《关于推进社会信用体系建设高质量发展促进形成新发展格局的意见》《国务院办公厅关于深入推进跨部门综合监管的指导意见》《市场监管总局关于加强重点领域信用监管的实施意见》等一系列文件,提出了信用分级分类监管、科学信用评价、"互联网＋监管"等多项新型监管手段。

随着顶层设计的日益完善,我国已经初步形成以"双随机、一公开"监管为基本手段、以重点监管为补充、以信用监管为基础的新型监管机制。且从整体上看,统一市场监管格局已经初步形成,监管规则的透明度和标准体系完善都不断提升。[①] 在此基础上,2022 年,《中共中央、国务院关于加快建设全国统一大市场的意见》出台,又从多个维度对加深市场监管公平统一作出更加具体的要求与指导。[②] 总的来说,市场监管改革是加快建立全国统一市场制度规则的基本前提,也是现代化社会主义市场经济中强化政府这一主体职能优化的体现,更是新时代营商环境要求构建"有效市场"和"有为政府"的基本手段和决定性因素。

---

① 《"十四五"市场监管现代化规划》,中国政府网,https://www.gov.cn/zhengce/content/2022-01/27/content_5670717.htm,2022 年 1 月 27 日。

② 《中共中央 国务院关于加快建设全国统一大市场的意见》,中国政府网,https://www.gov.cn/zhengce/2022-04/10/content_5684385.htm,2022 年 4 月 10 日。

　　第五，启动和优化市场退出制度。我国市场退出制度初步建立的标志是 2001 年《亏损上市公司暂停上市和终止上市实施办法》的出台，其中对上市公司暂停上市、恢复上市、终止上市等各类型情形作出详细的规定，结合 20 世纪 90 年代出台的《公司法》《证券法》中规定的上市公司退市标准，共同构成初始市场退出制度框架。2004 年，国家发布《国务院关于推进资本市场改革开放和稳定发展的若干意见》，简称"国九条"，其中提出要"完善市场退出机制"。随后的十余年，我国出台了《企业破产法》，进一步修订了《公司法》《证券法》，并出台新版"国九条"。2014 年，《关于改革完善并严格实施上市公司退市制度的若干意见》正式发布，并于 2018 年进行新一轮的修改，由此上市公司退市有了相对统一的标准和程序。可以看出，很长一段时间内市场退出制度以证券市场退市制度为主要优化对象，且制度建设多为"标准"建设，即更加关注上市公司亏损情况到达何种地步时应退出市场，并逐渐实现主动退市和强制退市"双轨制"建设。

　　党的十九大之后，随着商事制度改革的深入，我国开始实施企业简易注销登记改革，制度建设的着力点由"标准"转到"退出程序"上，在标准明确的基础上开始追求退出程序的便捷性。2019 年，国家印发《加快完善市场主体退出制度改革方案》，为畅通市场主体退出渠道、降低市场主体退出成本、促进市场健康发展提供依据。① 2021 年，国务院牵头完善相关举措破解企业"退出难"的问

---

　　① 《加快完善市场主体退出制度改革方案》，中国政府网，https://www.gov.cn/xinwen/2019-07/16/5410058/files/bbaef6612fed4832b70a122b39f1d5bd.pdf，2019 年 7 月 16 日。

题,要求完善简易注销制度,进一步破除企业退出障碍。① 由此市场监管总局、国家税务总局发布《关于进一步完善简易注销登记便捷中小微企业市场退出的通知》,从拓展制度适用范围、实施个体工商户注销登记制度、压缩公示时间、建立容错机制、优化注销服务等方面将我国的市场退出推向全方位和智能化高度。作为企业全生命周期的最终环节,市场主体在退出时牵扯的利益主体众多,并涉及债务清算、员工报酬、缴清社保、税务办理等多项任务,因此其复杂性远远高于企业其他几个生命周期。

目前,我国已经在维护各方利益的基础上初步构建起便捷、高效、迅速的市场退出机制。据统计,"十三五"期间,我国企业普通注销平均耗时已经由 100 天下降至 60 天,简易注销耗时 20 天左右。② 完善的市场退出制度促进我国对主体权益的完整"保护链"的形成,进一步解除了企业退市的后顾之忧,并从侧面提升"入市"观望者们的决心和信心,是社会主义市场经济体制中必不可少的制度构成。

(2)以自由贸易区为代表的地方性制度创新成效显著

我国地域广阔,地理区位、资源禀赋、产业结构、基础设施等方面的不同导致我国各地区的经济发展差异巨大,中央政府制度的宏观普适性较难满足不同地区的实际发展需要。因此,各地方必须以宏观性制度为导向,探索地方性制度创新,从而推动经济可持续发展。

---

① 《国务院部署完善相关举措破解企业"退出难"》中国政府网,https://www.gov.cn/zhengce/2021-02/03/content_5584719.htm,2021 年 2 月 3 日。
② 《"十四五"市场监管现代化规划》,中国政府网,https://www.gov.cn/zhengce/content/2022-01/27/content_5670717.htm,2022 年 1 月 27 日。

党的十八大以后,为建立高质量的特色产业集群,以习近平同志为核心的党中央作出在各地方设立自由贸易区的决定,强调自由贸易试验区建设的核心任务是制度创新,进而吸引国际国内两个市场的要素与资源向贸易区内聚集,带动地方及周边地区的经济发展。

第一,自由贸易区——制度型开放"新窗口"。2013年,中国(上海)自由贸易试验区在浦东正式挂牌成立,国家出台《中国(上海)自由贸易试验区总体方案》,我国正式开启了自贸区的建设历程。作为新时代推进"制度型"改革开放的试验田,自贸区根据其自身功能定位和特色特点,以深化制度创新实践提升投资贸易的自由化和便利化为目标,加快构建国内大循环及国内国际双循环的新发展格局。目前,我国已经建成覆盖东西南北中的21个自贸试验区。为加强制度性开放的规范性和标准化,国家不断完善自贸区建设的宏观指导,除相继出台《自由贸易试验区总体方案》《做好自由贸易试验区改革试点经验复制推广工作的通知》外,2015年,国家出台《国务院关于加快实施自由贸易区战略的若干意见》,对自贸区建设布局、开放领域、合作规则、人才引进等作出整体部署。[①] 2019年,国务院发布《国务院关于在自由贸易试验区开展"证照分离"改革全覆盖试点的通知》,提出严格禁止"准入不准营"现象的产生和扩大,必须进一步降低市场准入门槛、简化审批程序,进而提升企业的入市效率。[②] 2021年,国家出台《关于推进自

①　《国务院关于加快实施自由贸易区战略的若干意见》,中国政府网,https://www.gov.cn/zhengce/content/2015-12/17/content_10424.htm,2015年12月17日。

②　《国务院关于在自由贸易试验区开展"证照分离"改革全覆盖试点的通知》,中国政府网,https://www.gov.cn/zhengce/content/2019-11/15/content_5451900.htm,2019年11月15日。

由贸易试验区贸易投资便利化改革创新的若干措施》，提出 19 项优化对外开放的具体措施，并落实部门分工。[①] 2023 年 6 月，国家又发布《关于在有条件的自由贸易试验区和自由贸易港试点对接国际高标准推进制度型开放的若干措施》，要求统筹开放和安全，构建与高水平制度型开放相衔接的制度体系和监管模式。[②] 截至 2023 年 9 月，国家共出台 28 份自贸试验区建设方案及若干含金量较高的自贸区发展支持政策文件，累计部署 3400 多项改革试点任务，共同构成自贸试验区政策制度框架体系。[③] 当前，自贸区已经成为新时期我国建设高质量开放型经济体系的主力军。2022 年，21 家自贸试验区实际使用外资 2225.2 亿元，占全国的 18.1%，实现进出口总额 7.5 万亿元，同比增长 14.5%，占全国的 17.8%。众多试点经验成功向全国复制推广，在促进贸易便利化、金融服务实体经济、政府职能转变、生态环境保护、产业高质量发展等方面实现改革经验全国共享。[④]

作为新时期对外开放的"窗口"，集中式的制度创新与改革已经使自由贸易区成为全球营商环境中坚不可摧的"中国品牌"。以陕西自贸试验区的西安高新区为例，在 2017 年挂牌成立后的五年

① 《关于推进自由贸易试验区贸易投资便利化改革创新的若干措施》，中国政府网，https://www.gov.cn/zhengce/zhengceku/2021-09/03/content_5635110.htm，2021 年 9 月 3 日。

② 《关于在有条件的自由贸易试验区和自由贸易港试点对接国际高标准推进制度型开放的若干措施》，中国政府网，https://www.gov.cn/zhengce/content/202306/content_6889026.htm，2023 年 6 月 29 日。

③ 国务院新闻办发布会介绍自贸试验区建设十周年有关情况，中国政府网，https://www.gov.cn/zhengce/202309/content_6906861.htm，2023 年 9 月 28 日。

④ 《中国自由贸易试验区发展报告（2023）》，商务部国家贸易经济合作研究院，https://www.caitec.org.cn/n6/sy_xsyj_yjbg/json/6489.html，2023 年 10 月 31 日。

间,西安高新区内已有 462 项政务服务事项实现"一厅办结",部分事项的审批材料精简 50％以上,办理时限压缩 70％以上。同时高新区内推行"跨区域同标准"通办模式,有 300 余项事项实现跨区通办。为进一步提升办事便利度,西安高新区推行政务服务"24小时"办结,政务服务网办率达 95％,全程网办率达 70％,最多跑一次事项占比 99％。且大力推行便民事项服务下沉,建立了 11个便民服务中心、5 大政务服务站和 5 个便民服务站点。① 数据显示,2017—2022 年,西安高新功能区创建了 330 项制度创新成果,地区生产总值从 838 亿元增长到 2681 亿元,贸易进出口总额从1700 亿元增长到 3100 亿元,创造全市近 80％的外贸进出口额,实际利用外资 39.7 亿美元,占全市 70％以上的外商投资。累计新增各类市场主体 40606 户,外商投资企业达 428 家。② 得益于各项制度创新,自贸区已经成为地区经济发展的重要牵引力,尤其是在开展深入的国际经济合作上,自贸区已经是地区招商引资的中流砥柱,为树立高度的贸易自由和贸易便利的大国形象、打造国际一流营商环境提供了现实载体。

　　第二,自由贸易区——"制度高产"的代名词。2023 年是自贸区启动建设的第十年,短短十年自贸区已经成为新时代国家对外开放的生动样板,以制度力量进一步打通国内和国际市场间的沟通障碍,在全球经济市场上不断为国内市场主体争取更多话语权。"十

---

　　①　《陕西自贸区西安高新功能区:执创新之笔书写营商环境之"优"》,信用中国(陕西),https://credit. shaanxi. gov. cn/345/11486483. html,2022 年 4 月 11 日。

　　②　《西安高新功能区 5 年完成 330 项制度创新成果 生产总值增至 2681 亿元》,央视网,https://news. cctv. com/2022/04/02/ARTI4XO7vmmeoyJ874xU3Duk220402. shtml,2022 年 4 月 2 日。

三五"期间，全国 21 个自贸区的制度创新成果就达到 260 项。加上 2021 年推出的 18 个"最佳实践案例"，自贸区已经累计推广 278 项示范性成果。① 2023 年 7 月，国家发布《国务院关于做好自由贸易试验区第七批改革试点经验复制推广工作的通知》，又推出 24 项制度性改革试点经验，由此，自贸区共有 302 项制度创新成果被认证并在全国范围内推广落实②，包括 167 项"自贸试验区改革试点经验"、61 个"最佳实践案例"。从制度指向来看，302 项创新成果由 85 项投资自由化便利化制度、76 项贸易便利化制度、31 项金融开放创新制度、34 项全过程监管制度、34 项产业开放发展、40 项要素资源保障制度、2 项区域协同发展制度共同构成，各项制度内部进一步细分出若干小项，与国家宏观制度一起形成了当前支撑自贸区发展的制度架构。③ 21 个自贸区中，制度创新最为密集和高产的属上海自由贸易试验区。从数量上看，在 302 项制度创新成果中，上海自贸试验区占比近半，自贸区建设已经顺利从 2013 年的"1.0 版"进入 2015 年的"2.0 版"，再进入到 2017 年的"3.0 版"，制度体系与国际贸易规则高度衔接。围绕贸易自由便利、投资经营便利、跨境金融管理、国际运输管理、人才服务、数据跨境安全等六个方面，上海自贸试验区在多项制度上实现"全国首创"，例如首创一线"先进区、后报关"、区间"自行运输"、二线"批次进出、集中申报"等

---

① 《自贸区形成一批制度创新成果　差别化探索持续深化》，中国新闻网，https://www.chinanews.com.cn/cj/2022-05/02/9744731.shtml，2022 年 5 月 2 日。

② 《中国自贸区十年"领航"开放发展路》，新华网，http://www.news.cn/fortune/2023-09/24/c_1129881897.htm，2023 年 9 月 24 日。

③ 《中国自由贸易试验区十周年发展报告（2013—2023）》，商务部国际贸易经济合作研究院，https://www.caitec.org.cn/n6/sy_xsyj_yjbg/json/6484.html，2023 年 10 月 31 日。

制度提升通关便利化;首创"一司两地"一体化监管模式推动以民用航空为代表的先进制造业在洋山特殊综合保税区内集聚发展;首创第三方检验结果采信、汇总集中征税、进口服装质量安全风险评价、"十检十放"等口岸监管创新举措,结合国际贸易"单一窗口"基础设施建设,实现口岸无纸化办公,优化口岸服务功能,类似的"首创制度"在上海自贸区内数不胜数。制度创新产生的叠加效应使得上海自贸试验区内部的营商环境建设实现质的飞跃。

截至 2022 年底,上海自贸试验区累计新设企业 8.4 万户,区域内经营主体对制度环境建设的满意度达到较高水平,营商环境的改善程度也受到认可。[1] 同时,自贸区围绕企业全生命周期推进商事制度改革,十年间已在 31 个行业发放了 5000 余张行业综合许可证,创建并实施"双告知、双反馈、双跟踪"许可办理机制,平均审批时限压减近 90%,申请材料压减近 70%,填表要素压减超 60%,300 余项涉企审批事项实现 100% 全程网办,实际办理时间比法定时限压缩近 90%。另外,上海市自贸区还围绕"双随机,一公开"监管手段,创建"双随机、双评估、双公示"监管协同机制。不仅如此区域内企业完成简易注销流程的用时也缩减至原来的 1/5,线上"一网通办"与线下的"单窗通办"结合,促使企业办事快捷高效。[2]

---

[1] 《中国(上海)自由贸易试验区建设 10 周年白皮书》,中国(上海)自由贸易试验区建设 10 周年主题论坛,https://static.ltdcdn.com/uploadfilev2/file/0/467/309/2023-09/16959788186358.pdf,2023 年 9 月 20 日。

[2] 《上海自贸试验区十年建设情况新闻发布会》,国务院新闻办公室,http://www.scio.gov.cn/xwfb/dfxwfb/gssfbh/sh_13834/202309/t20230918_769834.html,2023 年 9 月 15 日。

可见，上海自贸试验区的制度创新可谓是硕果累累，对于新时代对外开放和一体化推进国内国际营商环境建设具有极强的代表性和示范性作用。作为制度创新基地，自贸区的建设实践集中反映当前我国地方性制度建设潜力被充分激发。地方政府本就具备全面掌握地方实际、了解地区发展风向的先天优势，当制度体系形成于这一优势发挥作用的过程，产生的制度效能必然更加有力地推动地区经济发展。随着自贸区制度创新成果的持续输出，政策制度的普惠性日益加深，改革红利也不断释放，以制度激励为支撑的投资开放环境基本形成，我国的营商环境建设也因此向前迈进一大步。

3. "中央——地方"政府职能改革联动机制形成

政府职能改革是改革开放以后我国发展社会主义市场经济的一道重要"关卡"。政府职能转变得好不好，直接决定着市场资源配置效率的高低。1982 年以后，随着改革开放逐步进入正轨，"转变政府职能"开始受到关注，并于 1986 年被正式提出。[1] 进入 21 世纪初期，政府职能被粗略性地概括为"经济调节、市场监管、社会管理和公共服务"四项基本职能，其中，中央政府和地方政府的具体职能分配直到 2013 年在十八届三中全会上才被进一步划分。同时，十八届三中全会《关于全面深化改革若干重大问题的决定》中提出，保障政府更好地履行职能需要"进一步简政放权，深化行政审批制度改革，最大限度减少中央政府对微观事务的管理，由地方管理更方便有效的经济社会事项，一律下放地方和基层管理"。[2] 2015

---

[1]　《政府职能转变认识过程与建设逻辑》，《中国社会科学报》2021 年第 10 期。

[2]　《中共中央关于全面深化改革若干重大问题的决定》，中国政府网，https://www.gov.cn/jrzg/2013-11/15/content_2528179.htm，2013 年 11 月 15 日。

年,国家印发《2015 年推进简政放权放管结合转变政府职能工作方案》,将改革主体任务设定为"简政放权、放管结合、优化服务"三项,简称"放管服"改革。从此,我国的政府体制改革有了特定的主线和统一的部署。"放管服"改革使政府与市场间的关系重塑成为现实,其改革成效延伸和覆盖了社会主义各项改革全进程,如今也在优化营商环境中占据重要席位。

（1）以"权责清单制度"明确政府权力边界

"权责清单制度"是我国政府改革历程中一项创新性制度安排,它以"权力清单"和"责任清单"为核心,唤醒政府内部"自上而下的行政自觉",明确政府公权力干预私权的边界,以政府内部权力结构的重塑来破除制约市场机制的障碍。[1] 有学者曾指出,我国的清单制度顺利推行必须要以理顺四方面的关系为基础,一是政府部门间的职责关系,二是中央与地方的权责关系,三是地方各级政府的职权关系,四是权力与责任间的对应关系[2],这四类关系越清晰,则制度运行越畅通、权力运行越高效。2015 年,《关于推行地方各级政府工作部门权力清单制度的指导意见》正式出台,这是我国在明确中央和地方政府职能后,首次正式以制度化手段推动政府"权责清单制度"的落实。[3] 2016 年,我国又出台《国务院部门权力和责任清单编制试点方案》,对包括国家发展改革委、民政

---

[1]　赵志远:《政府职责体系构建中的权责清单制度:结构、过程与机制》,《政治学研究》2021 年第 5 期。

[2]　任进:《推行政府及部门权力清单制度》,《行政管理改革》2014 年第 12 期。

[3]　《中办、国办印发〈关于推行地方各级政府工作部门权力清单制度的指导意见〉》,中国政府网,https://www.gov.cn/guowuyuan/2015-03/24/content_2837962.htm,2015 年 3 月 24 日。

部、司法部、税务总局、海关总署等在内的多个部门进行清单制度试点改革，要求全面梳理、规范部门权责事项，形成权责清单，优化权力运行机制。[①] 上述两部国家级政策文件奠定了"放管服"改革初期我国清单制度运行的基本框架。2016 年我国还发布了《国务院关于推进中央与地方财政事权和支出责任划分改革方案》。2019 年又将中央与地方财政事权和支出责任划分落实至科技领域，出台《科技领域中央与地方财政事权和支出责任划分改革方案》。

制度革新和创新一直是我国制度建设的根本所在，在不断出台新的制度推行方案的同时，2018 年《关于深入推进和完善地方各级政府工作部门权责清单制度的指导意见》正式发布，其既是对2015 版《意见》的继承，同时也进一步提升了清单制度在省级及以下政府中的指导性和实用性。2021 年，为推动政府机构职能优化协同高效，"全面实行政府权责清单制度，推动各级政府高效履职尽责"被写入《法治政府建设实施纲要（2021—2025 年）》中。[②] 从制度效力来看，"权责清单制度"以理顺政府内外部关系为核心治理内容，以推动权力透明高效运作为根本目标，由此成为我国政府改革的一项基础性制度构成。"权责清单制度"的出现不仅营造了优质的政务环境，提升了市场主体和社会民众的幸福感，对于营商

---

① 《国务院办公厅关于印发国务院部门权力和责任清单编制试点方案的通知》，中国政府网，https://www.gov.cn/zhengce/content/2016-01/05/content_10554.htm，2016 年 1 月 5 日。

② 《中共中央 国务院印发〈法治政府建设实施纲要（2021—2025 年）〉》，中国政府网，https://www.gov.cn/zhengce/,2021-08/11/content_5630802.htm，2021 年 8 月11 日。

环境建设这项综合性治理任务而言,更是超前性地提供了相对完备的行政体系和权力机制。可以说,优化营商环境既是前期我国众多制度创新成果堆叠产生的一个新的治理形态,同时也是内聚性更强的、以各领域制度建设有机融合为特征的新的国家治理起点。

制度与时俱进的同时,必须实现互融相通。从本部分讨论的"权责清单制度"来看,它在指导政府改革的同时也不断在其他领域释放制度效力。在本书探讨的营商环境建设中,"权责清单制度"已经实现与商事制度改革的对接,除前文我们已经提到过的"市场准入负面清单制度"外,还有与准入息息相关的"行政许可清单管理制度"等。2019 年,《优化营商环境条例》中明确提出实行"行政许可清单管理制度,适时调整行政许可清单并向社会公布,清单之外不得违法实施行政许可"。[①] 2022 年,《国务院办公厅关于全面实行行政许可事项清单管理的通知》要求构建"国家-省-市-县"四级行政许可事项清单系统。[②] 不断完善的清单制度使政府权力边界日益清晰,作为营商环境建设的"总指挥",政府一方面要避免"越权""越界",另一方面也要保证权力的"用好""用对"。尽管当前的政府内外部仍存在一定的权力改革空间,但整体上已经充分适应并有益于营商环境优化要求,市场主体逐渐摆脱繁杂的行政权力干扰和限制,自由度和便利度的上升将进一步激发市场

活力,促进资源与要素基于市场需求有序流动。

(2)"法治政府"建设进入快车道

"依法治国"是治国理政的基本方略,其要求法治国家、法治政府、法治社会一体建设,其中法治政府是主体工程。[①] 2010 年之前,我国的法治政府建设蕴藏于"依法行政"的话语体系当中,2004 年我国发布的《全面推进依法行政实施纲要》以及 2008 年发布的《关于加强市县政府依法行政的决定》对先期的法治政府建设提供制度保障和任务部署。[②] 2010 年,《关于加强法治政府建设的意见》出台,将我国的法治政府建设推向了一个全新的阶段,该《意见》中对当时我国法治政府建设的重要性紧迫性进行了系统性的描述,肯定了"全面推进依法行政,不断提高政府公信力和执行力"在保障经济又好又快发展和社会和谐稳定方面的巨大作用。[③] 2015 年,我国发布了第一部法治政府建设实施纲要——《法治政府建设实施纲要(2015—2010 年)》,提出"到 2020 年基本建成职能科学、权责法定、执法严明、公开公正、廉洁高效、守法诚信的法治政府"。[④] 2021 年,《法治政府建设实施纲要(2021—2025 年)》出台,提出"政府行为全面纳入法治轨道,职责明确、依法行政的政府治理体系日益健全""各地区各层级法治政府建设协调并进"等

---

① 熊选国:《坚持依法治国、依法执政、依法行政共同推进,法治国家、法治政府、法治社会一体建设》,《中国律师》2021 年第 5 期。

② 《法治政府建设大事记》,中华人民共和国司法部,http://www. moj. cn/pub/sfbgw/qmyfzg/fzgzzffz/202106/t20210623_428404. html,2021 年 6 月 23 日。

③ 《国务院关于加强法治政府建设的意见》,中国政府网,https://www. gov. cn/zwgk/2010-11/08/content_1740765. htm,2010 年 11 月 8 日。

④ 《中共中央 国务院印发〈法治政府建设实施纲要(2015—2020 年)〉》,中国政府网,https://www. gov. cn/xinwen/2015-12/28/content_5028323. htm,2015 年 12 月 28 日。

新的建设目标。① 对比两版《纲要》可以看出,我国法治政府建设已经处在从探索期向成熟期转型的过渡阶段。

根据中国政法大学法治政府蓝皮书《中国法治政府发展报告(2022)》显示,当前我国法治政府建设体现出"八个方面体系"的健全,一是政府机构职能体系呈现出协同性和联动性,部际联席会议制度逐渐完善并多头落实;二是依法行政制度体系的成熟性和完备性显著提升,行政立法表现出明显的量质双升;三是行政决策制度体系的规范性和程序性得到严格落实,重大行政决策的程序与评估工作的改进使决策的科学化、民主化、法治化大幅提高;四是行政执法工作体系的公正性和协同性突出,跨领域跨部门综合行政执法体制基本形成;五是突发事件应对体系日益完备,一方面完善制度顶层设计,一方面组织社会力量参与应急治理;六是社会矛盾纠纷行政预防调处化解体系的制度化水平提升,《信访工作条例》《关于进一步加强劳动人事争议协商调解工作的意见》《行政复议法》《关于审理政府信息公开行政复议案件若干问题的指导意见》等行政法规的出台与修订最大限度地维护了社会公平与正义;七是权力制约监督体系实现全覆盖,不断强化的权力监督力度、政务公开力度以及政务诚信建设使权力真正实现"阳光下运行";八是数字法治政府基本成型,政务信息平台、政务数据共享机制、"互联网＋监管"机制、公共服务数字化建设等日趋成熟。②

---

① 《中共中央　国务院印发〈法治政府建设实施纲要(2021—2025年)〉》,中国政府网,https://www.gov.cn/zhengce/2021-08/11/content_5630802.htm,2021年8月11日。

② 马怀德,张泽宇:《中国法治政府发展报告(2022)》,中国政法大学法治政府研究院,http://fzzfyjy.cupl.edu.cn/info/1437/15596.htm,2023年7月9日。

自我国进入营商环境建设热潮以来，"法治政府"与"营商环境"成为不可分割的有机整体，以"法治"促"善治"成为各级政府的治理共识。这里的"法治"既要求依法行政，又要求权力受法律监督。无论是站在政府改革角度，还是站在以营商环境建设为典型代表的国家治理角度，"权力滥用"都必须被严格禁止，"政府自觉"与"法的约束"成为两大法宝。甚至，所谓的"政府自觉"在很多时候也要依赖于"法"的警示和惩戒对人的行为的约束作用。目前，法治政府已经成为我国政府转型的重要目标之一。从国家和地方两个层面的法治政府建设情况来看，营商环境中的法治政府建设已经逐渐成为政府展现其服务性本质的重要依托，其既是营造优良政务环境的基础，又是打造法治环境的根源。随着法治政府行政体制的日趋成熟，市场主体既有充分的权益保护机制，又有不断扩大的合法生产经营空间，且市场行为受合理的强制性约束，政府与市场在各自权责范围内形成的互动合作机制反过来又会进一步强化市场调节作用，由此形成营商环境建设的良性循环。

（3）"服务型政府"架构基本形成

2004 年，温家宝总理提出"服务型政府"概念，此后，中共十六届六中全会再次提出"建设服务型政府，强化社会管理和公共服务职能"。[①] 如果说改革开放是我国政府服务意识觉醒的标志，那么21 世纪的前一个 20 年则是我国"服务型政府"建设的正式开端。这一过程归根结底是由市场经济的一般发展规律衍生来的传统政

---

① 《服务型政府》，共产党员网，https：//fuwu. 12371. cn/2012/08/09/ARTI1344 478527567885. shtml？isappinstalled＝0，2012 年 8 月 9 日。

府管理模式向现代政府治理模式的深刻变革,市场经济作用越强,则对政府的服务效能要求更高。2018 年,国家发布《进一步深化"互联网＋政务服务"推进政务服务"一网、一门、一次"改革实施方案》,为新时期的政府改革指明了方向,从制度性角度给予了"互联网＋政务服务"的改革指导性地位。2019 年,《中共中央关于坚持和完善中国特色社会主义制度　推进国家治理体系和治理能力现代化若干重大问题的决定》中又正式提出"创新行政方式,提高行政效能,建设人民满意的服务型政府"。[①]　当前,"优化公共服务体系和效能"已经成为各级政府治理、打造先进营商环境的基本指标之一,无论是从任务量还是所处系统层次来看,这一指标很大程度上代表着未来一段时间内我国政府改革的主体工程和核心目标。

　　2023 年,上海市发布《上海市加强集成创新持续优化营商环境行动方案》,即"上海市营商环境建设方案 6.0 版本",将"政务服务"列为新阶段的首要任务。[②]　在"十四五"初期,我国发布了包括《关于大力开展质量基础设施"一站式"服务的意见》在内的多项政府服务改革指导性政策文件。随后,政务优化的顶层设计不断完善,尤其是 2022 年国家相继发布《国务院关于加快推进政务服务标准化规范化便利化的指导意见》《国务院关于加强数字政府建设的指导意见》《国务院办公厅关于加快推进"一件事一次办"打造政

---

　　①　《中共中央关于坚持和完善中国特色社会主义制度　推进国家治理体系和治理能力现代化若干重大问题的决定》,中国政府网,https://www. gov. cn/zhengce/2019-11/05/content_5449023. htm,2019 年 11 月 5 日。

　　②　《上海市加强集成创新持续优化营商环境行动方案》,上海市人民政府办公厅,https:// www. shanghai. gov. cn/202303bgtwj/20230206/4280533cfb594cf8a620b8cbcd3118a8. html,2023 年 2 月 6 日。

务服务升级版的指导意见》《国务院办公厅关于印发全国一体化政务大数据体系建设指南的通知》等若干政策文本,使得政务优化有了规模化、系统性的建设蓝图,这标志着我国的政府改革正式进入以服务为导向的新阶段。

从实际改革手段来看,自 2018 年以上海市为主要代表正式提出"一网通办"改革后,各地政府开始以全方位实现线上政务办理为主线进行服务改革。2019 年,"国家政务服务平台"正式开始试运行,"一网通办"有了现实的运行载体,随后 30 多个国务院部门建设开通部门政务服务平台,打造了"互联网+政务服务"的宏观样本。在全国上下的共同努力下,2022 年全国政务服务事项网上可办率达到 90% 以上,覆盖全国的数据共享交换体系初步形成[1],这不仅意味着"一网通办"在我国政务服务领域的彻底站稳脚跟,同时也意味着各类事项正在实现"跨级、跨域通办",标志着"政府服务一体化"的基底正在逐渐生成。

2023 年,国家电子政务专家委员会主任王钦敏提出推动政务服务更加"好办易办"。[2] 从这一点可以看出,我国的政府服务改革已经开始出现新的升级苗头,已经从初始的实现事项的线上办理到更加追求实现线上办理的简化与便捷。从政务改革的本质来看,全力建设服务型政府是对政府职能定位的新一轮革新。过去的政府管理和市场经济之间存在诸多难以调和的矛盾和冲突,但

---

[1]　《国务院办公厅关于印发全国一体化政务大数据体系建设指南的通知》,中国政府网,https://www.gov.cn/zhengce/content/2022-10/28/content_5722322.htm,2022年 10 月 28 日。

[2]　《全面提升政务服务效能》,中国政府网,https://www.gov.cn/zhengce/202309/content_6902279.htm,2023 年 9 月 5 日。

当政府开始强调其服务特性开始,市场本位便逐渐代替政府本位,模糊的市场与政府关系因政府的"退位"而变得清晰明确,且在二者之间形成了有机的互动合作机制,共同激发和放大了市场经济运行的活力,从根本上赋予了市场经济一般发展规律在促进经济增长上的"话语权",是我国推动经济现代化建设的又一壮举。

（二）自下而上:地方政府改革试点到中央政府总结推广

"我国正处于并将长期处于社会主义初级阶段"是中国特色社会主义各项事业展开的基础,其产生的原因既包括小农经济导致国力羸弱、列强掠夺造成资源流失、内部纷争忽视经济建设等诸多历史性渊源,同时也受人口基数庞大、自然资源分布不均、文化习俗形式各异等众多现实因素的阻碍,全面实现一项改革目标对中国这样一个大国来说难度巨大。在党的革命建设历程中,为进一步降低改革风险,"敢于试错"成为党的领导的一项宝贵经验。这里的"试错"包括两项工作,一是敢于"创新",二是敢于"试点"。随着社会主义建设成果的不断累积,"创新＋试点"的改革模式固化为我国社会主义初级阶段规避改革风险的基本手段,试点的结果是全国性的推广,即以最低的代价换取最大的公共利益。与改革开放一脉相承的营商环境建设也是如此。2021年,国务院印发了《国务院关于开展营商环境创新试点工作的意见》,标志着我国正式进入营商环境建设试点改革阶段,也表明营商环境建设将进入更深层次的实践探索阶段。

1. 六个城市获得首批营商环境试点改革资格

经过综合考量,我国选取北京、上海、重庆、杭州、广州、深圳六个城市作为首批营商环境试点城市。选择的原因一方面是营商环境优化的系统性和复杂性需要一定的产业基础和市场主体规模支撑,另一方面是因为上述城市在全国范围内的辐射作用强,有益于改革经验推广。① 围绕"试点城市营商环境国际竞争力跃居全球前列,政府治理效能全面提升,在全球范围内集聚和配置各类资源要素能力明显增强,市场主体活跃度和发展质量显著提高,率先建成市场化法治化国际化的一流营商环境"的试点目标,改革瞄准市场准入至退出全过程,将十个方面的 101 个事项纳入首批营商环境创新试点改革事项清单。② 与改革开放初期的各类优先经济开放区的"零经验"改革不同的是,营商环境的试点改革具备相当丰富的经验支撑,但改革进度与成果等方面的参差不齐在很大程度上拖慢了打造国内统一市场的进程,抑制了资源与要素的跨域流动。总的来说,试点改革旨在解决三个方面的问题:一是弥补国内营商环境建设中系统性实践经验的缺失;二是尽可能缩小地区间营商环境建设差距;三是破除国内国外两个市场间互动交流的体制机制障碍。

为什么说此次试点改革具备一定的经验基础呢? 一方面源于试点改革的重大决定提出时,各试点城市的营商环境正处于"4.0 时代"向"5.0 时代"过渡的阶段,在优化营商环境方面已经取得了相当数量的创新成果和实践经验。另外,根据《中国城市营商环境

---

① 《6 个城市开展营商环境创新试点》,中国政府网,https://www. gov. cn/xin-wen/2021-11/19/content_5652050. htm,2021 年 11 月 19 日。

② 《国务院关于开展营商环境创新试点工作的意见》,中国政府网,https://www. gov. cn/zhengce/content/2021-11/25/content_5653257. htm,2021 年 11 月 25 日。

研究报告 2023》，深圳、广州、上海和北京在 2019 年至 2021 年间已经发展为内地营商环境标杆城市，重庆和杭州作为副省级城市和省会城市，营商环境质量也高于普通城市①，因此在发挥示范性作用方面，上述六个城市呈现出实力与能力兼具的鲜明特征。基于统一的"事项清单"，营商环境一体化建设有了特定的标准，同时得益于六大城市的地理空间分布，首批试点改革初步形成了沿海与内地、东部与西部均具备相应辐射点的战略布局。从各类数据统计以及各类第三方评估结果可以看出，试点城市的营商环境建设成效极为显著。根据《省级政府一体化政务服务能力调查评估报告（2022）》，各试点城市的一体化政务服务能力指数均"非常高"②，这表明政务服务的标准化、规范化、便利化显著提升。如：上海市 2021 年底"一网通办"个人用户和企业用户就分别突破6000 万、245 万，"好差评"的好评率高达 99.96％。③ 2018 年至2022 年，上海的市场主体增长量为 1233 户/天，有 84％的行政办事流程实现了网上办理，降低了企业税费负担超 8000 亿元。2022年底每千人企业数量为 111.1 户，全国排名第一。④ 此外，北京大

---

① 《北大-武大联合团队发布〈中国城市营商环境研究报告 2023〉》，北京大学新闻网，https://news.pku.edu.cn/xwzh/a6daae53af9642d9a28320741c8bf707.htm，2023年 12 月 15 日。

② 《省级政府和重点城市一体化政务服务能力评估报告（2022）》，中央党校（国家行政学院）电子政务研究中心，http://zwpg.egovernment.gov.cn/xiazai/2022zwpg.pdf，2022 年 9 月 8 日。

③ 《上海将在多领域创新突破，全面推进国际一流营商环境建设》，国家发展和改革委员会，https://www.ndrc.gov.cn/fggz/fgfg/dfxx/202201/t20220111_1311720.html，2022 年 1 月 11 日。

④ 《沈开艳：从 1.0 到 6.0，上海优化营商环境实现了怎样的跨越？》，《上观新闻》，https://www.shobserver.com/staticsg/res/html/web/newsDetail.html?id＝620984&sid＝67，2023 年 6 月 11 日。

学光华管理学院有关中国省份营商环境的评价结果显示,在市场环境、政务环境、法律政策环境、人文环境的优化中,北京、上海以及其他试点城市所在的省级行政区的评分均领先国内其他省市。[①] 目前,各大试点城市已经顺利开启并进入营商环境"6.0 时代",试点改革仍在持续深入进行。随着越来越多具有示范性作用的创新举措出台,我国的营商环境建设必将在有序有效的经验传输与互动中实现整体性的飞跃。

2. 首批试点改革经验形成并向全国复制推广

2022 年 10 月 31 日,经过近一年的努力,《国务院办公厅关于复制推广营商环境创新试点改革举措的通知》正式发布,六个试点城市的首批 50 项试点经验向全国复制推广,这一举措在鼓励市场主体参与竞争、保护市场主体合法权益、激励市场主体创新、扩大社会投资规模、简化办事程序等若干方面为非试点地区的营商环境改造提供了全方位借鉴。[②] 以深圳市为例,作为改革开放的"龙头",深圳具有在全国经济建设领域起模范带头作用的传统和固有优势。2022 年 10 月,随着《国家发展改革委关于推广借鉴深圳综合改革试点首批授权事项典型经验和创新举措的通知》的出台,深圳市 18 条典型经验和创新举措被推广借鉴,在推动要素市场化、保护和激励创新、打造高水平开放环境、建设宜居城市等方面为其他省市提供了改

---

① 《中国省份营商环境评价报告(上)》,光华管理学院,https://www.gsm.pku.edu.cn/thought_leadership/info/1007/1946.htm,2023 年 4 月 19 日。

② 《国务院办公厅关于复制推广营商环境创新试点改革举措的通知》,中国政府网,https://www.gov.cn/zhengce/zhengceku/2022-10/31/content_5722748.htm,2022 年 10 月 31 日。

革引领。① 2023 年 11 月,《国家发展改革委等部门关于再次推广借鉴深圳综合改革试点创新举措和典型经验的通知》出台,这是深圳作为试点城市以来的第二次经验输出,这一次共推广 22 项深圳经验,在第一批经验推广的基础上,优化涉企服务成为新的"关键词"。②

从实际效用来看,试点改革不仅为创新营商环境建设举措提供参考,更在于其在全国范围内引起来的试点浪潮。例如:陕西省在 2022 年将 43 项典型经验做法在全国推广,内容涉及政务服务、跨境贸易、产权保护、创新监管等多个方面,其经验做法不仅惠及全省,更为国内整体营商环境建设树立"业内典范"。③ 再如,2022 年 9 月至 11 月,湖北省相继发布《湖北省优化营商环境典型案例分享(一)》《先行区试点改革系列典型经验做法(二)》《先行区试点改革系列典型经验做法(三)》,全省先行区从"小切口"出发在法治化营商环境建设、助企纾困、深化全省"放管服"改革等诸多方面形成经验体系,助力全省营商环境优化。福建省也连续数年分批公布省内优化营商环境典型经验做法,2023 年 3 月推出本年度内第一批试点经验,在提高政府办事效率、助力市场复苏、推进法治建设等方面为全省乃至全国提供了示范引领,有力地缩

---

① 《国家发展改革委关于推广借鉴深圳综合改革试点首批授权事项典型经验和创新举措的通知》,中国政府网,https://www.gov.cn/zhengce/zhengceku/2022-10/16/content_5718872.htm,2022 年 10 月 13 日。

② 《国家发展改革委等部门关于再次推广借鉴深圳综合改革试点创新举措和典型经验的通知》,国家发展和改革委员会,https://www.ndrc.gov.cn/xwdt/tzgg/202311/t20231116_1361999.html,2023 年 11 月 16 日。

③ 《陕西 43 项优化营商环境典型经验做法在全国推广》,陕西省人民政府,http://www.shaanxi.gov.cn/xw/sxyw/202302/t20230203_2273753_wap.html,2023 年 2 月 3 日。

小了各地营商环境建设的差距,提升了地区综合竞争实力。[①] 我们必须要认识到先进做法和经验形成依赖于地区的经济基础、产业优势、资源禀赋以及人文风俗等,因此"放之四海而皆准"的做法几乎是不存在的。经验推广关键在于如何正确地复制和灵活地运用,先进经验是否能够真正发挥引领作用取决于其与承接者的融合度,一方面需要承接者秉持经验主义,主动对标先进;另一方面还需要承接者剔除机械主义,因地制宜利用先进,避免经验的生搬硬套。从当前试点改革的经验产出来看,不断涌现的新举措为我国实现营商环境一体化建设提供了坚实的实践基础,但从实际的经验应用来看,未来一段时间内我们应在经验的运用上投入更高的关注度。

（三）区域协调:营商环境一体化建设

2023 年,在第十四届全国人民代表大会常务委员会第三次会议上,国家发改委副主任赵辰昕提到"区域协调发展是推动高质量发展的关键支撑,是实现共同富裕的内在要求,是推进中国式现代化的重要内容"。[②] 近年来,我们一直在探索构建区域合作、互助机制,以缓解区域分化带来的发展差距增大、恶性竞争深化等问题。2018 年,国家发布《关于建立更加有效的区域协调

[①] 《省发改委(营商办)推出 2023 年第一批优化营商环境工作典型经验》,福建省人民政府,https://www.fujian.gov.cn/zwgk/ztzl/tjzfznzb/ggdt/202303/t20230317_6132514.htm,2023 年 3 月 10 日。

[②] 《国务院关于区域协调发展情况的报告》,中国人大网,http://www.npc.gov.cn/npc/c30834/202306/c9d27241ef144485a825db62fb58086e.shtml,2023 年 6 月 28 日。

发展新机制的意见》,对区域一体化合作发展提供宏观指导。目前,我国在区域发展平衡性、公共服务均等化水平、基础设施通达程度、特殊类型地区发展、区域开放水平等方面都获得了显著提高与增强。[①] 建设全国统一大市场要求系统协同,推进区域协作,因此必须从战略高度看待营商环境区域协调发展,健全区域合作机制。

1. 以城市群资源聚集效应推动营商环境一体化建设

习近平总书记曾指出"新形势下促进区域协调发展需要以客观经济规律为基础完善区域政策体系,促进各类要素合理流动和高效集聚,增强城市群等经济发展优势区域的经济承载力,形成优势互补,高质量发展的区域经济布局"。[②] 城市群可以突破行政壁垒,实现区域间的经济协作,打破资源与要素流动的地理障碍和行政障碍,降低生产、流通、交易成本,吸引新兴技术产业进入以及激励社会人口流入。城市群通过发挥集聚效应来使区域内的城市间共同合作,进而营造极具内聚力的高质量营商环境,扩大区域经济规模,并且带动周围城市与地区发展。目前,发挥城市群的一体化发展模式以及发挥城市群的经济辐射作用受到极高的关注。2022年10月,国家印发《长三角国际一流营商环境建设三年行动方案的通知》,以深化长三角地区的市场化改革、协同推进法治化建设、协同打造优质开放环境、优化政务服务水平、打造共商共建共治共

[①] 《我国区域协调发展呈现新局面》,中国政府网,https://www.gov.cn/yaowen/liebiao/202306/content_6888621.htm,2023年6月27日。

[②] 《习近平:推动形成优势互补高质量发展的区域经济布局》,求是网,http://www.qstheory.cn/dukan/qs/2019-12/15/c_1125346157.htm,2019年12月15日。

享格局等措施来推进区域内部一体化发展,通过制定长三角一体化"跨省通办"任务清单,开展网络监管合作,建立统一的信用监管制度和标准体系等打造国际一流营商环境。①

与此同时,京津冀地区也在区域一体化建设上不断提出新的举措。2022 年 9 月,北京、天津、河北三地签署《京津冀营商环境一体化发展合作框架协议》,区域内部已经实现 155 项高频政务服务事项"跨省通办"。② 在此框架下,京津冀三地探索建立"区域协同标准化协作模式",2022 年累计发布 75 项京津冀区域协同地方标准③,进一步畅通事项跨省办理通道,切实维护了市场主体权益。为进一步巩固区域内部的互动联通,三市陆续签署《商事制度领域合作框架协议》《进一步加强京津冀三地企业登记注册工作协作备忘录》《京津冀深化口岸合作框架协议》等一系列合作协议,愈加完备的顶层设计和制度体系为区域内企业迁移、跨境贸易提供了更加便利的条件。④⑤

在国内的区域发展中,最具代表性的当属粤港澳大湾区。近年来,湾区内经济发展可谓是硕果累累,并且已经成功迈入国际一

---

① 《国家发展改革委关于印发长三角国际一流营商环境建设三年行动方案的通知》,中国政府网,https://www.gov.cn/zhengce/zhengceku/2022-11/12/content_5726417.htm,2022 年 11 月 12 日。

② 《统筹推进京津冀营商环境建设》,中国政府网,https://www.gov.cn/xinwen/2023-02/26/content_5743403.htm,2023 年 2 月 26 日。

③ 《北京:"五子联动"助推首都高质量发展 京津冀营商环境一体化迈入新阶段》,国家发展改革委,https://www.ndrc.gov.cn/fggz/fgfg/dfxx/202212/t20221202_1343236_ext.html,2022 年 12 月 2 日。

④ 杨学聪:《统筹推进京津冀营商环境建设》,《经济日报》2023 年第 6 期。

⑤ 《京津冀营商环境一体化加速 区域协同水平不断提高》,新华网,http://www.he.xinhuanet.com/20230827/21064559aa5a4f1a924da264ad720c08/c.html,2023 年 8 月 27 日。

流湾区行列。与国内其他区域相比,粤港澳大湾区具备极其特殊的政治背景和巨大的经济体制差异,但随着《深化粤港澳合作推进大湾区建设框架协议》的成功签署,湾区内部各成员在"一国两制"的大背景下仍逐渐实现了基础设施"硬联通"和体制机制"软联通",营商环境的系统优化机制日益完备。湾区内部各行政主体主动参与湾区建设的意识强烈,以《广东省进一步推动竞争政策在粤港澳大湾区先行落地实施方案》《广州南沙深化面向世界的粤港澳全面合作总体方案》《关于推进粤港澳大湾区竞争政策与法律有效实施备忘录》《粤港企业竞争合规指导手册》为代表的一系列政策文件相继出台,湾区内部化解政治与经济背景差异引发的各类矛盾与利益冲突的能力日益升高,两类经济体制间的有机融合成为新时期我国创新经济治理模式的独特标志,更是我国打造高水平营商环境的典型代表。

从上述三个城市群具体发展情况来看,区域一体化发展正处于传统与现代的激烈碰撞阶段,我们既要发挥各区域在资源聚集上的传统优势,也要结合更高的一体化建设要求,不断完善区域一体化建设的制度支撑。同时要站在全局性视角,从内外两个方面同步追求区域自身的和谐统一和各区域间的协同联动,从而实现更大范围、更高层次的一体化发展。

2. 以"多地联动"为主推行营商环境跨地区协作共治

当前,我国正在构建"以国内大循环为主体、国内国际双循环相互促进"的新发展格局,需要大力依托国内外市场使生产、分配、流通、消费环节实现循环畅通。所谓"循环",其本质就是连接各项经济活动,核心在于对接和匹配经济活动内部各部门,形成流畅的对接机制和科学的匹配结构。[①] 基于整体的产业布局以及地区间产业联系,在营商环境优化的过程中,出现了众多"多地"自发联动形成的合作机制,尤其以"两地"联动为主。例如,2022年,河南省潢川县与湖北省荆州经济技术开发区签署企业登记注册"跨区通办"合作协议。两地群众只要登录属地政务服务"一网通办"平台即可实现事项的"跨省通办",实现两地企业办事"就近办理、一次办成"。[②] 2023年,陕西白河县和湖北省郧西县也依托地理位置毗邻优势,开展了跨省税收共治改革,两地互设税务服务"帮办代办"窗口,优化113项办税业务流程。[③] 同年,广东省平远县与江西寻乌签订《知识产权行政保护协作协议书》,实现两地知识产权保护跨区域协作,以互认共享构建专利、商标、地理标志行政保护协作机制。[④] 随后,衡阳市南岳区与深圳市龙华区也建立政务服务合作机制,在区域内大力推进政务服务"跨域通办",并力争实现"跨域通办"事项目录及内容的及时动态调整。[⑤]

从数量上看,目前"两地"自发式联动合作的营商环境优化模

---

① 章政:《如何理解国内大循环的本质和要义》,人民论坛网,http://www.rmlt.com.cn/2020/1012/595622.shtml,2020年10月12日。

② 《两地企业办事"就近办理、一次办成"》,新华网,http://ha.news.cn/wangqun/2022-09/19/c_1129014880.htm,2022年9月19日。

③ 《陕西白河:拓展跨省税收协作"朋友圈" 打造优质营商环境新高地》,新华网,http://www.sn.news.cn/20230706/db4c5cf14dbb4f7cbdd3f0753db75095/c.html,2023年7月6日。

④ 《平远与江西寻乌签订跨区域知识产权行政保护协作协议》,梅州市人民政府网站,https://www.meizhou.gov.cn/zwgk/zfjg/sscjdglj/gzdt/content/post_2513059.html,2023年7月4日。

⑤ 《南岳区与深圳市龙华区建立政务服务合作机制》,衡阳市人民政府网站,https://www.hengyang.gov.cn/xxgk/xsqxxgkml/nyq/gzdt/20230825/i3082194.html,2023年8月25日。

式呈现出多点散发的特征,已经成为区域协同一体化发展的重要补充。以跨省合作居多,以县域合作为主,突破地域限制,实现事项的"跨域通办",降低办事成本,两地互通为对标学习,优势互补提供了坚实的制度性支撑。从区域联动的实际工作量和难易程度来看,"两地联动"的合作模式远远要比城市群联动更加简单易得,市场主体数量少、高度相似的生活习惯以及更加简便高效的沟通机制等先天优势使两个地区在诸多方面可以主动融合、互为补充。

除"两地联动"外,以"经济圈建设"为主要代表的"多地联动"模式也已经在中国经济建设领域逐渐兴起。2021年,国家发布《成渝地区双城经济圈建设规划纲要》,提出在重庆和四川两个行政区域内,通过城市和县区间的联合打造"双城经济圈"。2023年,《辽宁全面振兴新突破三年行动方案(2023—2025年)》中提到"要推进沈阳现代化都市圈一体化发展",在沈阳、鞍山、抚顺、本溪、阜新、辽阳、铁岭和沈抚示范区等七市一区形成紧密的互动合作关系。"经济圈"是营商环境一体化建设的升级版,除促进地区间的经济交往循环畅通、提供优质的公共产品和服务供给外,更要追求基础设施的互联互通、产业链的深度分工协作。"经济圈"中重点城市的辐射带头作用为圈内中小城市的发展提供了更多机会,这种联动模式是立体化的、多层次的,为新时期我国的区域一体化建设打造了全新的样本。可以看出,实现区域间的协调发展已经成为当代中国构建现代化高质量市场经济体制的一条主线。营商环境合作共治既缩小了地区营商能力之间的差距,又缓解了各地方营商环境自治压力,必将成为地区高质量发展的强劲动力之源。

二 微观机制:"政府—市场—社会"协同治理

在现代公共治理领域,政府、市场与社会都不是唯一的治理主体,三者间的互动、合作成为必然选择[1],营商环境作为当代公共治理的一项重要任务,也必须遵循这一基本规律。当前,倡导"政府—市场—社会"协同治理已经成为全社会范围内的一个普遍共识,这种协作机制依赖于政府职能的转变,已经广泛存在并适用于各类社会治理活动。当政府、市场、社会在职能明确、责任清晰的前提下,围绕共同的利益目标各自发挥自身治理优势时,这种协同治理模式便真正产生了效应。事实上,这种合作治理模式是近年来我们常提到的中国特色社会主义新型治理模式的一种,被称为"跨界治理"。正如前文提到的各类营商环境合作共治模式也属于"跨界治理",只不过其形成的基础是不同行政区域间的跨界问题和矛盾的解决。而政府、市场与社会之间则是基于清晰的公私权利边界建立起来合作关系,三者各司其职,即政府做好基本公共服务的供给和保障工作,社会参与非基本公共服务的生产供给,市场发挥资源配置的决定作用以满足人民群众的多样化生活需求。[2]简单来讲,这种"跨界治理"就是实现有为政府、有效市场和活力社会三者间形成有机配合。

---

[1] 姚迈新:《公共治理的理论基础:政府、市场和社会的三边互动》,《陕西行政学院学报》2010 年第 1 期。

[2] 卢晨曦,许克祥:《我国跨界治理研究热点、演化趋势与展望》,《河南财政税务高等专科学校学报》2022 年第 2 期。

（一）政府：主导治理、自觉补位

营商环境是市场、政府、社会通过利益和目标整合、权利和利益分配、功能互补和有效信息沟通来探究三者互动关系的过程，是主体多元、要素异质、功能复杂交叉的特殊公共产品的供给过程，单一的治理主体难以招架巨大的治理任务和复杂的治理活动，因此需要多元主体的协同治理。[①] 政府作为国家权力运行载体和治国理政的第一执行主体、责任主体必然要在营商环境这一公共治理过程中起主导作用。所谓"主导"并非完全以政府意志为中心，也不是打造新一轮的"全能政府"，而是在法律与社会的规制下塑造出"有限政府"的过程。尽管政府仍然是当下公共治理的核心，但其发挥治理功能的切入点已经由"掌控发展"向"服务发展"转变，满足市场与社会需求才是政府公权力运作的核心要义。作为国家大政方针的产出者，政府既要保证营商环境建设具备坚实的制度根基，又要保障公共服务供给充足，更要做好市场的监管者，适时伸出"有形之手"以保障市场经济的平稳健康运行。

第一，主动做营商环境"底盘"。从市场主体的视角来看，营商环境建设的两个关键是"提效"和"让利"，一直以来压缩行政审批程序、减税免租等是实现"两个关键"的直接治理手段，但从发展的角度看，这两项改革的优化空间始终有限。这就需要透过表象看本质，市场主体需要的是更加完备的制度体系、政策体系、公共服

---

① 郭燕芬：《营商环境协同治理的结构要素、运行机理与实现机制研究》，《当代经济管理》2019 年第 12 期。

务体系等组合形成的有利于消除生产经营阻碍的生存环境。① 因此,政府必须自觉进行由"管理者"向"服务者"的角色转换,不断制定和调整市场经济规律作用下的营商环境建设的方向和准则,并要培养自身的超前意识,做好经济发展需求变化趋势的预测工作,以敏锐的洞察力及时发现基础政策、制度与方案体系中存在的与现实优化需求间的匹配程度等问题。政府作为现代社会最主要的治理主体,在营商环境建设方面必须采用"分段式"治理与"全程式"治理相结合的治理方式。首先,要彻底清除营商环境建设的历史遗留问题和重点关注营商环境发展滞后地区的"赶超"问题;其次,要实时关注和监测当前营商环境建设的整体情况,保障各项工作在正确的轨道上开展和运行;最后,要准确预测营商环境发展态势,做好下一阶段改革与发展的准备工作。政府要不断提升自身应对营商环境治理风险的能力,保障市场主体在安全稳定的环境下开展生产与经营活动。

第二,做市场资源配置的有力补充。《关于新时代加快完善社会主义市场经济体制的意见》中明确指出,目前我国的社会主义市场经济体制还存在要素流动不畅、资源配置效率不高、经济活力较弱等一系列问题。② 尤其对于中国这样一个发展不平衡且不充分的大国来说,必要的行政干预对于建立有序的市场经济

---

① 范恒山:《把握营商环境优化的正确方向深化行政体制改革》,国脉电子政务网,http://www.echinagov.com/viewpoint/342383.htm,2023 年 6 月 15 日。

② 《中共中央 国务院关于新时代加快完善社会主义市场经济体制的意见》,中国政府网,https://www.gov.cn/zhengce/2020-05/18/content_5512696.htm,2020 年 5 月 18 日。

运行机制十分重要,尤其在社会发展受到巨大的负面冲击时,政府在资源上的协调和配置能够起到恢复社会生产秩序的关键作用。也就是说,在市场能够发挥决定性作用的时空领域内,政府要主动退居"二线",做好"后勤保障"工作。而在市场已经发生或即将发生失灵的领域,政府要及时冲到"一线",以绝对的权威和公信力扭转局面,提高资源配置效能,避免经济社会陷入泥潭之中。营商环境要求最大限度激发市场主体活力、保护市场主体各项权益,归根结底取决于政府能否控制自身参与经济治理的"度"和能否做到自身职能的灵活发挥,当政府可以依据现实状况弹性控制自身的经济行为时,才能既做好市场经济的"领航者",又做好市场经济的"护航者"。当前,部门保护主义、地方保护主义、行业垄断等现象仍时常发生,这就意味着市场上存在着闲置、浪费和配置"错位"等诸多引发资源利用不充分等问题,政府在规范市场竞争秩序、保障资源配置满足最广大群体的共同利益等方面的工作仍十分繁重。因此,对于政府来说,一方面要保证市场规则的一致性和市场竞争的公平性,另一方面还要充分发挥监管效能,要尽快完善跨部门综合监管制度,实现政府内各层级及各部门间的协同治理,在政府内部形成合力助力市场经济的健康发展,尤其要弥补重点领域、新兴领域、涉外领域的监管法律政策、制度的缺位问题,扩大监管的覆盖面和渗入度,使政府真正成为经济健康发展的坚实后盾。

（二）　市场:契约精神、行业自律

《"十四五"市场监管现代化规划》中提到"推进市场监管现代

化,是建立统一开放、竞争有序的现代市场体系的客观需要","监管现代化的目标之一是营商环境持续优化",实现监管现代化要"持续优化营商环境,充分激发市场主体活力"。[①] 可以看出,优化营商环境既是市场监管的目标,又是实现高效监管的必要条件。市场治理作为现代化国家治理体系的一个重要组成部分,它在政府体制改革和市场经济不断发育成熟的共同作用下产生。从治理方式来看,我们强调营商环境的本质是一个制度集合体,那么市场作为营商环境的一个子系统,显然也是由制度集合而成,只不过在制度的规模上远远小于营商环境。当市场作为治理主体出现时,所有的治理活动均要在政府的制度框架下运行,尽管制度因市场需求而生成。因此,市场治理需要极大的自律性才能成功。这种自律性主要体现在三个方面:

第一,市场主体必须自觉遵守行业相关制度、规则、法律、规范,自觉履行契约精神。前面几项内容作为"看得见、摸得着"的行为指导,是一切经济活动得以顺利开展的基本载体,是一切市场主体及企业从事各类生产经营活动的根本遵循,只有认真遵守才能保证经济活动的依法合规。也就是说,作为市场经济中最基本的单元,市场主体必须树立起"自治精神",时刻对行业规则保持敬畏之心,又要具有强烈的"自我约束"意识,时刻保证自身的经济行为符合道德与法律规范。另外,经济市场上交易行为的产生还依赖于人们头脑中对自身权利的保护意识和责任履行意识,这就需要每个参与者自觉遵守"契约精神"。市场交换的本质是市场主体在

---

① 《"十四五"市场监管现代化规划》,中国政府网,https://www.gov.cn/zhengce/zhengceku/2022-01/27/content_5670717.htm,2022 年 1 月 27 日。

自由平等基础上按照相应的合约进行交换与合作的过程[①],该"合约"是主体之间达成合意的书面体现,也就是所谓的"契约",契约的签订和履行体现立信、结信、征信、平等、公平等内涵,履行契约本质上就是以诚信意识、规则意识、权责意识支配行为交换行为的过程[②],只有自觉履行契约条款,才能有效减少交易摩擦和负外部效应,保障交易各方获得相应的利益。

第二,探索行业自律与政府监管间的互动合作机制。市场自律不仅体现在市场主体对自身行为的约束上,也体现在市场认可政府在经济监管上具有的主导作用。只有市场和政府双方互相承认和肯定对方的监管职能,才能在实际的市场规制中形成监管合力。市场自律由无数的行业自律集中体现,无论是在理论研究还是实践研究中,我们通常以"行业自律"作为研究对象,探索打造绿色健康的市场环境。众多研究表明,实现市场的良治依赖于行业自律与政府监管间形成的互动合作机制[③],在这一过程中,政府与以行业协会商会为代表的第三方组织间势必要进行一场权力博弈和职能定夺。一方面,政府除为行业自律提供相应政策和法律支持外,还要通过放权来扩大行业自律监管空间,在特定领域内政府仅需发挥监督职能,就能使行业协会商会等组织具有较大的灵活性并自主监管行业内部发展。另一方面,自律组织要自觉提升行

①　陈付龙:《推进国家治理体系现代化的重要标志》,中工网,https://www.workercn.cn/c/2021-04-14/6716137.shtml,2021 年 4 月 14 日。

②　王滨,陈律:《新时代契约精神的传承与创新》,《人民论坛》2021 年第 23 期。

③　《政府监管需要与行业自律形成合力》,共产党员网,https://news.12371.cn/2013/05/06/ARTI1367770281767147.shtml,2013 年 5 月 6 日。

业监管的权威性和专业性,既增强与政府进行对话的能力,又能根据实际需求与政府"配合"监管。① 从监管的手段上来看,政府监管与行业自律的互动合作是"硬规制"与"软约束"的紧密配合,二者围绕促进行业内部稳健运行的共同目标开展对市场主体行为的全方位约束,以各行各业的健康发育共同净化和升级市场环境。

第三,行业协会商会要自觉维护市场秩序,促进良性竞争。市场经济是法治经济,也是竞争经济,经济发展态势在很大程度上取决于良好的市场秩序和良性的竞争生态。② 尽管行业自律目前受到了广泛的认可,但许多自律组织仍在一定程度上依赖政府指示,应进一步鼓励以行业协会商会为代表的自律组织采用"刚柔并济"的行业监管方式杜绝恶性竞争,既要自觉构建行业准则和行业倡议,又要实时监控行业发展动态,规劝企业及时修正违法违规行为。其次,在法律缺失的地方,企业若无视公序良俗和行业惯例,则无法可依去实施处罚,也无规则可依去遏制其行为。③ 另外,行业自律也是避免政府成为主动寻租或被动寻租的对象的有效方式④,一旦自律组织成为滋生腐败的根源,那么政府与市场间的关系必然又要重回到混乱不堪的时代,经济发展又会重新成为政府意志的产物,我们最终要打造的现代化市场经济体制也将成为泡

---

① 张家琦,何欣颖,郭薇:《政府监管与行业自律互动合作的困境及实现路径》,《辽宁行政学院学报》2023 年第 2 期。

② 《保障各类市场主体公平竞争 营造良好发展环境》,中国政府网,https://www.gov.cn/xinwen/2021-06/01/content_5614748.htm,2021 年 6 月 1 日。

③ 陈东,杨平宇,陈晓宇:《发挥行业协会商会在长三角区域一体化中的作用》,《现代金融》2021 年第 1 期。

④ 杨晓丹:《行业协会商会参与国家治理的优势及其效能提升的路径》,《党政干部学刊》2023 年第 9 期。

影。总的来说,市场自律是从根本上打造健康公平的营商环境的治理途径,但其现实的干扰因素众多。长期来看,市场自律至少要经过"依附政府治理—自身治理机制完善—与其他治理方式互动合作"三个阶段才能发挥最大治理效能。

（三）社会:体制创新、实现共治

习近平总书记曾说"加强和创新社会治理,关键在体制创新,核心是人,只有人与人和谐相处,社会才会安定有序",这是新时代社会治理的价值立场,"共建共治共享"是社会治理的基本方法论,[①]也是优化营商环境的基本要求。社会治理主体众多,包括党委、政府、群团组织、经济组织、社会组织、自治组织、公民等,因此需要从认知、表达、反馈、利益协调等多个方面创新治理机制,才能保证人人都可有效参与治理。[②] 目前,我国已初步建成党委领导、政府负责、群团助推、社会协同、公众参与的新型社会治理格局,但公众参与意识不强、基层社会治理能力弱、社会组织协调性差等诸多问题仍然存在,进一步优化社会治理格局还需作出诸多努力。

第一,提升公众的责任意识和参与意识。尽管处于市场经济时代,公众依赖政府、服从政府的心态仍然根深蒂固,人民群众的主体意识和社会责任意识普遍比较弱。公众一方面建言献策意识不强,另一方面对不合理事项反馈意愿又普遍偏低,所以无从可知

[①] 王道勇:《习近平总书记关于社会治理重要论述的理论贡献》,《学习时报》2022 年 9 月 13 日。

[②] 艾志强,韩宁:《坚持人民性 建设社会治理共同体》,《光明日报》2020 年 1 月 17 日第 6 版。

治理起点、过程、结果是否从根本上解决了群众关切。当务之急是必须唤醒公众的责任意识和参与意识。在依法保障人民群众的知情权、参与权、表达权、监督权的基础上要做好鼓励全社会参与国家治理的普及教育和动员工作,要利用社区、社会组织、群团组织、企业等多元载体最大范围聚集公众意志,形成"意见簿",以此作为优化社会治理的基本遵循。还要加强人民群众的责任意识教育,鼓励群众做国家的主人,追求公共利益与个人利益相统一,自觉承担起参与国家治理的时代责任。更要打通公众参与治理的"堵点",基于我国庞大的网民数量以及网络强大的信息汇集能力,可以优化"国家-省(直辖市)-市-县(区)-乡(镇)"五级网络智慧平台以畅通公众的沟通与诉求通道。

第二,推进社会治理的制度化和法治化。加强制度建设是推进社会治理制度化、规范化、程序化的基础,也是提升国家治理体系抵御和化解各项社会风险能力的必然选择。中央政法委员陈一新曾将社会治理的制度构成分为 12 个方面,分别是党的领导、国家政治安全、人民内部矛盾化解、社会治安防控、公共安全监管、网络安全管理、社会力量参与、社会基础管理、基层组织建设、智能化建设、社会治理队伍建设、平安建设责任督导等。① 可见,社会治理是一项极具系统性和复杂性的工程,因此制度体系的构建难度非常之大。另外,社会治理中涉及的公众群体众多,但这并不意味着可以随意进入治理过程。必须构建起社会力量参与治理的法治流程,明晰其治理权限,发挥市民公约、乡规民约、行业规章、团

---

① 陈一新:《坚持和完善共建共治共享的社会治理制度》,《学习时报》2020 年 1 月 20 日第 1 版。

体章程等在社会治理中的积极作用①,使得社会治理在法治化框架下合理展开。从本质上讲,社会治理是解决民生问题最直接的治理方式,因其强调公众参与,所以更容易聚集"群众所盼"。因此,应加快社会治理的制度化和法治化建设步伐,以社会治理配合政府和市场治理,全方位提升治理效果的精准性。

第三,构建社会治理内部的协同治理机制。协同治理有利于克服多元主体差异性、利益多样性、目标分散性带来的治理冲突,推动治理流程规范有序。② 协同的基础是主体间的信息共享。首先,政府应主动加大信息公开力度,为各社会治理主体提供统一准确的信息源。其次,各社会主体应主动分享在自身权限范围内的所有社会治理资源,通过搭建特定的信息流通机制,保证信息最大限度地在主体间自由流动。社会治理的顺利进行主要依赖于两个"关系"的厘清,一是社会、政府、市场三者间的互动关系;二是各社会治理主体的治理权限关系,前者是保证社会治理整体处于合理空间的前提,后者则是社会治理机制内部有序运行的基础。为什么实现内部的协同治理至关重要呢? 因为对于社会而言,它由众多子系统构成,当各子系统之间处于稳定且平衡的状态时,才能保证整个社会的和谐安定。因此,必须科学界定每一治理层级中各主体间的权责关系,各社会子系统才能形成良性互动,进而推动整个社会的向好发展。

第四,实现市域治理和基层治理的现代化。市域治理是目前

---

① 徐汉明:《持续提升社会治理效能(治理之道)》,《人民日报》2022 年 1 月 5 日第 9 版。

② 边飞飞:《汇聚多元社会治理主体协同合力》,《中国社会科学报》2023 年第 5 期。

社会治理的一种新形式。它具有较为完备的社会治理体系,以及解决社会治理中重大矛盾问题的资源和能力。[1] 市域治理是城镇化快速发展的产物,大量的人口、资源、要素向某一特定区域聚集,自然而然引起更高的治理需求,市域治理便随之产生。市域治理内容主要包括城市社区、城镇社区、农村社区治理,治理主体与社会治理主体基本一致,以化解市域社会矛盾风险为目标,在国家治理和基层治理之间起到承上启下的作用,是国家治理体系中最有效力的治理层级。[2] 因此,市域治理必须作为现代化治理体系中的重要一员,根据城市和乡村的实际情况实现源头治理和系统治理。同时,对社会风险高的重点领域进行重点治理,有效规避矛盾和风险的大范围扩散。社会治理的另一关键点在于基层治理能力和治理体系的健全程度。基层治理是国家治理的基石,是实现国家治理体系和治理能力现代化的基础工程。[3] 基层治理重在"自治",当前我国基层占比大、差异大,实现统一的基层治理规则体系过于理想化,因此只能发挥基层贴近群众、知晓实际的优势提升基层的自治能力。但"自治"并不意味国家在治理实践中完全"放任不管",相反,有关部门不仅要逐渐完善的自治制度和法治体系,而且要不断推动治理重心下移,将越来越多的资源和服务下沉至基层,提升基层政府的治理能力。同时,基层政府要承担起指导和监

---

[1]　杜鹃:《加快推进市域社会治理现代化(治理之道)》,《人民日报》2020年7月21日。

[2]　陈成文:《市域社会治理现代化的理论蕴含与实践路向》,《光明日报》2019年11月22日第6版。

[3]　《中共中央　国务院关于加强基层治理体系和治理能力现代化建设的意见》,中国政府网,https://www.gov.cn/zhengce/2021-07/11/content_5624201.htm,2021年7月11日。

督群众自治的责任，并以科学合理的治理边界构建政府治理与群众自治间的协调机制。另外，要利用数字化解决基层自治面临的信息阻碍，搭建基层管理服务平台，实现国家宏观治理与基层微观治理目标间的和谐统一。

第四章　营商环境建设的内容逻辑

　　优化营商环境本质是"造环境"的过程,过去我们利用各类优惠政策吸引企业入驻,虽然也降低了企业成本,但受政府行政体制管制、法律缺位、人才缺失、基础设施落后等因素的阻碍,企业"入市"后的生存成为一大难题。21世纪初期,随着世界银行开始组织评估全球营商环境,以及加入WTO使我国投资环境有了标准化的依据,我们才终于开启"造环境"历程。营商环境又并非单维概念,它由一切与经济活动相关的政务、市场、法律、技术等因素交织而成,是多种宏微观因素交互作用而成的有机整体,涵盖企业经营所处的各个层面,其中任何一方都自成一个"环境",各环境又不可能脱离集体自成一派,因为它们服务于同一个目标,即优化市场主体生存空间。我们一直强调营商环境的系统性,但它的系统性实质上也是多层次的,既要整体系统,又要各环境内部的子系统。《中华人民共和国国民经济与社会发展第十三个五年规划纲要》中将营商环境概括为市场环境、政务环境、法律政策环境和人文环境等四大类。[①] 在此基础上,结合时代发展特征和实际治理需要,本书将营商环境分为市场环境、政务环境、法治环境、开放环境、数字环境等五个方面。

一 市场环境

市场环境是各类主体赖以生存的基础环境,在营商环境中占主要地位,市场化是我国优化营商环境的第一原则。市场化意味着政府放松管制,所有的经济活动都在市场经济规律的作用下运行。市场化关键在于破除制约市场发挥作用的各种体制机制障碍。据统计,截至到 2023 年初,我国市场主体已达 1.7 亿户,其中全国登记在册户达 1.14 亿户,约占市场主体总量三分之二。[②] 市场主体增多表明市场企业开办吸引力逐渐增强,个体工商户数量占比偏大说明目前小微企业的生存状态良好,创新创业环境有所改善。

(一) 市场化是营商环境建设的起点与终点

市场化营商环境是指在遵循市场经济规律的基础上,消除各种限制市场作用发挥的体制机制障碍,全面激发市场主体活力所营造的发挥市场在资源配置中起决定性地位的营商环境,市场环

---

① 《中华人民共和国中央人民政府网,中华人民共和国国民经济和社会发展第十三个五年规划纲要》,中国政府网,https://www.gov.cn/xinwen/2016-03/17/content_5054992.htm,2016 年 3 月 17 日。

② 《我国市场主体达 1.7 亿户 其中个体工商户 1.14 亿户约占总量三分之二》,国家市场监督管理总局,https://www.samr.gov.cn/cms_files/filemanager/samr/www/samrnew/xw/mtjj/202302/t20230215_353281.html,2023 年 2 月 15 日。

境优化的核心是处理好政府与市场的关系。市场化可以说是我国营商环境优化的逻辑起点与最终目的,是我国营商环境改革推进进程中的重中之重。首先,市场环境的好坏是反映我国营商环境优化程度以及发展情况的重要指标,是我国营商环境建设和优化的"风向标",无论是过去还是现在,市场环境都被认为是评价一个国家或是地区营商环境发展情况乃至经济发展情况的重要指标,而优化营商环境的最终目的同样是激发市场活力、促进经济社会高质量发展,只有市场主体满意,经济发展才能更上一层楼。其次,市场化营商环境的发展契合我国时代的发展逻辑。我国社会主义市场经济体制经历了从计划调控过渡到市场调控的阶段,尤其是党的十四大之后,市场化改革进程不断加快对市场活力的激发提出更高要求。党的十八届三中全会提出,在市场化体制日趋成熟的基础上,要让市场在资源配置中起决定性作用,更好地发挥政府的作用。[①] 这种"基础性"向"决定性"的转变意味着我国的经济发展模式已经转为市场竞争模式。因此,市场化必须作为营商环境建设的首要任务,才能从根本上顺应时代发展要求。

(二) 政府规制与市场调节共同维护市场运行秩序

1. 营造公平竞争的市场氛围

公平竞争是市场经济的核心,是为各类市场主体,尤其是相对没有竞争优势的中小企业,提供更加平等广阔的生产经营空间,使

---

① 《中华人民共和国中央人民政府网,以有效市场和有为政府推动全国统一大市场建设》,中国政府网,https://www.gov.cn/xinwen/2022-10/20/content_5720050.htm,2022 年 10 月 20 日。

它们能够在良好的竞争秩序和竞争格局中迸发活力的过程。我们营造公平竞争的市场环境主要包括四个方面内容：

第一，完善社会信用监管体系。信用环境与营商环境是相互呼应的两个方面，信用监管是政府与市场关系重塑的重要表现形式。[①] 目前我国的信用法规制度正日益完善。统一社会信用代码制度逐渐完成，并实现了统一社会信用代码全覆盖；"一照一码"登记制度改革不断深入，一站式服务工作机制基本建成，实现部门间信息互认互通；守信联合激励和失信联合惩戒制度、失信约束制度持续完善，有效鼓励企业及个人诚信守约，以不断加大失信惩戒力度降低市场主体失信风险。2021年，"国家企业信用信息公示系统实名认证查询"正式上线，使查询信用信息更加便捷快速。当前，新型监管格局已经逐渐形成，信用监管成为核心内容。发挥信用监管衔接事前、事中、事后全过程监管环节，是规范市场秩序、优化营商环境的重要一步。[②] 从本质上看，信用在很大程度上代表营商环境的优劣。信用监管可以促进资源与要素落到实处，并进一步规范市场秩序。信用监管是贯穿企业全生命周期的综合性监管，起到鞭策企业守法经营、诚信经营的作用。应进一步推动全链条式信用监管体制的构建，不仅要覆盖企业准入到退出，还要覆盖生产流通的各个环节，使"诚信"成为各地营商环境的新"招牌"。

第二，严格落实公平竞争审查制度。该制度通过清除一切阻

---

①　刘波：《积极构建信用监管新格局》，《小康》2023年第12期。

②　《国务院办公厅关于加快推进社会信用体系建设构建以信用为基础的新型监管机制的指导意见》，中国政府网，https://www.gov.cn/zhengce/content/2019-07/16/content_5410120.htm，2019年7月16日。

碍、歧视各类市场主体和市场经营活动参与竞争的政策和法规，为各类市场主体提供公平的政策和制度环境，确保所有市场主体从进入到退出均能遵守相对统一的规则体系。公平竞争审查的对象是行政机关和法律法规授权具有管理公共事务职能的组织，通过规范上述二者的经济规则行为、制约其经济规则权力，使与经济相关的规章、规范性文件等均能依据非限制竞争的标准，从根本上保证制度建设有利于促进合理公正的市场竞争体制的形成。2016年，国务院发布《关于在市场体系建设中建立公平竞争审查制度的意见》，2021年又完成配套制度《公平竞争审查制度实施细则》的制定，标志着该制度正式在我国落地。它规定要对市场准入和退出、商品和要素自由流动、生产经营成本等方面的政策规章起草过程进行审查，列出影响公平竞争的政府行为负面清单，采用政策制定机关自我审查以唤醒政府的方式，确保政策与现行法律法规行政管理模式等高度衔接，同时将保护市场竞争作为政策目标之一。该制度从本质上讲是政府与市场职能的又一次厘清，政府通过内部审查清理损害公平的相关文件，使各类市场主体从根本上在公平的制度框架内运行，尤其是对具有先天竞争劣势的民营经济来讲，该制度给它们提供了更多的发展机会。

第三，反对不正当竞争，强化反垄断监管。1993年，我国出台《中华人民共和国反不正当竞争法》以鼓励和保护公平竞争，要求一切市场主体必须遵守法律和商业道德，不得做出任何扰乱市场竞争秩序的不良行为[1]，2017年，相关部门对其进行了新一次修

---

[1]　《中华人民共和国反不正当竞争法》，中国政府网，https://www.gov.cn/ban-shi/2005-08/31/content_68766.htm，2005年8月31日。

订,进一步厘清了国家和地方在反对不正当竞争上的职责范围,并强调引入行业组织树立自律意识来规范市场竞争。[①] 该部法律的出台使市场竞争机制更好地发挥作用,进一步巩固了市场的资源配置权,让各类市场主体在法律的支持下扩大了自主经营的空间。另一个促进公平竞争的主线是反垄断。垄断是社会主义市场经济的大敌,与社会主义市场经济核心本质极其相悖,严重遏制公平性市场竞争格局的形成。反垄断是以防止竞争不足为出发点,尽可能保护所有市场主体均可参与竞争的合法权利。我国的反垄断一般包括两个方向,一是以市场主体为对象,坚决打击垄断行为;二是以行政主体为对象,坚决防止不当反垄断行政执法行为出现。2007 年和 2022 年,我国分别发布和重新修订《中华人民共和国反垄断法》。新修订的《反垄断法》强调必须按市场化、法治化原则提升市场竞争规则与社会主义市场经济的契合度,同时强调必须完善反垄断规则制度,提高执法的规范性,进而提高反垄断执法效能。[②] 可以看出,《反垄断法》不断主动迎合高质量发展阶段的经济发展要求,并且与优化营商环境的基本原则相适应,它以法律的形式要求市场主体不可独揽资源与要素配置,不得限制其他主体参与竞争,从而促进资源和要素在更大空间内自主有序流动,提升市场活跃度。这正是当前营商环境建设的本质所在,更是市场经济的核心追求。

---

① 《中华人民共和国反不正当竞争法》,中国政府网,https://www.gov.cn/xin-wen/2017-11/05/content_5237325.htm,2017 年 11 月 5 日。

② 《中华人民共和国反垄断法》,国家市场监督管理总局,https://www.samr.gov.cn/zw/zfxxgk/fdzdgknr/fgs/art/2023/art_f0fae9eb3a684fc39e84d89eabfc2caa.html,2022 年 6 月 24 日。

第四,规范平台经济的不正当价格行为。《反垄断法》明确规定平台经济中"经营者不得利用数据和算法、技术、资本优势以及平台规则等从事本法禁止的垄断行为"。[①] 平台经济作为一种新的经济业态,它基于大数据、云计算、人工智能算法等新技术降低交易成本,进一步畅通资源跨区域配置和流通,加速国内统一大市场形成。但同时也正是由于它的"快"导致了监管滞后。与实体经济不同的是,平台经济存在较大的虚拟性,在"看不见摸不着"的情况下,监管难度自然上升。因此,许多扰乱市场秩序的行为出现,譬如"二选一"垄断、以"价格战"排除竞争、企业社会责任感低等。最常见的就是虚构划线价格、虚标原价、虚构库存、不履行价格承诺等,以及"大数据"杀熟行为等,这些行为均涉嫌构成价格欺诈。[②] 尽管目前已经出台《中华人民共和国价格法》《国家发展改革委等部门关于推动平台经济规范健康持续发展的若干意见》《明码标价和禁止价格欺诈规定》等相关法规规章,但《价格法》由于修订时间过早已不再适合目前经济发展的需要,而其他相关法规规章也难以对平台经济的价格行为"全照顾到",因此对于平台经济扰乱公平性市场竞争的监管必须进一步完善,让平台经济成为促进有效市场竞争格局形成的媒介,而非是新型垄断、欺诈的载体。

2. 持续优化消费环境

消费环境也是营商环境。消费的源头和根本是需求,以内需

---

① 《中华人民共和国反垄断法》,国家市场监督管理总局,https://www.samr.gov.cn/zw/zfxxgk/fdzdgknr/fgs/art/2023/art_f0fae9eb3a684fc39e84d89eabfc2caa.html,2022 年 6 月 24 日。

② 陈兵:《治理平台经济领域价格欺诈行为需多措并举》,第一财经,https://www.yicai.com/news/101090801.html,2021 年 6 月 23 日。

为主导是发展大国经济的重要标志,因此拉动内需成为促进国内消费的根本方式。国家拉动内需的方式主要包括增加居民收入、扩大社会保障体系、产品和服务创新等。2023 年,国家发展改革委发布《关于恢复和扩大消费的措施》,从六个方面、二十项措施提出目前刺激消费的关键所在。可以看出该《措施》立足畅通国民经济循环,致力于从助企纾困、保障就业、破除消费壁垒、优化商业基础设施、维护民众基本权益等多方面刺激消费回春。消费也是投资的重要依据,一个地区的消费能力升高必然引起市场主体数量与类型的增多,而消费的配套保障越完善,越能促进地区新型消费结构生成,更加提升办企吸引力,企业数量增多本身就是营商环境向好发展的一大标志,而营商环境的转型升级又可进一步推动新的消费需求产生,所以说优化营商环境必然要优化消费环境。

消费的另一端是供给,优化供给既是优化消费的基础,也是刺激供给方提升自身创新生产能力的重要举措。2022 年发布的《扩大内需战略规划纲要(2022—2035 年)》中明确提出"不断提升国内供给质量水平,着力释放国内市场需求,促进形成强大国内市场"。① 现实情况是我国的供给结构与需求结构之间存在"错位"情况,供给侧体现出较大的产能过剩、债务累积、成本上升的问题。2018 年以后,我国开始进入更深层次的供给侧结构性改革,通过市场化、法治化等手段激发市场主体活力、优化产业链、构建新的产业布局。面对新发展阶段的挑战和机遇,应进一步深度融合扩

---

① 《中共中央 国务院印发〈扩大内需战略规划纲要(2022—2035 年)〉》,中国政府网,https://www.gov.cn/zhengce/2022-12/14/content_5732067.htm,2022 年 12 月 14 日。

大内需与供给侧结构性改革。从供给方来看,要以需求为基础营造良好的发展预期,从不断扩大的消费规模和不断变化的消费布局催生更加优质的供给链条;从需求方来看,要以高质量的产品和服务增强消费信心,满足消费预期,进而扩大市场经济发展动力。另外,配套措施健全也是优化消费环境的重要一环,从供给到消费要经历交换、流通等诸多环节,因此必须要健全中间环节的法律制度保障、基础设施保障、人力资源保障等才能为消费提供健全的载体,以畅通消费流程。

消费说到底其发起者是"人",外在环境的优化刺激消费规模增长,但未必能保障消费的质量,这里的"质量"指的是遵从自身的消费意愿产生消费行为,以及消费全程的被保护力度。当消费者受尊重且其权益被维护时,不断提升的消费意愿、消费体验以及消费获得感正是消费质量的重要表现。我国一直致力于从多角度维护消费者的合法权益,例如出台《中华人民共和国消费者权益保护法》《产品质量法》《网络购买商品七日无理由退货暂行办法》等。甚至与供给、消费、经济健康发展等相关的法规措施,其源头都是令一切经济行为更好地服务于"人",因此消费环境在很大程度上取决于对消费者权益的保护,由于消费环境由众多的利企利民政策、制度、措施集合而成,因此本质相同、内容融合必然使得优化消费环境能带动营商环境的升级,而且必然是营商环境中不可被忽略的重要组成部分。

3. 持续打造新型创新创业环境

良好的创新创业环境是激发社会创造力和壮大社会主义市场经济的重要议题,也是当前优化营商环境的重点内容之一。根据

国家统计局官方数据显示,2020 年我国创新环境指数值为 266.3,
2021 年该指数上升至 296.2,而 2015 年该指数才仅仅达到
174.5[①],这表明我国创新环境处于快速优化阶段。创新和创业是
激发社会创造力的"一体两面",一方面要靠创新引领社会全面升
级,另一方面创业是创新成果的展示平台之一,并作为一个基本载
体推动创新成果更新换代。"如何保护创新?"和"如何鼓励创业?"
是必须要优先思考的两个基本问题。

第一,"如何保护创新?从近年国家大政方针、政府重点工程以
及社会普遍关注中可以得出"保护知识产权就是保护创新"的基本
结论。在具体实践中,我国逐渐完善知识产权保护"链条",一是不
断完善法律法规体系,强化知识产权保护的法治化水平。知识产权
法律体系包括专利法、商标法、著作法、地理标志、集成电路布图设
计等多个方面,我国不断进行上述法律的修订,形成知识产权保护
法律政策数据库,为创新创造提供基础法律保障。同时我国还修订
了《商标侵权判断标准》《国家知识产权局关于发布第一批知识产权
行政执法指导案例的通知》《关于强化知识产权保护的意见》《最高
人民检察院 国家知识产权局关于强化知识产权协同保护的意见》
《重大专利侵权纠纷行政裁决办法》等多部有关知识产权保护的具
体实施办法,不断强化知识产权保护的法治化水平,一系列法律法
规为权利人维护自身权益、挖掘潜在创造力提供了坚实的法律支
撑和保障。二是优化知识产权公共服务。知识产权公共服务是指
以公共服务机构和基础设施为载体,以优化知识产权创造、运用、

①　《2021 年中国创新指数为 264.6》,国家统计局,http://www.stats.gov.cn/sj/
zxfb/202302/t20230203_1901640.html,2022 年 10 月 28 日。

保护和管理"全链条"公共服务供给为目标的一项活动,其目的是激发产权创造活力、提高产权运用质量、提升产权运用效益。打造良好的知识产权公共服务体系是优化创新环境、建成富有创造活力的营商环境的必然要求。[1] 目前,我国的知识产权公共服务体系已经基本建成。截至 2021 年底,我国的省级知识产权公共服务机构覆盖率达到 100%,地市级综合性知识产权公共服务机构覆盖率达到 33%,遴选认定 80 家高校国家知识产权信息服务中心,建设 101 家技术与创新支持中心(TISC),备案首批 88 家国家知识产权信息公共服务网点,知识产权服务事项网上可办率超过 90%。[2] 公共服务的优化一方面以权利人为专门服务对象,不断提高创新创造的幸福感和获得感;另一方面数据互通共享使得知识产权办事流程简化,服务效能提高,为权利人将精力集中于创新创造提供了充足条件。三是创新知识产权转移转化体制机制。强化知识产权转移转化是发挥产权效能的根本所在,我国正处于由知识产权引进大国向知识产权创造大国转变的关键时期,必须清除体制机制障碍,才能提高知识产权的转化"意愿"。我们已经意识到必须要着重思考知识产权权益分配问题,才能给予创新主体更大的鼓励。一方面要赋予单位或个人一定的知识产权自主处置权,使其在更大的权力框架内释放创新创造活力,提升产权转化的自主性,使创新创造发挥出更大的有益于社会发展的实效。另一

---

[1] 《国家知识产权局关于印发知识产权公共服务"十四五"规划的通知》,国家知识产权局,https://www.cnipa.gov.cn/art/2022/1/7/art_75_172687.html,2022 年 1 月 7 日。

[2] 《2022 年中国知识产权发展状况评价报告》,国家知识产权局,https://www.cnipa.gov.cn/art/2022/12/28/art_88_181042.html,2022 年 12 月 28 日。

方面,还要完善知识产权转化收益分配机制,对于单位、团队或协作主体间共有的知识产权,科学清晰的收益分配规则有利于在权利人之间形成有效分工,畅通合作渠道,提高创新创造合力。尽管我国知识产权权益分配机制改革还处于初步探索阶段,但随着社会对新技术、新产品、新服务等需求升级,以及创新主体和市场主体等的不断增多,完善的知识产权权益分配已成必然追求。

第二,如何鼓励创业? 2014 年以后,我国掀起"大众创新,万众创业"的热潮,"创业"环境好是营商环境好的一个基本标志,从前文我国的个体工商户数量急剧上升便可以看出目前市场具备较好的创业机会与条件。为鼓励创业,除不断完善支持创业的制度顶层设计、不断降低企业的制度性交易成本以及提供优质的就业创业服务外,还有两个方面也十分重要。一是不断加大创业补贴力度。例如 2021 年国家发布的《关于进一步支持大学生创新创业的指导意见》中明确指出"加强对大学生创新创业的财税扶持和金融政策支持",以缓解创业"融资难"问题。[1] 我国还出台专门的《"大众创业 万众创新"税费优惠政策指》,通过"普惠式税收优惠＋特殊税费优惠",对创业初期符合条件的不同类型创业者实施免税减税政策,同时根据企业不同的发展阶段动态调整税费优惠,帮助企业转型升级。[2] 另外,譬如提供一次性补贴、创业担保贷款

---

[1]　《国务院办公厅关于进一步支持大学生创新创业的指导意见》,中国政府网,https://www.gov.cn/zhengce/content/2021-10/12/content_5642037.htm,2021 年 10 月 12 日。

[2]　《"大众创业 万众创新"税费优惠政策指引汇编》,中国政府网,https://www.gov.cn/xinwen/2021-07/30/5628406/files/cd59dea0c81147a0b6867edd8ec6dd13.pdf,2021 年 7 月 30 日。

等政策也为创业者缓解了初期的资金紧张等问题,使得企业开办压力进一步降低。二是建立风险救助机制。大学生是创业主力军,其正处于校园与社会衔接的关键时期,较为"稚嫩"的市场主体意识以及较为缺乏的创业立业经验使得大学生就业往往面临着更多的"未知",加之近年来大学生的创业意愿不断攀升,因此建立就业风险救助机制十分必要。目前,相应的救助机制仍在探索之中,但从各地推出的政策可以看出,"救助"大致分为三个方面:第一,构建完善的预警机制以监测企业发展动态,预知失败风险,提前预警企业发展可能面临的困境,助企纾困;第二,完善失业救助制度。一方面通过资金救助帮助创业失败者度过艰难的过渡期,另一方面完善心理健康服务体系,帮助创业失败者心理咨询服务,以减少创业失败带来的不良情绪。第三,完善"再就业""再创业"帮扶制度。除一定的资金、政策帮扶外,还通过强化就业创业培训,帮助"再创业者"确立经营管理目标,提升其感知风险以及化解风险的能力。

二　法治环境

"法治是最好的营商环境"是习近平总书记关于打造一流营商环境的重要论述。"奉法者强则国强,奉法者弱则国弱",我们最终要建立一个高水平的社会主义法治国家。法治作为治国理政的基本方式,追求的不仅是"法律健全",它更是构建出国家治理的外围框架,在营商环境话语体系中,它牢牢将实现市场化、国际化、数字化等目标均纳入到法治轨道,只有全方位的"依法而治"才是法治的真谛所在。沿着"科学立法、严格执法、公正司法、全民守法"的法治主线,我国的营商环境逐渐向一流水平迈进。

(一) 政府与市场行为平等受法治约束和保护

法治建设为市场主体投资和生产经营活动提供稳定、公正、可预期的制度安排,其目的在于利用相对强硬的法治手段保障、规范社会资源的配置情况,依法规范市场主体和政府行为,对违法经营的市场主体予以惩治,切实保障市场主体的合法权益。"法治"是现代国家竞争力的重要因素之一,是良好营商环境的基本特征和重要遵循。法治营商环境旨在用法治的思维去规范、调整政府及市场主体等的行为。宏观层面上,政府对经济进行宏观调控必须在法治框架内;中观层面上,市场对资源进行配置,要在法治轨道上运行;微观层面上,市场主体生产经营、互相竞争也要受到法治监管。法治的第一个作用是约束政府,即要求政府对经济活动不能作过多干预。政府在市场中担任监管角色,但政府并不对自身行为进行监管。如果政府行为不受约束,肆意干涉市场主体的交易,市场秩序无从谈起,政府和企业的界限模糊不清,市场经济的基础也不复存在。法治的第二个作用是约束市场主体的行为,也就是要发挥政府的平等保护和市场监管的作用。具体来说,政府要在不直接干预经济的前提下,加强对市场主体的保护以及对市场主体破坏市场秩序的行为进行规制,正如前文所述,要对市场主体的产权进行保护、对垄断和不正当竞争行为进行规制等。通过法治化营商环境建设也可以使政府、企业、劳动者和投资人等各类市场主体明确相互之间的法律关系,遵循法治经济的价值追求,各守其职和各得其所。只有在良好的法治条件下,才能促使市场经济的潜能有效发挥。

（二）全流程优化立法、司法、执法、守法环节

1. 营商环境立法"大而全""小而精"

党的十九大以后,我国的营商环境建设正式进入高潮。"营商环境"成为各项社会事业改革发展的"主轴",尤其是"十四五"期间,几乎所有"建设规划"中均离不开"营商环境"这一关键词。"有法可依"是营商环境法治化的根基,从法律构成来看,我国目前已经形成以《优化营商环境条例》为核心,以各部门制定的相关领域单行法规政策、各地区出台的配套法规政策为支撑的营商环境法律体系。

第一,营商环境立法的"大而全"。"大而全"可从两个层面来理解:一是国家和地方层面的宏观性营商环境建设与优化法规条例。体现在围绕《优化营商环境条例》,各地方政府相继出台地方性《优化营商环境条例》和《营商环境建设行动方案》,如《北京市全面优化营商环境助力企业高质量发展实施方案》《上海市加强集成创新持续优化营商环境行动方案》等;以及各政府部门按照本部门工作职责和权限范围出台特定领域的营商环境建设优化的统领性办法,例如《中华人民共和国外商投资法》及《中华人民共和国外商投资法实施条例》,《中华人民共和国安全生产法》《中华人民共和国技术进出口管理条例》等,此类法律法规为国家及地方两级营商环境优化提供了根本方向。二是根据营商环境建设需要,为相关改革提供具备法律效力的纲领性文件。如《国务院办公厅关于深

化商事制度改革 进一步为企业松绑减负激发企业活力的通知》《国务院关于深化"证照分离"改革 进一步激发市场主体发展活力的通知》《国务院办公厅关于加快推进电子证照扩大应用领域和全国互通互认的意见》等，目前类似的文件层出不穷，为全方位打造一流营商环境提供了具体指导。

第二，营商环境立法"小而精"。所谓"小而精"是指立法的精细化程度逐渐提高。立足"小切口"是提高立法针对性和实效性的基本原则，如各地普遍根据地方实际制定出台的"一网通办"工作方案、"一件事一次办"实施方案、地方企业权益保护条例等，以及根据自身特色出台的有利于优化营商环境的相关法规规章，如安徽省出台的《滁州市乡村旅游促进条例》、贵州省出台的《松桃苗族自治县医药发展条例》、甘肃省将《兰州牛肉拉面产业发展条例》纳入到 2023 年立法计划中等，此类"小"立法，使得地方发挥自身优势有制度根基和法治保障，进一步提升了营商环境的法治化，同时也有利于地方形成特色产业优势，以加速市场经济壮大和升级。

2. 营商环境实现规范执法与创新监管的有机结合

执法是行政机关的基本职能，严格规范文明执法是打造法治政府的基本要求，创新监管方式是为各类市场主体依法有序参与市场竞争、扩大其自主发展空间的基本手段。目前我国的行政执法体系要求执法尺度与温度并存，因而，监管制度与手段持续创新。

第一，不断完善依法执法的制度顶层设计。一是严格落实行政执法"三项制度"，即"行政执法公示制度""执法全过程记录制度""重大执法决定法制审核制度"，作为规范行政执法的基础制度。通过加强对行政执法事前事中事后的全程监督管理,提高执法效能。二是严格落实行政处罚制度。新修订的《中华人民共和国行政处罚法》要求执法人员必须持有行政执法资格,实质是对行政执法能力提出新的要求。该法还要求行政处罚必须处罚有度、宽严并济,为此出台《国务院办公厅关于进一步规范行政裁量权基准制定和管理工作的意见》,为执法机关设定一定的执法弹性权限,细化和量化裁量幅度,为适度、精准、公平执法提供根本依据,降低"首次违法""轻微违法""非故意违法"等对企业产生的负面影响。我国还一直坚持以问题为导向提升依法执法、规范执法水平,不断完善涉企行政执法监督及检查备案管理制度、行政执法人员资格管理制度等,最大限度提高执法的专业性,减少执法行为对企业正常生产经营活动造成的影响。

第二,建立并完善统一的市场监管体制。随着我国的超大规模市场形成,市场监管的复杂程度持续上升。如前文所述,我们已经初步建立起以信用监管为基础的新型监管机制,并坚持不断深入推进"双随机、一公开"监管方式以及不断加强重点领域监管。接下来,必须推动监管升级才能适应新的经济发展格局。一方面要继续构建综合监管体系。"综合监管"是近年各级政府创新市场监管模式的一项重点任务,它缓解了之前各监管主体间的职责界定模糊、交叉监管频发、部分领域存在监管空白等问题,使各监管主体打好"配合战",避免监管不到位、监管资源浪费等问题再度发生,大幅提高了监管质效。2023年,我国发布《国务院办公厅关于深入推进跨部门综合监管的指导意见》,进一步夯实了综合监管改革的制度根基。综合监管打破了跨区域、跨部门协同监管的体制机制障碍,简化了监管流程、提升了监管效率。从营商环境或经济发展的角度来看,便捷的跨域监管极大地促进了资源要素的跨区域流动,进而加速了全国统一大市场的形成,本质上它已经是打造一流营商环境不可或缺的重要内容。另一方面要持续深化数字化监管。借助大数据连通"信息孤岛",打破数据时空壁垒,推动跨区域、跨部门协同监管,进而建立健全统一的市场监管体制的重要手段。通过数据、信息的归集共享和有效利用,提高监管效率,发现市场经济的隐蔽问题,以及最大限度集中民意、汇集民生关注热点,为营商环境改革提供实际性引领。2021年我国建立"平台经济数字化监管系统",通过数据溯源、追踪进一步遏制平台经济中的"二选一"垄断、"大数据杀熟""虚设价格"等多类扰乱市场秩序的行为,进一步净化了平台经济内部的生态。尽管"数字化监管"与"平台经济"之间具有"天生"的同质性,即二者均依靠网络便可实现,但其深度融合仍表明扩大数字化监管范围对规范经济秩序具有极大的助益,为此,应进一步将数字化监管与实体经济相结合,建立起覆盖生产、交换、分配、消费等各环节的完整的数字化监管体系,促进企业依法合规经营,提高监管效率,降低监管成本,提高市场经济的法治化水平。

3. 以公正司法维护营商环境公平稳定

司法作为维护社会公平正义的重要担当,具有平等保护市场主体、维护市场公平的重要作用。2020年国家发布的《最高人民法院 国家发展和改革委员会关于为新时代加快完善社会主义市场经济体制提供司法服务和保障的意见》强调从优化司法服务角度为市场主体营造公平正义的生存环境和竞争有序的市场体系,进一步激发微观市场主体活力。① 围绕上述《意见》，我国营商环境司法效能日益上升。

第一，维护社会大局稳定。稳定的核心是公平正义，司法机关必须依法全面打击各类违法犯罪行为，一方面以坚定维护国家政治安全为根本贯彻落实国家总体安全观，创造安全、稳定的发展大环境；另一方面防范化解各项社会风险，将司法服务延伸至金融、证券、保险等社会治理各方面，为经济高质量发展提供法治保障。社会稳定是发展的基本前提，它既为营商环境优化提供基底，又是营商环境的重要组成部分，必须将维护社会大局稳定放在一切行动的首位。

第二，营造公平有序的市场经济秩序。良好的市场秩序离不开守约意识和公开透明的市场规则。作为法治主体，司法机关不断强化市场主体的契约精神、规则意识和警示力度，通过加大对恶意扰乱市场秩序的违法违规行为的处罚力度，遏制市场上的违约失信、逃债垄断、侵权盗版等不良风气。另外，法院等部门还建立了多元涉企纠纷化解机制，最大限度地维护了企业和经营者的合法权益。以持续推进企业纠纷诉源治理为代表，2021 年，最高人民法院发布《关于深化人民法院一站式多元解纷机制建设推动矛盾纠纷源头化解的实施意见》，其中对诉源治理的实践路径提供了具体指导，坚持从源头上化解纠纷，调和相关利益和冲突，进而降低了诉讼增量。这种矛盾纠纷化解方式不仅保证了事件处理的公

---

① 《最高人民法院 国家发展和改革委员会 关于为新时代加快完善社会主义市场经济体制提供司法服务和保障的意见》，中国法院网，https://www.chinacourt.org/law/detail/2020/07/id/150185.shtml，2020 年 7 月 22 日。

正性,同时也降低了纠纷各方的利益损耗,并且在一定程度上还节省了司法资源,避免事件进入诉讼程序。

第三,大力提升司法办案质效,强化司法服务保障。一方面严格落实"繁简分流"制度,通过推行"简案快审,繁案精审",提高司法效率,在诉讼成本和诉讼效益间实现平衡,"简案快审"从低成本、高效益角度维护诉讼双方正当权益,"繁案精审"将更多精力置于较为复杂的案件上,优化司法资源配置,有助于办案机关依法周全审案,提高办案的严密性和法理性,提升案件审理的权威性和公信力。另一方面,加强审判管理。构建"一体化"审判管理模式,法院各部门工作人员均为审判主体,并发挥自身职能优势形成审判合力,同时着力提升一审服判息诉率。将审判职能向外不断延伸至社会治理,尤其是营商环境建设、弱势群体保护等方面。另外,近年全国上下大力开展损害营商环境深层次专项整治活动,剔除了隐藏在营商环境建设背后的贪污腐败,不作为、乱作为,执法"一刀切"等问题,净化了司法队伍的不正之风,司法质效不断提高。

第四,深化"府院联动"机制。"府院联动"是将行政机关的组织优势和法院的专业优势深度融合为一体,在行政与司法间形成良性互动的工作模式,以强大的治理合力促进市场公平,维护市场主体权益。"府院联动"的典型作用之一是能够协同化解行政争议。由于争议的双方中一方是政府、一方是企业,因此通过府院联动化解二者间的争议纠纷不仅能进一步提升政府公信力,还能从司法保护的角度维护企业合法权益,进而达到优化营商环境的作用。另外,"府院联动"也是当前提高破产审判质效的新机制。破产审判包括处理破产清算、债务清偿、财产分配、企业挽救等破产法问题,也包括由于企业破产而导致的职工救助、注销工商登记等一系列需要政府和社会参与处理的社会协调问题,"府院联动"将破产审判过程的一系列问题串联成线,通过政府与法院之间的协调配合降低企业破产成本,提高审判效率,并且还能够降低破产衍生问题对社会造成的种种危害。从这一点看,破产审判中的"府院联动"机制为企业退出时的"善后"问题提供了保障,对经营者来说也是增强其办企信心的重要方面。

4. 多维普法助力法治化营商环境建设

普法是依法治国的一项基础性和长期性任务。依法治国,普法先行,只有全民法治素质提升,才能形成良好的知法懂法守法氛围,进而有效减少违法乱纪行为产生,打造优质的营商环境。营商环境普法在我国"八五"普法计划框架下进行。

第一,全面落实"谁执法谁普法"的普法责任制。2017年,国家印发《关于实行国家机关"谁执法谁普法"普法责任制的意见》,明确指出"把法治宣传教育融入法治实践全过程,在法治实践中加强法治宣传教育"[1],"谁执法谁普法"就是把普法工作落地落实,发挥执法机关对相关法律条款解读精准的优势,将普法工作寓于执法过程,使企业或其他市场主体在接受执法调查的过程中弥补自身法律知识欠缺的问题,进而提升后续依法诚信经营意识。

第二,坚持普法宣传"进企业"。我们最终要实现法治经济,那么企业作为经济实体,对其进行法律宣传教育必然是打造法治化

---

[1]　《中共中央办公厅　国务院办公厅印发〈关于实行国家机关"谁执法谁普法"普法责任制的意见〉》,中国政府网,https://www.gov.cn/zhengce/2017-05/17/content_5194741.htm,2017年5月17日。

营商环境的重要内容之一。从目前"送法进企业"的具体实践来看,对企普法主要分为两方面内容:首先,以《中华人民共和国宪法》《中华人民共和国民法典》为主体,以《优化营商环境条例》《中华人民共和国合同法》《中华人民共和国安全生产法》《中华人民共和国职业病防治法》等与企业自身发展息息相关的法律法规为补充,不断丰富企业普法内容,使企业从根本上守法经营,依法保护企业员工合法权益。其次,为民营企业开展"法治体检"工作。各地行政司法机关协同律师协会等组织组建起专门的"律师服务团队",通过对民营企业展开"一对一法治体检"工作来全面掌握企业依法经营状况,帮助企业处理劳资矛盾、优化内部治理结构、提升风险化解能力,促进企业的高质量发展。同时,组织律师、基层法律服务工作者等为乡村企业进行"法治体检",聚焦农业农村重点产业项目,提高乡村企业依法经营意识,优化乡村营商环境。

第三,依托"乡村法律明白人工程",着力提升乡村治理法治化水平。2021 年,中央宣传部联合司法部在内的六个部门联合发布《乡村"法律明白人"培养工作规范(试行)》,通过在乡村遴选"法律明白人",提高基层干部运用法治思维和法治方式进行乡村治理的能力,夯实乡村法治宣传队伍建设。① 乡村"法律明白人"实质上就是一支群众身边的普法队伍,将宏观性法律法规送到基层,既将普法工作延伸至基层末端,又运用法治手段解决了群众的"急难愁

---

① 中央宣传部 司法部 民政部 农业农村部 国家乡村振兴局 全国普法办公室印发《乡村"法律明白人"培养工作规范(试行)》,中华人民共和国司法部,http://www.moj.gov.cn/pub/sfbgw/gwxw/xwyw/202111/t20211118_441867.html,2021 年 11 月 19 日。

盼"问题。乡村"法律明白人"工程使乡村的营商环境普法工作有了相对成熟的载体和媒介,既降低了乡村基层的普法成本,又使乡村相关企业可以更好地守法经营,并从源头上更加向全国统一大市场靠近。

第四,创新普法方式手段。我国人口基数之大使得全民普法并不容易,因此必须不断创新普法方式,将法律法规最大限度送到民众"眼前"。目前,我国已经建成国家层面的智慧普法平台,截至到 2022 年 2 月,该平台已经入驻 6000 多家新媒体,组成了一支全新的在线普法队伍。① 另外,各地区根据自身特色也不断开拓新的普法阵地和普法形式。2023 年 3 月,第三批"全国普法依法治理创新案例"发布,地方积极根据当地文化特色、风俗习惯、地理区位等打造普法与法治品牌,如云南打造"边疆法治文化长廊"普法品牌,福建省打造覆盖全省的"蒲公英"法治品牌,江苏南通创建乡村法治文化建设"三强三画"模式等。② 这些新普法手段使群众的法治意识日益上升,也为营商环境普法提供了新的平台。

三　政务环境

政务环境形成的基础是政府权力的运行,包括权力发挥作用的范围和权力运行是否依据合理的规则。市场经济体制中,权力

---

① 《全民普法让法治成为社会共识》,法治网,http://www.legaldaily.com.cn/index/content/2022-02/10/content_8670928.htm,2022 年 2 月 10 日。

② 《第三批"全国普法依法治理创新案例"摘登》,法制网,http://epaper.legaldaily.com.cn/fzrb/content/20230427/Articel06002GN.htm? spm＝zm1012-001.0.0.1.NLXuu0,2023 年 4 月 27 日。

对经济的干预越小、权力运行规则越清晰，则政府办事效能越高，市场主体的获得感也会愈加升高，也就代表着政务环境的不断优化。政务环境作为营商环境的重要组成部分，既是政府与市场间互动关系的缩影，也是政府服务市场经济发展的自我革命过程。政务环境的优化本质是"权力"优化，包括权力大小和运行机制两个方面，它是市场经济规律和政府有限自觉共同作用的产物，当政府自觉由"无限"逐渐向"有限"靠近，政务环境将更加便利高效，市场的自由度更大，各类市场主体的自主生存空间必然扩大，由此，便会达到优质营商环境建设的核心目标。

（一）政务环境优化与营商环境优化具有内在一致性

2016 年发布的《中华人民共和国国民经济与社会发展第十三个五年规划纲要》[①]第五十章提出要营造高效廉洁的政务环境，此外还提出市场环境、法律政策环境和人文环境等概念。简单来说，政务营商环境作为其中的一大要素，指的是制约企业达到其最高生产率的政府服务能力及水平的总和。[②] 政府是营商环境建设与优化的中坚力量，政务环境是营商环境中饱受企业诟病的环节，也被认为是营商环境这一复杂的体系中不可或缺的一大重要元素，是其他各类营商环境得以发展的基础和前提。营商环境涉及企业从设立、运营到退出的方方面面，而这些方面都或多或少地与政府

---

① 《中华人民共和国国民经济和社会发展第十三个五年规划纲要》，中国政府网，https://www.gov.cn/xinwen/2016-03/17/content_5054992.htm，2016 年 3 月 17 日。

② 彭向刚，马冉：《政务营商环境优化及其评价指标体系构建》，《学术研究》2018 第 11 期。

有着一定关联。优化营商环境要求政府认识到自身的局限性,将市场能做好的事情交回市场手中,让市场发挥配置资源的决定性作用,而这正是政务营商环境优化的主要工作内容。另外,优化营商环境是为了在严峻的经济形势下,保持地方经济的合理增长,维持地方经济稳定,在转型期实现经济的平稳健康过渡,进而维持国家和社会的整体稳定。这与通过政务服务优化来引导地方经济转型和产业优化,促进经济良性循环,推动市场健康发展的目标同向而行。并且,营商环境要素众多,既包括硬环境,又包括软环境,软环境里又包括市场环境、政务环境、法治环境、政策环境、社会环境、人文环境等诸多要素。作为一个包含众多要素的系统工程,如果完全依靠市场和企业的力量来实现要素之间的优化配置和整合提升需面临众多的障碍和问题。因此,必须适时依靠政府的枢纽作用实现营商环境的有序建设。

(二)秉持"市场主位"推进政府全方位改革

1. 持续推进行政体制和机构改革,优化政府职能

我国政府机构改革在很长一段时间内以经济管理部门的合并、撤销为主,后又逐渐扩展至社会管理和公共服务等非经济管理部门。2018年以后,围绕《中共中央关于深化党和国家机构改革的决定》《党和国家机构改革方案》等宏观性文件,机构改革进入以推进国家治理体系和治理能力现代化为主要目标的政府职能优化阶段。2023年,新的《党和国家机构改革方案》诞生,改革内容更加精细具体,并更注重重点领域改革,这轮改革更加适应建设高水平社会主义市场经济体制的要求,如组建中央金融委员会、深化地

方金融监管体制改革、完善知识产权管理体制等。① 整体上政府体制改革以服务经济社会发展为主,不单是局限于部门数量的增减,而是在于如何优化职能,以及如何理顺众多职能与权力的关系,改革主要分为三个方面:

第一,转变政府职能。一是优化政府内部的组织结构和职责体系。以辽宁省为例,围绕国家机构改革和优化营商环境实际需求,2017—2018 年辽宁省在国内建立首个省级营商环境建设局,作为营商环境建设的牵头单位,承担组织起草营商环境相关地方性法规和省政府规章草案、拟订全省营商环境建设工作规划和年度计划等十一项具体职责,其下设的 16 个部门依据本部门职责权限分工协作向前推进全省营商环境工作。参照省级机构设置,各市、县(市、区)均组建起各自区域内的营商环境职能机构,通过各部门间的协同工作共同推进营商环境向前发展。二是转变行政方式。市场经济体制越成熟,经济运行越依赖经济手段和法治手段的引导和规制,而行政手段必然要退居"幕后",这就要求政府转变行政方式,发挥自身服务保障功能,通过简化行政程序、打造数字政府等手段降低企业办事成本,提高行政效能。政府要自觉向"服务者"身份转变,既要服务经济发展,又要关注自身社会管理、公共服务等治理功能的优化升级,以高效的政府治理体系为市场主体提供全方位的环境供给。

第二,理顺各方关系。营商环境是政府、市场、社会等多方主体协同治理的产物,因此必须在主体之间设定清晰的职责分工才

---

① 《中共中央 国务院印发〈党和国家机构改革方案〉》,中国政府网,https://www.gov.cn/zhengce/2023-03/16/content_5747072.htm,2023 年 3 月 16 日。

能有序推进营商环境建设工作。前文已经提到,政府、市场、社会在营商环境中有其各自的职责和治理手段。由此,厘清政府与市场关系是根本,但更理想的状态是三者间的内部构成关系也同样清晰明确。近年,我国不断深化政企分开、政资分开、政事分开、政社分开改革,赋予各类市场主体更大的资源配置权和自主经营权,赋予各类社会组织和市场组织更大的规制、服务经济发展的权力,聚集更大的市场发展势能,增强了市场经济生命力。虽然目前理顺中央与地方、地方各级政府、政府内各部门关系是共识,但各市场组织和社会组织间的互动关系似乎很少被提及。事实上,任何两个以上主体间的协调配合机制缺失都可能在一定程度上引发市场秩序的混乱,因此必须在理顺关系上付出更多努力,才能发挥出市场经济运转的最大效能。

第三,合理配置人员。人才是第一资源,建立一支精锐高效的人才队伍,才是政府职能优化的关键所在。我国营商环境建设工作的人员配置共包括三个方面要求:一是在人员数量上必须做到精简,避免不必要的人才资源浪费。二是在人员构成上必须协调互补,其中职级结构合理是基础,知识和技术结构合理是关键,只有构建完整且兼具主动性、专业性的工作队伍才能保证营商环境建设各项任务的落实和有效推进。三是注重标准化与信息化建设。包括营商环境建设在内的各项政府工作都必须依照特定的行政规则和标准进行,只有这样才能保证治理和改革目标的顺利实现。而信息化作为当前时代发展最鲜明的特征,以及政府职能优化最紧要的目标,必然也是营商队伍人才缺位问题中最亟须解决的,因此需要从队伍信息化培训和新型信息技术人才引进两个方面优化人员配置问题,从而提高政府权力运作和发挥职能的效率,提高行政体制对营商环境的保障作用。

2. 纵向推进"简政放权"改革深入,为市场经济注入发展势能

"简政放权"是"放管服"改革的第一切入点,是厘清政府与市场关系的"第一抓手",是打造市场化营商环境的基本手段。所谓"简政",顾名思义是简化行政程序,是提高政府办事效率的前提;所谓"放权",是通过合理布局权力结构,发挥出更大的行政效能。"简政"与"放权"分别是政府权力横向还权于市场、纵向放权于下级行政部门的两个过程,其一方面契合市场经济本质需求,一方面将市场主体办事的端口前移,使办理事项尽快进入行政程序,压缩了办事时间和步骤,节约了企业办事成本。回顾政府改革历程,"简政放权"甚至称得上是改革的代名词。

第一,以取消和下放行政审批事项为主体深化行政审批制度改革。我国行政审批制度的改革大致可以分为以下三个阶段,一是"精兵简政"阶段,二是"流程再造"阶段,三是"为企业松绑"阶段,在这一进化的过程中,我们不断降低行政审批门槛,配合强化事中事后监管以提高市场整体的办企的便利度和包容度,剔除繁杂的行政审批程序,创造公开、透明、简便的办事程序,让企业真正回归于市场,将更多的资源投入到生产经营以及参与市场竞争上,而非过多浪费在繁琐的审批手续上。在具体实践中,将取消和下放行政审批事项与严格控制新设行政审批事项相结合。政府在厘清自身与市场关系的基础上,通过自我审视清除原政府工作中的不合理审批事项,并以政府工作部门权力清单制度为前提,明确各级政府以及各政府部门对应的行政审批职能,将部分审批权下放至下级政府部

门,构建清晰流畅的行政审批"链条",清除审批机制障碍。

第二,取消全部非行政许可行政审批,建立行政许可事项清单管理制度。从行政许可的这一转变可以看出,政府对于市场主体从事何种经营活动的限制逐渐"宽松","市场主位"已经代替"政府主位",市场主体对经营项目的自主选择权越来越大,加之行政审批程序缩减优化,市场主体活跃度自然有所升高。在行政许可事项清单管理制度中,一是要明确哪些事项可以纳入"清单",二是要构建国家、省、市、县四级权责清晰的行政许可事项清单体系。该制度一方面能够扭转政府行政对市场经营活动过分管控的局面,另一方面有利于深化简政放权改革的范围与深度,通过各级政府间的协同配合运作权力,以及逐渐动态化的"清单"构成,对"清单"外的事项实行"非禁即入",全方位提高市场经营的灵活性。2022年《国务院办公厅关于全面实行行政许可事项清单管理的通知》公布了996项行政许可事项,2023年2月,相关部门又对其作出新的调整,表明行政许可清单必须同机构设置与调整、相关法律法规修订、经济社会发展目标等相适应才能发挥出效能,进而满足市场主体发展需要。

第三,推行"证照分离"改革,实现简政放权的转型升级。2015年,我国开始实行"证照分离"试点改革,2018年在全国进行推广。"证照分离"改革实质是减少企业领取营业执照后的行政审批程序,指企业在办理营业执照后,即可从事一般性的经营活动,当需要从事需申请行政许可的经营活动时,再去相关部门办理经营许可即可,"证照"不再严格"捆绑"在一起,且"先照后证"取代改革之前的"先证后照",这不仅减少了审批流程,更为市场主体自主选择经营范围提供了制度保障。同时,随着"电子证照"的应用场景日益丰富,企业办事的时间和流程被进一步压缩,"电子证照"的全国互通互认实现了诸多事项的"跨省通办",为企业节约大笔办事成本的同时,也在很大程度上促进了全国政务一体化的发展,同时,还有力地促进了资源要素的跨域流动,可以说"电子证照"是建立国内统一大市场、促进国内经济循环的一项重要突破,更是优化营商环境的创新之举。

第四,实行经营许可事项备案管理和告知承诺制度。这两项制度伴随"证照分离"改革而生,其中"备案管理"指市场主体无须获得经营许可的行政审批即可开展生产经营,这里可能会产生一个疑问,即"证照分离"改革已经明确表示市场主体在获得营业执照后便可进入一般性的生产经营程序,为何这里的"备案制度"还刻意强调无须办理经营许可即可开展生产经营活动? 原因在于"行政许可审批"和"备案管理"之间是并列关系而非是可以"二选一"的互为替代关系,即只有部分经营活动可实行"备案管理",且几乎全部是"事后备案",简单来说就是涉企经营许可事项清单中的按规定可采用"备案管理"的事项,取得营业执照后即可开展经营,不存在需要申请经营许可的步骤,只要按规定提供备案材料即可,这一制度进一步简化了企业开办程序。"告知承诺制度"在办事程序上依附于行政许可审批,但实质上是一种新型的信用监管制度。它是在企业或个人在申请各类行政审批时,相关部门要向申请人公布通过审批需达到的办理条件以及需要履行的法律责任与义务,办理人需出具书面材料承诺自身符合办理条件并会承担相应的法律责任。依据申请人的承诺,审批部门可按规定减少申请人的审批材料,一旦企业出现违背承诺的行为,则依法纳入失信记录。也就是说"告知承诺制度"是企业诚实守信经营的事前规制手段,同时也通过事中事后监管保证了企业的高质量发展。并且,以一种近乎是"承诺奖励"的材料提交减量的方式提高企业的办事效率,进而激发企业活力。

3. 创新政府服务模式,将政府服务效能转化为市场经济发展动力

改革开放以后,我国由"无限政府"向"有限政府""服务型政府"不断迈进。我们倾向于将建设"服务型政府"视作为一种"进步表现",而实质上这是政府在"回归本位"。计划经济时期,尽管政府全盘操控经济,但不能说政府完全不具备服务性。从治理目标来看,"恢复国民经济",提高人民生活水平,这其实就是政府服务于人民的体现。另外,各项改革举措大力解放和发展生产力,使各类市场主体不断释放发展活力,这是政府服务于市场的体现。只不过在当时的境遇下,"服务"依附于治理过程并蕴藏在治理结果中,不是政府行政的基本特征而已。十六大以后,建设"服务型政府"成为政府转型的重要目标,一方面是因为我国的经济发展已不再过分依赖政府行政,另一方面是市场经济也不允许政府过度操控资源与要素配置。但政府毫无疑问还是社会治理的"总舵手",它对经济的管理从"台前"转到"幕后",负责提供宏观机制和弥补市场失灵以及营造有益于市场主体发展的法治环境、信用环境等方面,此时政府的"服务性"便"浮出水面",且这种"服务性"随着市场经济体制的成熟越发明显,催生了许多新的行政方式。

第一,全面进入"互联网+政务服务"模式变革时代。21世纪初期,我国大力推行"电子政务"改革。2015年以后,随着"'互联

网＋'行动计划"的兴起,以电子政务为实践基础,"互联网＋政务服务"的行政新模式应运而生。"电子政务"将传统的政府事务挪到"计算机"上进行处理,依托强大的数据归集和处理能力,提高政府办事效率,实际上它就是优化政务处理方式的过程。而"互联网＋政务服务"则是一场行政观念和行政方式的"双重"变革,它遵从"用户思维",将服务理念深深嵌入政务处理过程,"用户"可依托特定的网络平台采取线上方式解决自身办事需求,也可通过"网线"与相关部门取得联系以表达诉求和咨询相关事项,让数据与信息的共享和流通代替传统的群众"跑腿",节省办事时间、降低办事成本,一方面维护办事群众和企业的利益,提升办事体验,另一方面突出政府的服务性,提升办事效能。目前,我国已经基本建成各级网络一体化政务服务平台,用户规模增长迅速,截至 2021 年 1 月底,全国平台实名注册用户总数超过 2 亿[1],2021 年底超过 10 亿。[2] "互联网＋政务服务"应用场景也不断丰富,已经被充分运用到公共服务、社会治理、市场监管等领域中,成为地区营商软环境优化的重要标志。

第二,事项"集成化"办理推动政务服务一体化。"集成化"办理是指打破"碎片式"的服务模式,通过各部门业务整合和业务联通减少企业跑腿次数和办事程序,使办事窗口成为"业务枢纽中心",将相互关联的业务集结在一起,以强化窗口的功能性为切入

---

[1] 《2 亿人注册,2 亿次点亮! 国家政务服务平台持续"上新" 用户数再创新高》,新华网,http://www. xinhuanet. com/politics/2021-02/03/c_1127059002. htm,2021 年 2 月 3 日。

[2] 《省级政府和重点城市一体化政务服务能力评估报告(2022)》,中央党校(国家行政学院)电子政务研究中心,http://zwpg. egovernment. gov. cn/xiazai/2022zwpg. pdf,2022 年 9 月 8 日。

点,扩大窗口业务办理范围,即窗口由单一或少量业务办理转向多项业务综合办理,并逐渐实现"一次办结"。"集成化"业务办理覆盖我国实体政务服务与"互联网＋政务服务"两类服务模式中。实体政务服务以各地的政务大厅为基本载体,从数量上看,2017年4月我国县级以上的政务大厅就已经超过3000个,覆盖率高达94.3％。[①] 2021年,全国71％的实体政务大厅引入"政务服务一体机",使企业办事更加透明高效,全年市场主体办成一件事平均跑1.7次,并且有51％的市场主体实现"一件事一次办",有78％的市场主体实现"一小时办结",实体窗口的综合性服务功能日益完善,服务标准化和数字化程度大幅升高,基本设施配备逐渐齐全,企业和群众的获得感切实提升。[②] 实体政务大厅已经成为基本公共服务设施,它将分散的部门服务集中至统一的场所,又将关联的业务统一至特定的窗口,最大限度降低了办事成本,提升了服务效能。"政务服务中心—便民服务中心—便民服务站"三级实体政务服务层级也将进一步扩大"集成化"业务办理的服务对象范围,尤其对基层市场主体来说,公共服务将更加易得,基层的企业生存环境也将进一步健康发展。

与实体政务服务相比,在线政务服务的"集成化"特征更加突出,一方面数字技术使部门间的业务联通更加容易实现,另一方面跨区域、跨层级业务办理的时空障碍和机制障碍得到有效清除。目前,我国已经建成了"省—市—县—乡—村"五级在线政务服务

① 《实体政务大厅是建设人民满意的服务型政府的有力抓手》,中国政府网,https://www.gov.cn/zhengce/2018-01/12/content_5256024.htm,2018年1月12日。

② 徐现祥等:《中国营商环境调查报告(2022)》,社会科学文献出版社,2022年。

平台,依托省级政务服务平台,截至 2021 年底,企业开办"一网通办"实现全覆盖,国家与地方实现 258 万项涉企服务的业务联通,为市场主体提供更加快捷便利的政策查询、生产经营、登记注销、申请审批等服务。① 在全国政务逐渐互联互通的基础上,"跨省通办"的服务范围也更加广泛,例如"电子证照"的互认互通降低企业的制度性交易成本、税费缴纳异地办理降低企业经营风险等,不仅如此,各级一体化政务服务平台中的"跨省通办"服务专区的设立也使各类市场主体的经营事项联通办理更加标准化和程序化,进一步压缩了办事时间。"跨省通办"已经成为打造在线政务服务升级版的重点工程,各地区依据地缘特征、产业关联、人口流向等因素掀起"跨省通办、帮办、代办"的合作热潮,在市场主体登记注册、各类电子证照互认、异地创业就业等方面实现在线"通办",实现区域内外政务服务一体化推进,力求"零跑腿"办结事项。从业务构成来看,"集成式"服务模式并非各个服务项目的简单叠加,而是在业务关联基础上的一次特殊的"简政放权",它剔除了一部分的行政步骤,却能构建起完整的"办事链条",实现以最小的办事成本获得最大的服务效益的目标。业务联通的过程也是政府重新审视自身行政方式和行权范围的过程,从本质上讲是政府在厘清自身与市场关系的同时探索更加高效的服务项目组合的过程,政府的"服务性"更加凸显,而市场将进一步在公开透明、行权有度、办事有序、便利快捷的政务环境中健康运行。

---

①　《省级政府和重点城市一体化政务服务能力评估报告(2022)》,中央党校(国家行政学院)电子政务研究中心,http://zwpg.egovernment.gov.cn/xiazai/2022zwpg.pdf,2022 年 9 月 8 日。

第三，标准化、智能化优化涉企政务服务。营商环境中的政务环境广义上指政府向社会所有成员提供服务的类型和机制，狭义上指专门的有益于市场主体、各类企业自主经营、公平竞争的各项政务服务。2020 年国家发布的《国务院办公厅关于进一步优化营商环境更好服务市场主体的实施意见》将"提升涉企服务质量和效率"作为优化营商环境的一项重要任务，尤其强调要提升涉企服务的数字化水平。① 涉企服务的基础是制度服务和政策服务，只有这两方面都健全才能顺利推进营商环境建设。目前，从中央到地方的营商环境制度、政策体系愈发完善，有关简政放权、登记注销、市场监管、公平竞争、外商投资等一系列措施落地落实使市场主体的投资经营既有制度遵循，又受制度政策保护，不再受机制障碍的影响和压制。

除此以外，"如何优化涉企服务"也逐渐走向制度化和程序化的阶段。在各级政府发布的有关营商环境优化的政策文本中都能看到涉企服务优化的"身影"。2023 年 5 月，广东省还率先发布《广东省"数字政府 2.0"建设全面深化涉企政务服务若干措施》，立足打造涉企全生命周期"服务闭环"，以"全程式"的政务服务为企业发展保驾护航。② 紧随省级部署，深圳市推出 20 条优化涉企服务措施，且在同年 8 月发布《深圳提升涉企政务服务质效，释放

---

① 《国务院办公厅关于进一步优化营商环境更好服务市场主体的实施意见》，中国政府网，https://www.gov.cn/zhengce/content/2020-07/21/content_5528615.htm，2020 年 7 月 21 日。

② 《广东省"数字政府 2.0"建设全面深化涉企政务服务若干措施》，广东省政务服务数据管理局，http://zfsg.gd.gov.cn/zwgk/wjk/content/post_4189013.html，2023 年 5 月 30 日。

营商环境新活力》,将服务提升与市场关切紧密联系在一起,打造更加便民便企的政务服务环境。[①]

可以看出,政务服务与营商环境的联系日益密切,"涉企服务"既内含于整体政务优化中,又率先成为一个独立的服务对象,尽管目前构建专门的涉企服务体系仍处于起步阶段,但足以说明营商政务环境正朝着精准化、实效性的方向迈进。另外,优化涉企服务的重要一环是畅通涉企投诉举报渠道。保护企业投诉举报的合法权益是收集企业有关政务服务、执法司法、行政处罚等意见或建议的基本条件。近年来,以国家"互联网+督查"平台为主体,各省市逐渐完善群众企业投诉举报平台搭建,如河南省成立营商环境投诉举报中心、浙江省搭建线上统一政务咨询投诉举报平台、银川市搭建营商环境投诉举报"直通车"等,一方面降低企业权益受损风险,另一方面以问题为导向促成服务体系的优化升级,同时也是汇集企业群众意见的方式之一,使营商环境更加贴近市场现实需求,从而真正实现惠民利企。

四 数字环境

数字技术飞跃发展打破传统的以农业经济和工业经济为主体的营商模式,越来越多的创新性数字经济新业态为中国的经济发展注入了新动能。数字技术的应用具有无可比拟的经济价值,其一方面有利于丰富市场要素构成,改变原有资源与要素的流通和

---

① 《深圳提升涉企政务服务质效,释放营商环境新活力》,深圳市政务服务数据管理局,http://www.sz.gov.cn/szzsj/gkmlpt/content/10/10805/post_10805582.html#19236,2023年8月28日。

配置机制,进一步加深产业链各环节衔接度,提高资源使用效益;另一方面有利于打破制约经济均衡充分发展的众多壁垒,为解决社会主要矛盾、开拓就业新领域、激活新的消费市场、打造现代化营商环境等提供新路径。2022年,我国数字经济规模已连续10年稳居世界第二位,成为提升国家综合实力的重要支撑,打造高水平的数字营商环境已经成为国家打造有实力、有竞争力的现代化市场经济体制的必要一环。

(一) 数字技术促进社会治理思维和工具的革新

在经历"蒸汽技术革命、电力技术革命、计算机及信息技术革命"后,人类社会顺利进入以物联网、大数据、机器人及人工智能等技术为社会生产方式变革动力的"智能革命"进程,也即开启了第四次工业革命,其最鲜明的特征在于社会生活的各个领域在技术成果的推动下逐渐迈向数字化,数字技术以一种更为深刻的方式重构整个社会。在这一过程中,营商环境治理也越来越依赖于数字技术对企业的赋权功能和对政府的赋能功能。[1] 2020年,习近平总书记在亚太经合组织第二十七次领导人非正式会议上首次提出"数字营商环境"这一概念,强调要"倡导优化数字营商环境,激发市场主体活力,释放数字经济潜力,为亚太经济复苏注入新动力"。[2] 通俗来讲,数字营商环境就是"数字化环境中的营商环境",其既包括数字

---

① 张德淼,李林芳:《营商环境的数字化转型:生成逻辑与实践进路》,《北京行政学院学报》2023年第6期。

② 《习近平在亚太经合组织第二十七次领导人非正式会议上的讲话(全文)》,中国政府网,http://www.gov.cn/xinwen/2020-11/20/content_5563097.htm,2020年11月20日。

领域的法律法规、公共服务、监管政策等软环境,也包括基础设施为主的硬环境。[①] 2023 年 2 月 16 日,"首届中国数字营商环境高峰论坛"在北京召开。国家发改委营商环境发展促进中心主任吴小雁提出"数字化"与营商环境优化是相辅相成的两类事物,一方面数字化促进了信息共享融合的流程再造,促成了"一网通办""异地可办""跨省通办"等实践现实;另一方面数字经济的发展依赖营商环境提供的新业务市场准入、数据要素治理、市场监管等体制机制,依靠"数字+市场"和"数字+法治"激发市场动能、优化法治供给。[②] 数字营商环境实际上是经济治理的一场由内而外的革新,数字技术既提供了新的治理思维和治理工具,又促成了新的经济业态,使数字要素成为市场要素结构的重要组成成分,目前数字产业化和产业数字化的顺利转型构成了数字营商环境的"两大支柱"。

(二) 数字化成为经济社会转型升级的新生力量

1. 数字经济发展"硬基础"和"软环境"同步优化

数字经济核心是降低企业成本,依托"现代信息技术群"突破传统以实体交通运输等为基础的"有形连接"式经济交往,转向基于数据、人工智能、移动互联网、云计算、物联网等先进技术实现交往的"云链接"。[③] 基础设备设施的完备化、智能化是数字经济运

[①] 《数字营商环境》,中国服务贸易指南网,http://tradeinservices. mofcom. gov. cn/article/zhishi/jichuzs/202209/137860. html,2022 年 7 月 25 日。

[②] 《数字赋能营商环境尚需着力做好"三个结合"》,产业营商环境,http://www. chbeo. org. cn/zhuanti/article_view. aspx? id=3645,2023 年 3 月 7 日。

[③] 周伟:《数据赋能:数字营商环境建设的理论逻辑与优化路径》,《求实》2022 年第 4 期。

行的基本载体,依靠信息技术强大的链接功能实现数据的互联互通,进而重组要素资源,塑造新型经济结构。这种以技术手段实现的资源和要素配置并非完全是自发性的,仅依靠市场调节触发的流通机制并不能完全克服数字经济的无形性和虚拟性带来的经济运行隐秘问题,因此需要一系列外部规则的介入,使这种新型的经济业态既在市场经济体制中发育壮大,又在政策引导、制度规范、服务保障等外部环境的支持与激励下成为中国经济增长的引擎,也就是说,数字经济健康平稳运行一方面依赖"硬基础"的承载力不断提升,另一方面又依赖"软环境"保障力度的全方位深化。

第一,通信网络规模全球最大,国家算力网络体系架构成型,互联网经济平台的资源集聚功能日益强大。"十三五"期间,我国已经建成全球规模最大的光纤和 4G 移动通信网络,光纤用户占比在 94% 以上,移动宽带用户普及率达到 108%,IPv6 互联网协议活跃用户数量达到 4.6 亿[1],强大的通信基础构成数字经济"动脉网络",使资源突破物理空间障碍实现"云端"流通。截至 2022 年底,我国的通信网络实现跨越式量质齐升,231.2 万个 5G 基站建成开通,5G 用户达 5.61 亿,千兆光网覆盖全国超 100 个城市和 5 亿户家庭,IPv6 互联网协议的活跃用户数量一跃上升至 7 亿多。[2] 目前,我国正在积极参与 6G 网络技术研发攻关项目,并不

---

① 《"十四五"数字经济发展规划》,中国政府网,https://www.gov.cn/gongbao/content/2022/content_5671108.htm?eqid=949eca6e0003154e00000006645b7bbd,2021 年 12 月 12 日。

② 《国家互联网信息办公室发布〈数字中国发展报告(2022 年)〉》,国家互联网信息办公室,http://www.cac.gov.cn/2023-05/22/c_1686402318492248.htm,2023 年 5 月 23 日。

断打造新型基础设施。如以信息技术进行智能化改造为基础的新型生产性设施、新型社会性设施和以科学技术研发创新、产品服务研制创新公益属性的基础设施等①,这些举措将进一步提升网络整体传输效率,为打造智能化、现代化数字经济生态提供强大的技术支撑和运行载体。

数字经济的核心生产力是算力,计算力指数平均每提高 1 点,数字经济和 GDP 将分别增长 3.5‰和 1.8‰,指数越高,拉动经济的作用越强。② 为进一步满足数字技术与社会发展深度融合产生的算力缺口,国家推进数据中心、云计算、大数据协同一体化发展的新型算力网络体系构建。2021 年,国家发布《全国一体化大数据中心协同创新体系算力枢纽实施方案》,确定在京津冀、长三角、粤港澳大湾区、成渝、内蒙古、贵州、甘肃、宁夏等 8 个地区建设国家算力枢纽节点,并启动"东数西算"工程,将东部地区的算力需求引导至西部,充分利用西部的土地、能源、电力等算力资源。③ 作为安装和支持设备运行的基本架构,截至 2022 年底,我国的数据中心总机架数量已经接近 600 万架。④ 从投资和数据中心规模来看,截至 2023 年 4 月,八大国家算力枢纽节点投资占总投资的

---

① 《"十四五"新型基础设施建设解读稿之一:系统布局新型基础设施 夯实现代化强国先进物质基础》,国家发展和改革委员会,https://www.ndrc.gov.cn/fzggw/jgsj/gjss/sjdt/202111/t20211129_1305567.html,2021 年 11 月 29 日。

② 《〈2021—2022 全球计算力指数评估报告〉正式发布》,清华大学全球产业研究院 https://www.igi.tsinghua.edu.cn/info/1019/1223.htm,2022 年 4 月 1 日。

③ 《"东数西算"让数字化"脚步"更快更稳》,中国政府网,https://www.gov.cn/zhengce/2022-02/28/content_5675995.htm,2022 年 2 月 28 日。

④ 《2023 年中国数据中心市场现状及行业发展趋势预测分析(图)》,中商情报网,https://www.askci.com/news/chanye/20230404/0939562680572386385727778.shtml,2023 年 4 月 4 日。

80％,新建的数据中心有 90％以上是大型及以上数据中心,数据
中心的规模化和集群化增速明显提升。① 数据中心作为数字经济
的底座,其对技术和资源的需求使其成为一项技术密集型的新兴
产业,也就是说数据中心既是基础设施又是发展引擎,其产生的直
接和间接经济效益是地区数字经济环境实力的客观反映,也是营
商环境数字化水平的重要印证。

　　作为资源共享和产业跨界融合的经济新类型,提到数字经济,
通常情况下我们会联想到各大网络购物平台,例如亚马逊、阿里巴
巴、京东、网易优选等,这些电商平台将传统的商品交换搬至线上
进行。截至 2022 年 6 月,我国网络购物用户规模达到 8.41 亿,占
全体网民数量的 80％,为线上交易奠定了坚实的用户基础。② 但
是互联网平台的经济应用不仅在于打造新型消费方式,同时也聚
焦于产业发展和优化供给。近年来,我国大力进行工业互联网平
台建设,使传统工业向以智能制造为主的新型产业转变,以互联为
依托实现全产业链的数字化转型。2022 年底,全国具有影响力的
工业互联网平台已经超过 240 家,应用场景也已覆盖众多国民经
济大类③,为优化工业产业供给水平,"5G＋工业互联网"建设进程
加快,从《工业互联网专项工作组 2023 年工作计划》中可以看出,
我国的互联网工业平台正朝着综合型、跨行业跨领域的方向升级,

---

① 《中国数据中心产业发展白皮书(2023 年)》,中国大数据产业观察,http://
www.cbdio.com/BigData/2023-04/27/content_6172847.htm,2023 年 4 月 27 日。
② 《第 50 次〈中国互联网络发展状况统计报告〉》,中国互联网信息中心,https://
www.cnnic.net.cn/NMediaFile/2022/1020/MAIN16662586615125EJOL1VKDF.pdf,
2022 年 8 月 31 日。
③ 《中国工业互联网平台创新发展报告》,中国工业互联网研究院,https://china-
aii.com/newsinfo/5877411.html?templateId=1562263,2023 年 4 月 29 日。

工业数据和信息共享机制逐渐完善,重点行业和领域的平台应用将进一步深化,这为打造现代化产业体系提供了契机。① 互联网的出现对经济来说就如同"打开了新世界的大门",一旦走上互联网转型道路,经济发展便充满了无限可能,它不仅创新了经济表现形式,更是重塑了全球资源和要素的配置流程和效益呈现,任何一个经济体都难逃也不能逃脱互联网对经济社会发展的巨大影响。相反,必须正视二者的互动关系,不断探索新的融合机制,才能使各类资源内聚成一个有机整体,迸发出强劲的经济发展活力。

第二,数字经济适存的政策环境和法治环境显著优化,公共服务逐渐走向智能化和专门化。党的十九大以后,我国相继发布《数字经济发展战略纲要》《国家数字经济创新发展试验区实施方案》《关于推进"上云用数赋智"行动 培育新经济发展实施方案》《"十四五"数字经济发展规划》《数字中国建设整体布局规划》等多部助力数字经济高质高效发展的政策文本。随着数字经济逐渐成为宏观经济发展的新动能,各省也逐渐认识到以政策环境促进数字经济环境根本好转的重要性。截至 2023 年 2 月,全国 31 个省出台了数字经济专项政策,根据本地区数字经济基础态势确定政策发力点,使政策更精准地服务发展。② 与此同时,我国也大力夯实数字经济的制度支撑,不仅连续数年将数字经济写入年度政府工作报告,在各类宏观规划、目标、建设等文件中均有数字经济的"席

---

① 《关于印发〈工业互联网专项工作组 2023 年工作计划〉的通知》,工业互联网专项工作组办公室,https://wap.miit.gov.cn/jgsj/xgj/gzdt/art/2023/art_747f4c19cd484676aa3f7583e25bb57a.html,2023 年 5 月 31 日。

② 《如何做大做强数字经济? 31 个省发布专项政策》,东方财富网,https://finance.eastmoney.com/a/202302072629974915.html,2023 年 2 月 7 日。

位"，并且其本身的制度体系也一直处于创新优化的进程之中，如建立"数字经济发展部际联席会议制度"以落实各项发展任务，健全"中国特色数据基础制度"以挖掘数据要素潜能、扩大数据规模与应用场景范围，加快"数据产权制度"构建进程以促进数据要素的有序流动等。

除政策与制度的柔性引导和规制外，法律法规的硬性约束使数字经济走向法治轨道。2022年，最高人民法院院长周强指出数字经济正在重组全球经济结构，必须遵循法治规律以实现更高水平的数字正义，促进数字经济的高质量发展。[①] 2021年3月，全国首部数字经济地方性法规——《浙江省数字经济促进条例》正式实施，随后各省以及重点城市也纷纷进入条例制定与施行热潮，以此作为地区数字经济治理的法治总指引。数字经济的核心要素是数据，因此围绕数据要素流动以及数据应用场景开发，2021年我国发布《中华人民共和国数据安全法》，各地区还相应出台《大数据应用条例》《大数据开发应用条例》《大数据安全保障条例》等，使数据作为新的经济生产要素能够在安全稳定的竞争环境中最大限度发挥要素价值，成为数字经济发展的关键势能。数字经济治理是当前政府治理的重点内容，政府的引导与服务功能并重。数字经济公共服务体现在两个方面，分别是"服务数字化"和对数字经济实施区别于实体经济的"专门服务"。"服务数字化"即前文提到的"互联网＋政务服务"改革，以智能化和融合化的服务机制提升公共服务体系整体效能。为进一步扩大数字经济规模，我国先后发

---

① 周强：《加强数字经济法治建设　服务数字经济高质量发展》，《中国法院报》2022年5月27日。

布《数字经济及其核心产业统计分类（2021）》《中小企业数字化转型指南》《全国工商联关于推动民营企业加快数字化转型发展的意见》等一系列加速传统企业向数字企业转型以及促进数字经济朝着更加标准化、规范化的方向发展的政策文件。此外，我国还上线了各类网络服务平台，如"中国中小企业数字服务平台"，该平台致力于为中小企业发展提供"全景数字化"服务，作为平台搭建方的思特奇公司着眼于企业用户的数字转型，不断完善产品、研发、生产、供应、售后体系为企业用户提供转型所需的核心能力和基础设施。① 再如各省、市搭建的"中小企业数字化转型公共服务平台"，不仅持续优化相关政策咨询的平台展示功能，同时可通过企业用户需求数据库、仿真场景数据库等为企业用户的全场景、多领域需求提供高质量的闭环式服务，并为不同类型用户打造"量身定制"的数字转型方案，打通转型的"痛点""堵点"。

数字化已经成为我国经济转型的主要趋势，2023 年中小企业数字化转型试点工作正式启动，试点目标在于通过打造一批数字化转型企业标杆、培育一批优质的数字化服务商，产出一批小型化、快速化、轻量化、精准化的数字化解决方案和产品，在全国范围内形成复制推广经验，提高国内企业整体数字化水平。② 目前，我国已经确定了苏州、东莞、宁波、厦门、合肥等在内的 30 个市（区）

---

① 《新品发布｜护航数智新时代 中国中小企业协会携手思特奇发布中国中小企业数字服务平》，科学中国，http://science.china.com.cn/2023-04/12/content_42328704.htm，2023 年 4 月 12 日。

② 《关于开展中小企业数字化转型城市试点工作的通知》，中华人民共和国财政部，http://jjs.mof.gov.cn/zhengcefagui/202306/t20230614_3890421.htm，2023 年 6 月 12 日。

作为第一批中小企业数字化转型试点城市[①]，试点范围涵盖我国东西南北四个地理方位。2022 年，我国的数字经济规模已经达到50.2 万亿元，占 GDP 比重提升至 41.5%[②]，可见优化数字经济环境已经成为促进经济高质量发展的一项刻不容缓的任务。目前，我国数字经济的信息基础建设和顶层设计正逐渐朝着完备化和智能化的方向发展，数字环境优化将进一步加速国内数字营商环境的建设进程，助力市场经济实现现代化发展目标。

2. 数字化经济发展方式和社会治理模式为市场经济注入新动力

目前，发展和壮大数字经济已经成为繁荣社会主义市场经济的一项极为重要的任务。2024 年初，国家印发《数字经济促进共同富裕实施方案》，从区域数字协同发展、数字乡村建设、数字素养提升、社会服务普惠供给等四个方面提出 13 项数字经济发展举措，正式将数字经济的协同发展推向制度化和体系化阶段。从当前的经济建设工作来看，产业的数字转型已经成为打造现代化中国特色社会主义产业体系的主体工程。2023 年 12 月，习近平总书记在 2024 年中央经济工作会议中就明确提出"以科技创新推动产业创新""大力推进新型工业化，发展数字经济""广泛应用数智技术、绿色技术，加快传统产业转型升级"等一系列数字经济转型

---

① 《第一批中小企业数字化转型试点城市公示》，中华人民共和国工业和信息化部，https://wap.miit.gov.cn/zwgk/wjgs/art/2023/art_470fb2f0ae2f4ae39f42f5cf32d6ffac.html，2023 年 8 月 30 日。

② 《国家互联网信息办公室发布〈数字中国发展报告（2022 年）〉》，国家互联网信息办公室，http://www.cac.gov.cn/2023-05/22/c_1686402318492248.htm，2023 年 5月 23 日。

具体指示。① 在越来越严峻的国际经济竞争格局中,我们必须充分利用好资源优势,坚持创新是引领发展的第一动力,强化核心技术研发与攻关,促进企业有机整合内外部资源与技术,通过数字技术与企业创新发展的高度融合形成"新质生产力"和新产业新动能,实现价值链的升级与优化,进而在激烈的经济竞争局势中站稳脚步。

第一,在数字技术的市场化应用中,逐渐实现产业的数字化转型。我们常说的数字产业化就是"数字技术不断创新成熟并进行市场化应用"。② 数字产业化是基础型数字经济。根据《数字经济及其核心产业统计分类(2021)》,我国的数字经济核心产业分为五类,分别是"数字产品制造业、数字产品服务业、数字技术应用业、数字要素驱动业、数字化效率提升业。"其中前四个分类是数字经济核心产业,也就是数字产业化,分别为产业数字化发展提供数字技术、产品、服务、基础设施和解决方案,是完全依赖于数字技术、数据要素的经济活动。③ 也就是说,数字产业化是产业数字化的基础。数字产业化是数字技术引发的产品和服务更新,并在市场上形成以信息技术的出现和发展而生成的全新经济业态。例如,信息通信业、电子信息制造业、互联网业等。而产业数字化则是在原有产业的基础上,以技术赋能实现产业链的优化升级,进而实现产能和效能的增

---

① 《时习之丨扎实做好 2024 年经济工作 中央经济工作会议部署九项重点任务》,央广网,https://news.cnr.cn/native/gd/sz/20231214/t20231214_526520368.shtml,2023 年 12 月 14 日。

② 杨大鹏:《数字产业化的模式与路径研究:以浙江为例》《中共杭州市委党校学报》2019 年第 5 期。

③ 《数字经济及其核心产业统计分类(2021)》,国家统计局,https://www.stats.gov.cn/sj/tjbz/gjtjbz/202302/t20230213_1902784.html,2021 年 6 月 3 日。

长。简单来讲,产业数字化就是数字技术与实体经济深入融合的过程。目前,我国的数字产业化和产业数字化转型步伐加快,2022 年数字产业化规模达 9.2 万亿元,产业数字化规模达 41 万元,占数字经济的比重分别达 18.3%、81.7%。① 从数字技术与实体经济的融合来看,制造业和服务业的数字化水平显著提升。截至 2022 年 6 月,工业企业的数字化研发设计工具普及率达到 75.1%,较 2012 年上升 26.3 个百分点。截至 2022 年 7 月,"5G+工业互联网"建设项目超过 3100 个。110 家智能制造示范工厂的生产效率平均提升 32%,产品研发周期平均缩短 28%。全国网络零售市场规模从 2012 年的 1.31 万亿元增长到 2021 年的 13.1 万亿元。电子商务交易额由 2012 年的 8 万亿元增长至 2021 年的 42.3 万亿元。② 2023 年 11 月,国家发展改革委对进一步加深数字经济与实体经济融合发展提出新要求,一要在制造业和服务业的数字化转型基础上,强化农业领域的数字技术应用和数字产业发展;二要实现二者在研发、生产、销售、售后、管理等方面的全周期融合;三要遵循数字技术和数据要素发展规律,渐进式推动二者的深度融合,同时为二者更加深入地融合提供基本路径。③ 综合来看,目前我国已经具备了

① 《中国数字经济发展研究报告(2023 年)》,中国信通院,http://www.caict.ac.cn/kxyj/qwfb/bps/202304/P020230427572038320317.pdf,2023 年 4 月。

② 《国务院关于数字经济发展情况的报告——2022 年 10 月 28 日在第十三届全国人民代表大会常务委员会第三十七次会议上》,中国政府网,https://www.gov.cn/xinwen/2022-11/28/content_5729249.htm? eqid=b34cc16b000456ec00000006645f7ff7,2022 年 11 月 28 日。

③ 《促进数字经济和实体经济深度融合》,国家发展和改革委员会,https://www.ndrc.gov.cn/xwdt/ztzl/srxxgcxjpjjsx/xjpjjsxjyqk/202311/t20231103_1361765.html,2023 年 11 月 3 日。

相当规模的数字产业基础,数字经济已经成为中国特色社会主义市场经济发展的新引擎。随着顶层设计的不断优化,数字经济将具备更加完善的目标体系和发展规划,这也意味着数字经济将促成更多行业的数字化转型,催生更多新的业态和模式。数字技术将进一步打破信息壁垒,以数据要素的自由流通提升市场内部的粘合度,进而实现全要素的市场化,加快市场新旧动能转化,从而激发市场经济活力,刺激经济增长。

第二,新业态新模式竞相发展,数字经济正在革新生产生活方式。2020年7月15日,国家发展改革委等13个部门公布《关于支持新业态新模式健康发展 激活消费市场带动扩大就业的意见》,提出了促进15种新业态新模式的19项发展举措,从根本上加快了我国数字经济的建设步伐。这15种新业态新模式包括在线教育、互联网医疗、线上办公、数字化治理、产业平台化发展、传统企业数字化转型、"虚拟"产业园和产业集群、"无人经济"、培育新个体经济支持自主创业、发展微经济鼓励"副业创新"、探索多点执业、共享生活、共享生产、生产资料共享及数据要素流通等。① 可以看出,"数字经济"早已不是一个独立的经济概念和经济发展方式,而是以一种特殊的方式与经济社会的发展相融合。近几年来,受新冠肺炎疫情、俄乌冲突以及激烈的政治经济竞争形势的冲击,全球产业链和供应链遭受多重的、持久性的负面影响。但对于数字经济来说,却迎来了前所未有的发展机会。根据《全球数字经

---

① 《关于支持新业态新模式健康发展 激活消费市场带动扩大就业的意见》,中国政府网,https://www.gov.cn/zhengce/zhengceku/2020-07/15/content_5526964.htm, 2020年7月15日。

济白皮书（2023）》，数字经济已经成为全球经济复苏的关键性支撑。2022年，全球51个主要经济体的第三、二、一产业数字经济增加值占行业增加值比重分别为45.7％、24.7％、9.1％。[①] 其中，除第一产业与数字经济的融合度需进一步提升外，第二、三产业正以较为强劲的势头实现数字化转型。

从中国的发展来看，过去几年，各类产业的数字化转型速度进一步加快。据统计，2021年，农业生产信息化率为25.4％，其中，种植业全国大田种植信息化率为21.8％、全国畜禽养殖信息化率达34.0％、全国水产养殖信息化率为16.6％。乡村数字经济新业态不断涌现，2022年，全国农村网络零售额达2.17万亿元。乡村旅游、休闲农业、民宿经济等发展迅速，返乡入乡创业就业率不断升高。2021年银行业金融机构、非银行支付机构处理的农村地区移动支付业务分别达173.7亿笔、5765.6亿笔，同比分别增长22.2％和23.5％。[②] 上述数据表明，当前我国农业已经开始走向数字化道路，数字技术正在改变着农村的经济业态和生产消费方式，为实现农业农村现代化提供动力。从工业发展来看，从2017年我国出台《关于深化"互联网＋先进制造业"发展工业互联网的指导意见》起，我国已由"互联网＋制造业"转化为如今的"5G＋工业互联网"，2022年中国工业互联网市场规模总量达到8647.5亿元，国家级跨行业跨领域工业互联网平台达28家，工业互联网平

[①] 《全球数字经济白皮书（2023）》，中国信通院，http：//www. caict. ac. cn/kxyj/qwfb/bps/202401/P020240109492552259509. pdf，2024年1月。

[②] 《中国数字乡村发展报告（2022年）》，中国政府网，https：//www. gov. cn/xinwen/2023-03/01/5743969/files/5807a90751b1448ba977f02e7a80b14c. pdf，2023年3月1日。

台市场规模为 1089.6 亿元。① 目前,我国"以数据为驱动、平台为支撑、开放协同为关键特征"的新型工业体系已经成型。截至 2023 年 6 月,我国制造业重点领域关键工序数控化率、数字化研发设计工具的普及率分别达到 60.1% 和 78.3%,国内 100 家智能工厂的生产效率和资源利用效率实现"双升"、产品研发周期和运营成本实现"双降"。② 上述数据仅是我国工业数字化转型的缩影,工业数字化是贯穿企业全生命周期的一场深刻变革。当前,我国已经处于工业装备数字化、工业网络全连接、工业软件云化和工业数据价值化的"新四化"发展趋势之中,数字化将进一步打造建设现代化社会主义市场经济的新势能。

从数字技术的实际应用创新来看,其不仅带来了生产力和生产方式的转型升级,更是带来了全新的生活方式。近年来,在线办公、在线医疗、电子政务、视频会议等新型数字产品和服务的需求不断增长。从相关统计数据来看,截至 2022 年 12 月,中国在线医疗用户规模就已经达到 3.63 亿,除线上实现预约、挂号、支付外,APP 在线问诊也成为一种常见的诊疗方式。线上办公用户规模达 5.40 亿,占网民整体的 50.6%,在线办公已经成为常见的办公模式。③ 2022 年全年,中国视频会议市场规模达 9.5 亿美元,约合

---

① 《〈2022—2023 年中国工业互联网市场研究年度报告〉发布》,中国能源新闻网,https://cpnn.com.cn/news/baogao2023/202307/t20230726_1621066.html,2023 年 7 月 26 日。

② 《数字经济和实体经济融合发展报告(2023)》,新华网,http://www.xinhuanet.com/tech/20231204/ef3c87e9240b4fac97ac1743b0934beb/72a925184206475182816c934a27541e.pdf,2023 年 12 月 4 日。

③ 《第 51 次〈中国互联网络发展状况统计报告〉》,中国互联网信息中心,https://www3.cnnic.cn/n4/2023/0303/c88-10757.html,2023 年 3 月 2 日。

人民币 63.6 亿元。① 截至 2023 年 6 月，我国网上外卖用户规模
达 5.35 亿人，占网民整体的 49.6%；网约车用户规模达 4.72 亿
人，占网民整体的 43.8%。② 可见，随着旧业态的数字转型以及新
业态的不断产生，我们深刻认识到挖掘数字潜力的必要性和紧迫
性，优化数字经济已经成为新时期发展大国经济的重点工程，对于
打造国际化一流经济体系具有坚实的支撑作用。

　　第三，以"数字化治理"为基本特征的新型治理体系和管理模
式形成。2020 年初，国务院国有资产监督管理委员会在"国有企
业数字化转型"专题中对何为"数字化治理"作出了明确的解释，指
明"数字化治理"是指建立与新型能力建设、运行和优化相匹配的
数字化治理机制，推动人、财、物，以及数据、技术、流程、组织等资
源、要素和活动的统筹协调、协同创新和持续改进，强化安全可控
技术应用以及信息安全等管理机制的建设与持续改进等内容。实
现数字化治理的五大要素包括数字化治理机制、数字化领导力、数
字化人才、数字化资金、安全可控。③ 简单来说，数字化治理就是
整合各类数字资源以实现数字技术本身的安全可控以及促进数字
经济业态健康发展的过程。

　　我国的数字化治理包括两个分支，一是数字赋能政府治理，二

---

　　① 《IDC：返璞归真——2022 年中国视频会议市场回归商业本质》，IDC 官网，
https://www.idc.com/getdoc.jsp?containerId=prCHC50934223，2023 年 6 月 18 日。

　　② 《第 52 次〈中国互联网络发展状况统计报告〉》，中国互联网信息中心，https://
www3.cnnic.cn/n4/2023/0828/c88-10829.html，2023 年 8 月 28 日。

　　③ 《数字化转型知识方法系列之十一：治理体系》，国务院国有资产监督管理委
员，http://www.sasac.gov.cn/n4470048/n13461446/n15927611/n16058233/c16411978/
content.html，2021 年 1 月 5 日。

是以数字为治理对象的治理新范畴。前者即我们常说的"互联网＋政务服务",利用数字技术优化政务服务流程,打造数字政府,实现治理工具革新。数字赋能下的政府治理实现了政务服务由"粗放型"向"精准型"的转变。从前的政府治理依靠自上而下的信息传递,而新的治理流程是自下而上的信息收集、到信息整合、再到自上而下的信息传递的过程,市场主体的意见搜集是治理的起点,满足各类主体的个性化需求是治理的终点。换句话说,数字技术的出现将政府的治理思维提升至新的高度,既节约了治理资源,又进一步提升了政府治理的实效。不仅如此,政府的数字化治理对干部队伍的数字素养提出了更高的要求。习近平总书记曾说"各级领导干部要提高数字经济思维能力和专业素质,增强发展数字经济本领,强化安全意识,推动数字经济更好服务和融入新发展格局"。从政府实施数字治理的实践来看,干部队伍的数字化能力是治理机制有效运行的关键所在。目前,领导干部的数字化治理思维与能力建设已经正式列入各级数字政府建设方案以及各类干部学习培训的活动方案中。通过建立数字意识强、善用数据、善治网络的干部队伍,我国的数字政府建设进程将进一步加快。

而对数字本身的治理,我们也作出了相当多的努力。近年来,与数字技术、数字经济、数据要素等相关的制度法规、政策方针不断出台和完善,为建设"数字中国"提供了坚实的体系支撑。同时,我们也不断开展网络空间的源头治理,净化网络生态。截至目前,我们已经多次开展网络空间突出问题专项整治行动。2023 年 3 月,《新时代的中国网络法治建设》白皮书正式出台,明确提出"必须坚定不移走依法治网之路",其中对数字经济的法治规则、个人信息与权益保护、捍卫网络空间的公平正义等均作出了科学部署。① 可以看出,我国的网络治理已经正式走向了综合治理阶段。作为当前意识形态竞争最为激烈、舆论传播最为迅速的领域,网络治理已然成为信息时代国家治理的重要方面,而良好的网络治理机制也将助推社会治理提质增效。对于网络治理,我们也将其视作是全球性的治理活动。2022 年 11 月,国务院新闻办公室发布《携手构建网络空间命运共同体》白皮书,指明"共享共治是互联网发展的共同愿景",并从数字经济、数字技术、网络空间法治体系、网络内容、网络空间、平台运营、网络空间安全等方面展示中国的治理实践,并倡导应全方位展开网络治理的全球性合作,促进互联网的发展成果惠及全人类。② 我国的网络治理实践表明,实现数字化治理是一个系统工程。目前,我国正处于传统治理模式向数字化治理模式转变的初始阶段,数字技术正在实现政府与企业、政府与个体的有效结合与良性互动。

随着数字技术的更新迭代速度加快、数字政府行政体制的日益成熟、数字经济活力的进一步激发以及数字生态的持续净化,社会治理能力将不断升高,市场资源与要素的流通与配置也将更加畅通无阻,社会生产力和创造力更将进一步提高。各类传统行业和各类新经济业态在政府、市场和社会的全方位保护下,必将迸发出强大的活力,从而促进市场经济的繁荣发展。

---

① 《〈新时代的中国网络法治建设〉白皮书(全文)》,中国新闻网,https://www.chinanews.com.cn/gn/2023/03-16/9972640.shtml,2023 年 3 月 16 日。

② 《携手构建网络空间命运共同体》,中国政府网,https://www.gov.cn/zhengce/2022-11/07/content_5725117.htm,2022 年 11 月 7 日。

五　开放环境

　　根据我国的营商环境建设历程可知,我们在很长一段时间内以优化国内招商引资环境为主来实行对外开放战略,进而刺激国民经济的快速恢复与增长,并在加入 WTO 后逐渐实现了由政策型开放向制度型开放的过渡。2021 年,《中共中央　国务院关于构建开放型经济新体制的若干意见》正式出台,标志着我国的对外开放又进入到一个全新的阶段,加快形成全方位开放新格局成为新时代对外开放的基本要求。[①] 新开放格局包括三个方面的内容:一是实现国内各地区的一体化对外开放;二是坚决抵制单边贸易体制,积极投入到多边贸易合作当中;三是全面拓宽开放领域,实现政治、经济、文化、社会、环境、安全等诸多领域的合作与交流。

(一)　新的经济方位要求打造更高水平开放环境

　　开放环境产生于我国构建开放型经济新体制的背景下,是国家和地区进行有效国际交流与合作,参与国际竞争的重要支撑,也是国家和地区经济软实力和国际竞争力的重要表现。营商环境中的开放环境是指在开放型经济背景下,市场主体从事进出口

　　[①]　《中共中央　国务院关于构建开放型经济新体制的若干意见》,中国国家发展和改革委员会,https://www.ndrc.gov.cn/xwdt/ztzl/dwkf/202111/t20211123_1328242.html,2021 年 11 月 23 日。

贸易、对外交流所涉及到的一系列外部环境因素的总和。改革开放第一个四十年,我国形成了一种可以称之为基于工业的外向型经济范式,其主要通过减门槛、增补贴、开市场来吸引外资进入,毫无疑问这种开放方式在短时间内帮助我国快速融入世界经济、迅速实现高速增长,但实际上这是一种有限的开放方式,其负面效应就是经济地理上的、产业结构上的、货币金融上的、自然生态上的结构性矛盾不断积累,发展出现不平衡和不充分的现象。随着经济新常态的到来,我国的发展阶段、发展条件、发展任务、发展范式都较过去发生了根本性改变,最显著的条件变化就是对各种生产要素的粗放式开发和大规模使用已达瓶颈。这就意味着过去的增长方式已经难以为继,需要采取更高水平的对外开放形式。党的十九届六中全会审议通过的《中共中央关于党的百年奋斗重大成就和历史经验的决议》,强调统筹并优化国内国际双循环;强调出口及进口的关键环节;强调吸引和利用外资;强调推进制度型开放。[①] 同时,2008 年国际金融危机后续带来的负面影响并未完全平复,加上国际贸易领域保护主义持续升温以及新冠疫情对世界经济带来的冲击,要求我们积极主动把握并用好这一重要发展机遇。[②] 所以我们要把开放环境放在更加突出的位置加以建设,不断拓展开放的广度与深度,在全球合作与竞争中强劲经济发展势头。

---

① 《中华人民共和国中央人民政府网,中共中央关于党的百年奋斗重大成就和历史经验的决议(全文)》,https://www. gov. cn/zhengce/2021-11/16/content_5651269. htm,2021 年 11 月 16 日。

② 丁东铭,魏永艳:《优化对外开放营商环境进程中面临的挑战与对策》,《经济纵横》2020 年第 4 期。

（二）更高水平开放型经济发展体系日益成型

1. 构建与国际通行标准相衔接的规则体系

实现制度型开放的首要前提就是实现国内市场运行规则与国际通行规则的衔接。加入 WTO 后，我国围绕 WTO 贸易规则不断完善国内招商引资领域体制改革，不断破除外商来华投资的各项壁垒，将营商环境建设推向新的高度。随着我国在世界经济市场上的影响力不断升高，越来越多的外国投资者看到了中国市场上蕴含的无限潜力，若干外国先进的理念、技术、商品及服务流入中国市场，同时各类要素与资源也推动国内市场发展的新旧动能转换，这也意味着我们必须不断按国际通用标准来完善对外合作机制以及外资企业在中国市场的经营规则，持续降低外资市场准入，保障外资企业平等参与市场竞争，才能实现既将外资"引进来"，又将外资"留得住"，更将外资"发展好"。

第一，缩减外资准入负面清单，健全外商投资准入前国民待遇。党的十八届三中全会提出，探索对外商投资实行准入前国民待遇加负面清单的管理模式。在此之前，我们已经在 2008 年实现了内外资企业适用税法规定的所有优惠政策，并且在随后的高新技术企业优惠政策、创业投资优惠政策，加大对小型微利企业的优惠力度等方面都实现了内外资企业统一标准、平等享受。2019年，国家出台《中华人民共和国外商投资法》，其中明确指出"国家对外商投资实行准入前国民待遇加负面清单管理制度"，其中准入前国民待遇是指在投资准入阶段给予外国投资者及其投资不低于本国投资者及其投资的待遇；负面清单是指在特定领域对外商投资实施的准入特别管理措施,这也是"准入前国民待遇加负面清单管理制度"首次以法治化的形式固化下来。[①] 根据统计,自 2017年我国以负面清单模式修订《外商投资产业指导目录》起,直至2021 年,我国已经连续 4 年修订全国和自贸试验区外商准入负面清单。2021 年,全国和自贸试验区负面清单进一步缩减至 31 条、27 条,压减比例分别为 6.1%、10%。[②] 并且在 2020 年,我国还首次发布了《海南自由贸易港外商投资准入特别管理措施(负面清单)(2020 年版)》,为拉动海南地区的经济增长提供了外商投资的鼓励性政策支持。

为进一步扩大我国的鼓励外商投资范围,2022 年,国家发展改革委、商务部公开发布《鼓励外商投资产业目录(2022 版)》,新版目录的出台不仅进一步扩大了鼓励外商投资的范围,同时还推动了外商在我国东西部投资的均衡发展。与 2020 版的目录相比,新版目录中增加了 200 条中西部投资项目目录,同时在目录中还明确了符合鼓励投资项目的外资企业可以享受的各类诸如免征部分关税、优先供应土地、减税等优惠政策。根据《中国外资统计公报 2023》显示,2022 年,全年我国新设外商投资企业 38497 家,同比下降19.2%;实际使用外资1891.3亿美元,同比增长4.5%。其中,第三产业新设外商投资企业占总数的87.1%。[③] 而 2023 年的 1 月至 11

---

① 《中华人民共和国外商投资法》,中华人民共和国商务部,http://tfs.mofcom.gov.cn/article/fl/202101/20210103034662.shtml,2019 年 3 月 15 日。

② 《我国外资准入负面清单连续第五年缩减》,中国政府网,https://www.gov.cn/xinwen/2021-12/28/content_5664866.htm,2021 年 12 月 28 日。

③ 《中国外资统计公报 2023》,中华人民共和国商务部,http://images.mofcom.gov.cn/wzs/202310/20231010105622259.pdf,2023 年 10 月 10 日。

月,全国新设立外商投资企业就已经达到 48078 家,不仅在数量上超过了 2022 年全年,还实现了 36.2% 的同比增长。①

从行业开放情况来看,目前我国制造业已基本开放,金融、交通运输、商贸物流、专业服务等服务业也处于有序放开的进程中。在2023 年 10 月召开的第三届“一带一路”国际合作高峰论坛开幕式上,习近平总书记提出“中国将全面取消制造业领域外资准入限制措施”,这一目标的提出将进一步吸引更多外资进入制造业领域,进而促进中国制造业转型升级。② 2024 年初,国家金融监督管理总局副局长肖远企表示,国家金融监督管理总局推出了 50 多项金融对外开放的措施,已经实现了金融业的相关限制措施的“完全清零”,外国资本可以持有银行保险机构 100% 的股权,实现完全控股③,也就是说当前金融业也已经实现了完全的国民待遇。从上述有关信息可以看出,我国正在不断减少外国资本来华投资的各项限制,不断扩大对外开放领域,支持外国资本来华开拓市场,活跃市场经济。

第二,适应国际经贸规则重构,推动国际高标准经贸规则对接。对标国际通用贸易标准是扩大制度型开放的前提。1991 年,我国成功加入亚太经合组织(APEC),作为改革开放后我国加入的第一个经济合作组织,其代表的是亚太地区最具影响力的经济合作机制。30 余年来,中国在 APEC 框架下坚定推进区域经济一

---

① 《专家:客观看待外资规模波动 吸引外资有诸多有利条件》,人民网,http://finance. people. com. cn/n1/2023/1221/c1004-40144257. html,2023 年 12 月 21 日。

② 《推动制造业实现更高水平开放》,中国经济网,http://views. ce. cn/view/ent/202310/20/t20231020_38756784. shtml,2023 年 10 月 20 日。

③ 《金监总局:外资金融业准入负面清单已清零,3000 多亿“保交楼”借款已投放》,新浪财经,https://finance. sina. com. cn/xwzmt/2024-01-25/doc-inaetytz8409507. shtml,2024 年 1 月 25 日。

体化建设,不断与 APEC 成员之间实现高水平互联互通。2014年,APEC 第二十二次领导人非正式会议在北京举行。会议通过了《领导人宣言——北京纲领:构建融合、创新、互联的亚太》和《APEC 成立 25 周年声明》,其中囊括了众多的中国智慧与中国方案,表明中国已经从 APEC 的参与者逐渐向引导者的身份转变。2022 年,我国与 APEC 成员进出口总额为 37390.8 亿美元,占我国进出口总额的近 60.0%,并且全年利用 APEC 经济体投资占我国外资总额的 86.6%。中国前十大贸易伙伴中,APEC 成员有 8个,前十大对外直接投资目的地中,APEC 成员有 5 个,73.3%的对外投资流向了 APEC 经济体。[①] 如此巨大的进出口数额以及亲密的经济往来关系,表明 APEC 的规则一体化机制已经逐渐形成,为区域内经济的循环畅通奠定了坚实的支撑。

在贸易规则的标准化建设方面,我们必须提到中国与世界贸易组织(WTO)的故事。2001 年,我国成功加入 WTO,自此改革开放进入了更加标准化的阶段。2021 年是中国加入 WTO 的 20周年。在这 20 年中,中国已完全履行"入世"承诺。在积极对接WTO 规则方面,中央政府共清理的法规和部门规章有 2000 多件,地方政府清理的地方性政策法规有 19 万多件[②],从制度化和法治化两个角度打破了外资进入中国市场的体制机制障碍。在降

---

① 《2022 年我国与 APEC 成员进出口总额占我国进出口总额的 59.7%》,央视新闻客户端,https://content-static. cctvnews. cctv. com/snow-book/index. html? item_id=31034863836482048998&t=1700021659181&toc_style_id=feeds_default&share_to=copy_url&track_id=ba3920aa-a532-4a52-922f-ea9a845d3a86,2023 年 11 月 15 日。

② 《商务部:中国已完全履行"入世"承诺》,中国政府网,https://www. gov. cn/xinwen/2021-10/28/content_5647459. htm,2021 年 10 月 28 日。

低关税方面,2010 年,所有商品的平均进口关税水平从 2001 年的 15.3％降至 9.8％,到 2021 年已经降至 7.4％。[①] 同时,还实现了贸易伙伴的多元发展。20 年中,我国不断巩固与欧盟、美国、日本、韩国等经济体的传统贸易关系,同时积极开拓东盟、非洲、拉丁美洲、俄罗斯、印度等新兴市场,对外贸易规模不断扩大。2022 年初,《区域全面经济伙伴关系协定》(RCEP)正式生效。随后,国家配套出台了《商务部等 6 部门关于高质量实施〈区域全面经济伙伴关系协定〉(RCEP)的指导意见》。作为目前世界上参与人口最多、成员结构最多元、经贸规模最大、最具发展潜力的自由贸易协定,将进一步推动地区经济的开放融合。据统计,2022 年,我国对 RCEP 其他 14 个成员国的进出口额达到 12.95 万亿元,占外贸进出口总值的 30.8％。[②] 当前,我国成为众多商品的原产地,享受到巨大的关税优惠。数据显示,在 RCEP 生效的两年中,南京海关共签发 RCEP 原产地证书 19.61 万份,居全国海关首位,预计相关企业可享受 RCEP 其他成员国关税优惠 7.59 亿元。[③] 同时,中间商品的进出口额也大幅增高,2022 年,我国对 RCEP 其他成员国进出口中间产品达 8.7 万亿元,增长 8.5％。[④] 当前,我国更加

---

① 王俊岭:《中国与世界实现共赢》,《人民日报》2021 年 12 月 11 日。

② 《2022 年我国对 RCEP 其他 14 个成员国进出口占外贸进出口总值的 30.8％》,中国政府网,https：// www. gov. cn/xinwen/2023-02/02/content＿5739623. htm,2023 年 2 月 2 日。

③ 《RCEP 生效实施两年来,南京海关签证出口货值居全国首位》,中国江苏网,https://economy. jschina. com. cn/rddt/202401/t20240130_3356110. shtml,2024 年 1 月 30 日。

④ 《2022 年我国对 RCEP 其他 14 个成员国进出口占外贸进出口总值的 30.8％》,中国政府网,https：// www. gov. cn/xinwen/2023-02/02/content＿5739623. htm,2023 年 2 月 2 日。

注重坚持推进高质量实施 RCEP，以此来不断塑造国际竞争合作新的优势。

更加值得关注的是，2021 年，我国正式申请加入《全面与进步跨太平洋伙伴关系协定》(CPTPP) 和《数字经济伙伴关系协定》(DEPA)，并为此积极准备。2023 年，国家出台《关于在有条件的自由贸易试验区和自由贸易港试点对接国际高标准推进制度型开放的若干措施》，作出率先在上海、广东、天津、福建、北京等具备条件的 5 个自由贸易试验区和海南自由贸易港，试点对接相关国际高标准经贸规则的决定。目前，上海已经出台《全面对接国际高标准经贸规则推进中国(上海)自由贸易试验区高水平制度型开放总体方案》。可见，我国正处于全面实现贸易规则与国际接轨的关键时期，随着统一标准的贸易运行机制的形成，全球经济必将迎来大繁荣。

2. 持续培育对外开放合作新优势

开放环境与市场环境是息息相关的，市场本身就包含国际国内两个部分，公平、开放的市场环境既是市场主体良性运行的先决条件，也是市场经济良性发展的根本。唯有市场环境公平开放，市场主体才能最大限度发挥创造力，经济发展才能更有活力。这里的开放既有政务、法治等环境对市场主体的减负松绑，也有新时代背景下的对外开放的含义，无论是哪个方面，市场要想更有活力，对外开放都是第一要义，而开放环境的构建可以起到创新示范作用，倒逼其他环境不断改革优化，从而为保障市场环境贡献更多的力量。近年来，我们在优化开放环境方面可谓是下足了功夫。

第一，开拓新的投资吸引力。中国经济发展和对外开放的重要方面之一,是吸引外资的积极措施。近年来,随着世界范围内的产业结构不断升级和产业转移加快,各国纷纷把引资的重点从资本密集型行业转向技术及劳动密集型行业。自改革开放以来,我国充分利用劳动力价格的低廉、土地和税收政策的优惠等竞争优势,成功吸引了外资来华创业建企,取得了卓越的成就。此外,自国际金融危机爆发以来,全球产业布局经历了深刻的调整,导致全球价值链呈现出逐渐萎缩和重新构建的全新趋势。在这种背景下,以发达国家为代表的传统投资东道国纷纷实施产业结构调整,将重点转向新兴产业及高端服务领域,并加大对发展中国家的吸引力度,从而形成新一轮全球产业链转移浪潮。目前情况下中国吸引外资竞争面临着双重挑战:一方面受发达经济体"再工业化"及贸易保护主义等因素的影响,先进制造业及现代服务业引资工作面临着发达国家如美国、日本和德国等高技术优势的冲击;在劳动密集型产业和资源密集型产业引资中也遭遇发达国家技术劣势的挑战。另一方面,面临着来自其他中低收入国家更低的劳动力成本挑战,我国的传统优势,如低劳动力成本等,正以惊人的速度削弱。从全球视角来看,由于劳动力成本上升,发达国家制造业竞争力持续下降。随着人口年龄结构不断演变和劳动保护制度的日益完善,中国的劳动力成本不断攀升。同时,由于我国企业规模相对较小,导致劳动生产效率低下,使得我国企业在国际市场上具有较强的竞争力。根据国际劳工组织(劳工组织)提供的资料显示,2016 年中国工作人员的月薪为 847 美元,远高于越南、印尼等周边新兴经济体国家。在全球经济一体化进程中,各国劳动力成本上升已是不争的事实,但中国在单位劳动力成本方面的表现甚至超过了美国,这一情况不容忽视。因此,在当前全球金融危机背景下,如何控制好劳动力成本上升对我国制造业发展带来的不利冲击成为一个重要课题。研究显示,自 2017 年起,中国制造业的单位劳动力成本已开始呈现出高于美国的趋势。这不仅是对我国企业竞争力的严峻挑战,而且会进一步加剧国际贸易摩擦。为此,党的十九大报告呼吁加速培育国际经济合作和竞争的新优势,以推动形成全面开放的新格局,因此通过营商环境国际化消除投资壁垒、创新国际竞争优势势在必行。

第二,持续优化投资便利度。国际竞争从某种程度上讲也是营商环境的较量,优良的营商环境会逐渐成为我国吸引外商直接投资的新型国际竞争力。其原因在于,当今营商环境不仅是一国或地区核心竞争力的主要表现,更是企业贸易合作地选择的主要参考指标,因此进一步提高营商环境便利化水平,是现阶段加快培育国际竞争新优势的重要任务。为了进一步降低准入门槛,近年来,我国不断优化口岸服务流程,2018 年,我国出台《国务院关于印发〈优化口岸营商环境促进跨境贸易便利化工作方案〉的通知》,明确提出要"优化通关流程,提高通关效率,降低通关成本,营造稳定、公平、透明、可预期的口岸营商环境。"①截至 2021 年 6 月,全国的进口、出口整体通关时间分别为 36.68 小时和 1.83 小时,较2017 年分别压缩了 62.34％和 85.15％。与此同时,2020 年国家发展改革委、财政部、交通运输部、市场监管总局、海关总署等七个

① 《国务院关于印发〈优化口岸营商环境促进跨境贸易便利化工作方案〉的通知》,中国政府网,https://www.gov.cn/zhengce/content/2018-10/19/content_5332590.htm,2018 年 10 月 19 日。

部门联合印发实施《清理规范海运口岸收费行动方案》。据统计，2020年，全国免收港口建设费约150亿元，减收货物港务费和港口设施保安费9.6亿元，全年海关共执行各类政策减（退）税2687.7亿元，大宗矿产品"先放后检"改革措施实施以来，为企业节约堆存费等费用36亿元。[①]

在具体实践中，国内许多城市与地区都进行了一系列有益探索。以浙江省为例，浙江作为我国营商环境创新试点，不断对标国际一流，加快建设市场化、法治化、国际化顶级营商环境，对标高标准经贸规则，推进投资贸易自由化便利化，不断增强向世界聚集与配置资源要素能力，在开放环境方面，浙江省深化"四港"联动发展，集装箱海铁联运、江海联运、海河联运量分别同比增长32.8%、22.4%和20.7%。推进"提前申报""两步申报""两段准入""先放后检"等通关便利化改革，实施7×24小时通关，手续"即到即办"，货物"即到即查"。企业单次准备报关资料由5分钟降至0.5分钟，同时浙江创建了全国首个且唯一一个跨境电商超期退货仓。打造一站式国际商事解纷平台，境内外80余家调解机构和1100余位调解员提供专业服务；完善国际贸易"单一窗口"平台功能，创新数字金融服务，接入30家金融机构，为企业融资超14亿。复制推广跨境电商进口"退货中心仓"模式，推动跨境电商B2B出口试点覆盖全省各地市，杭州关区海外仓备案企业数量排名全国第一，同时支持在海关特殊监管区域内设置跨境电商前置仓，同步支持省内跨境电商综合试验区建设。2022年，杭州海关推出23

[①] 《口岸收费存在"堵点""难点""痛点"海关总署回应来了！》，中国青年网，https://news.youth.cn/jsxw/202107/t20210729_13138689.htm，2021年7月29日。

条跨境贸易便利化措施,将进一步推进"海关数字监管赋能未来工厂"改革,探索"保税物流＋保税加工"全链条保税数字化监管模式,实现针对浙江省高端制造业供应链需求的海关监管新格局。总的来说,我国的通关服务正在朝着智能化的方面迈进,在智能口岸和绿色口岸营商环境的支撑下,企业来华投资的幸福感和获得感进一步升高。

第三,促进对外投资的稳健发展。自1999年提出"走出去"战略以来,我国不断加快企业"走出去"步伐,扩大对外投资规模。根据《2022年度中国对外直接投资统计公报》的数据显示,2022年,中国对外直接投资流量1631.2亿美元,为全球第2位。截至2022年末,中国境内投资者在全球190个国家和地区设立境外企业共计4.7万家。其中,近60%分布在亚洲,北美洲占13%,欧洲10.2%,拉丁美洲7.9%,非洲7.1%,大洋洲2.6%。对外直接投资涵盖了国民经济的18个行业大类,其中流向租赁和商务服务、制造、金融、批发零售、采矿、交通运输等领域的投资均超过百亿美元。[①] 多年来,依托"一带一路"建设,我国的对外投资量质齐升。2022年,我国企业在"一带一路"沿线国家非金融类直接投资达到209.7亿美元,同比增长3.3%,占同期总额的17.9%。在沿线国家承包工程完成营业额849.4亿美元,新签合同额1296.2亿美元,分别占总额的54.8%和51.2%。[②] 不仅如此,从投资主体来

---

① 《商务部、国家统计局和国家外汇管理局联合发布〈2022年度中国对外直接投资统计公报〉》,中华人民共和国商务部,http://www.mofcom.gov.cn/article/zwgk/gk-bnjg/202309/20230903443704.shtml,2023年9月28日。

② 《2022年我国对外投资平稳发展》,中国政府网,https://www.gov.cn/xinwen/2023-02/11/content_5741117.htm,2023年2月11日。

看,近年来,非国有企业的对外投资占比不断上升。《中国民营企业对外直接投资指数年度报告》(2021 版)显示,2020 年,我国民营企业对外直接投资项目数量、金额占比在国有、民营、外资和港澳台资 4 大类所有制企业中均位居首位。① 也就是说,在对外投资领域,民营经济的活跃度显著上升。作为更加自由灵活的经营机制,民营经济的成功"走出去"将进一步向国际市场展示中国的技术及产业优势,提升中国企业在世界企业群中的辨识度,形成具备中国特色的对外投资机制与模式。

在最近几年中,我们也可以发现中国的对外投资有一个巨大的亮点,便是中国"品牌出海"迎来了快速发展期。在"走出去"战略实施的初期,中国企业只能以最基础的原料和初加工贸易为主要的出口品,彼时的我们处于全球产业链的最底端。但现在,作为世界第二大经济体以及全球最大的发展中国家,越来越多的中国品牌出现在国际市场上。起初,中国就像一个超大规模的加工产品的"大工厂",随处可见贴着"中国制造"标签的商品流通于国际商品市场,国内各类品牌只能通过"代加工"的方式来提升自身的国际知名度。尽管获得的利润较低,但也确实为中国品牌走进国际市场撕开了"口子"。随着国内产业链和供应链的不断完善,中国品牌的国际价值不断上升,在国际权威品牌价值评估机构发布的"2022 年世界品牌 500 强"名单中,中国品牌入选数达 67 个。②

---

① 薛军等:《中国民营企业对外直接投资指数年度报告(2021 版)》,人民出版社,2022 年。

② 《漂洋航海 中国品牌走向世界的"闯"与"创"》,中华人民共和国发展和改革委员会,https://www.ndrc.gov.cn/wsdwhfz/202305/t20230512_1355653.html,2023 年 5 月 12 日。

根据"2023 福布斯中国·出海全球化品牌 TOP30"的数据显示，国内具有较高影响力的企业，如比亚迪、携程、拼多多 TEMU 等均榜上有名。[①] 总之，以"强品牌"促进高质量发展已经成为普遍共识，必须不断充实我国国际优势品牌的集合，为中国屹立于国际商品市场提供更多的契机。

---

① 《云鲸登榜 2023 福布斯中国·出海全球化品牌 TOP30，获评智能清洁赛道先锋》，中国日报中文网，https://cn.chinadaily.com.cn/a/202401/30/WS65b8aebba31026469ab16d0c.html，2024 年 1 月 30 日。

第五章　营商环境建设的现实路径

——以辽宁省为例

2023 年 7 月,习近平总书记在中共中央政治局会议上对我国当前的经济形势作出了明确的判断,他指出"疫情防控平稳转段后,经济恢复是一个波浪式发展、曲折式前进的过程。我国经济具有巨大的发展韧性和潜力,长期向好的基本面没有改变。"根据国家统计局统计数据显示,2022 年,全年国内生产总值为 1210207 亿元,比上年增长 3.0%。2020 年之前,全年国内生产总值连续两年增长 6.0%左右。2020 年受新冠肺炎疫情影响,尽管我国是全球唯一一个实现经济正增长的经济体,但较上一年仅增长了 2.4%。2021 年,随着一系列复工复产、助企纾困政策的出台,全年国内生产总值较 2020 年增长了 8.4%,增速极快。但 2022 年,这一数据又下降至 3.0%,表明我国的经济发展仍面临着巨大的下行压力,需要进一步激发市场活力,稳定经济秩序,提升市场抗风险能力。[①] 优化营商环境作为解放生产力、提升竞争力的重要

① 《中华人民共和国 2022 年国民经济和社会发展统计公报》,国家统计局,https://www.stats.gov.cn/sj/zxfb/202302/t20230228_1919011.html,2023 年 2 月 28 日。

手段,必须更加精准务实地解决市场主体投资兴业堵点,才能不断扩大市场规模,推动经济平稳增长。

一　辽宁省营商环境建设概况

营商环境建设充满复杂性、挑战性,包括政府改革、市场改进、社会改造等一系列优化项目,各领域改革成果形成合力共同促进市场主体生存环境的优化升级。辽宁省作为传统老工业基地,正处于信息技术与制造业融合发展、以制度创新激励技术创新、以企业改革重组带动资源优化整合的全面振兴关键时期,营商环境建设重要性和紧迫性日益凸显。因此,本书选择以辽宁省的营商环境优化为样例展示营商环境建设的实践路径。2023年,辽宁省优化营商环境建设大会在沈阳召开,会议指出近年来辽宁省营商环境实现根本好转,人民群众和经营主体对营商环境的满意度持续提升。[①] 本部分将对辽宁省的营商环境建设作出综合性概述。

(一)辽宁省营商环境建设的系统性概述

从2016年起至今,辽宁省陆续出台两版《辽宁省优化营商环境条例》《辽宁省营商环境投诉处理办法(试行)》《辽宁省纪委监委营商环境监督行动方案》《辽宁省营商环境建设行动方案(2021—2025年)》《辽宁省营商环境质量提升行动实施方案》等一系列政

---

① 《全省优化营商环境建设大会召开　郝鹏李乐成出席并讲话》,中共沈阳纪律监察委员会,http://www.sysjjjc.gov.cn/xwzx/jjyw/202303/t20230329_4439839.html,2023年3月29日。

策方案,将全省的营商环境建设与优化牢牢嵌入制度化运行轨道。根据辽宁省统计局调查结果,2022 年全省人民群众和市场主体营商环境满意度处于较高水平,人民群众对全省行政执法以及"放管服"改革效果作出较高评价,同时涉及市场主体办事的执法环境、审批环境、监督环境、政务服务环境的满意度均比较高。此外,依法公开通报破坏营商环境案件处理情况也得到好评。[①] 上述调查结果表明辽宁省的营商环境建设正在实现以人民需求为导向的向好发展。

1. 公平竞争的市场环境进一步扩大市场主体规模

2022 年 1 月,《辽宁省营商环境建设行动方案(2021—2025年)》中明确提出要"建设公平竞争的市场环境"。[②] 截至 2023 年 5月末,辽宁省经营主体达到 485.83 万户,同比增长 6.43%,提前实现同年度内上半年预期目标。1 月至 5 月,全省新登记经营主体 30.52 万户,同比增长 16.31%。第一、二、三产业新登记经营主体同比增幅分别为 88.8%、7.88%、11.89%。截至 6 月,全省第一、二、三产业经营主体数量分别为 29.99 万户、49.1 万户和406.74 万户,同比增幅分别为 20.88%、8.26%和 5.28%。[③] 上述数据表明,辽宁省市场主体的生存环境正日益优化,不断激励着更多主体涌入市场。从各类产业的数量及增幅对比来看,全省乡村

---

① 《2022 年辽宁省营商环境改善满意度调查分析报告》,国脉电子政务网,https://www. echinagov. com/news/335181. htm,2023 年 1 月 28 日。

② 《辽宁省营商环境建设行动方案(2021—2025 年)》,辽宁省人民政府,https://www. ln. gov. cn/web/qmzx/yshj/zcwj/FAD126C69A68440A93370E4F92F90FF8/index. shtml,2022 年 1 月 29 日。

③ 唐佳丽:《辽宁:优化发展环境 壮大经营主体》,《辽宁日报》2023 年第 1 期。

营商环境建设效果显著,工业、制造业等传统产业的生产经营环境稳步提升,同时受环境的整体向好影响,各类新业态也不断在市场上涌现。市场本质上由各类"竞争"构成,当公平成为竞争的基本标准时,市场便会激起人们对它的向往,不断扩大的市场主体规模表明辽宁省的公平竞争市场环境已经实现质的提升。

第一,不断完善促进公平竞争政策体系。2021 年,辽宁省开展反垄断"清源"专项行动,共清理政策措施文件 50675 件,废止修订妨碍统一市场和公平竞争的政策措施文件 1067 件①,从源头上为营造公平的市场竞争秩序提供了政策与制度支持。2022—2023 年,辽宁省相继出台《关于在市场体系建设中建立公平竞争审查制度的实施意见》《辽宁省人民政府办公厅关于建立辽宁省公平竞争联席会议制度的通知》《辽宁省促进市场公平竞争条例》等若干制度、方案,进一步建立健全了市场公平竞争的宏观设计。同时,在 2024 年初,辽宁省市场监管局发布地方标准公平竞争审查提示函,要求不得随意使用地方标准变相设定市场准入障碍,限定经营、购买、使用特定经营者提供的商品和服务,设定不合理的条件排斥或者限制经营者参与招标投标、政府采购活动,限制商品和要素自由流通,违法给予特定经营者优惠政策,强制经营者从事反垄断法规定的垄断行为等。② 可以看出,当前维护市场竞争的公平性已经成为辽宁省打造优质营商环境的重要手段。公平竞争是市

---

① 《辽宁省公平竞争审查工作取得实效》,中国质量新闻网,https://www.cqn.com.cn/zj/content/2022-05/05/content_8815356.htm,2022 年 5 月 5 日。

② 《我省发布地方标准公平竞争审查提示函》,辽宁省人民政府,https://www.ln.gov.cn/web/ywdt/tjdt/20240112094418650 61/index.shtml,2024 年 1 月 12 日。

场经济的核心,随着市场主体大幅扩容、数字经济与实体经济加速融合、产业类型及新生业态不断涌现,资源与要素的自由流通将面临着一定的风险和阻碍,市场对公平的需求也会随之越来越大,在良性竞争的基础上不断催生出优质的竞合关系,已经成为辽宁省打造健康市场秩序的关键。

第二,强化反垄断、反不正当竞争执法力度。2018 年末,市场监管总局发布了《市场监管总局关于反垄断执法授权的通知》,要求"省级市场监管部门负责本行政区域内的垄断协议、滥用市场支配地位、滥用行政权力排除限制竞争案件反垄断执法工作"等。[①] 2019 年,辽宁省成立全国首个反垄断执法人才库,此后不断对人才库中的执法人员进行知识水平和业务能力培训。2023 年 12 月,辽宁省又发布了《辽宁省市场监督管理局关于公开选聘反垄断和公平竞争审查专家库成员公告》,专家库的形成将进一步提升反垄断和公平竞争审查工作的专业性、规范性、科学性,为精准开展反垄断、反不正当竞争执法提供科学依据。根据《中国反垄断执法年度报告(2022)》,2022 年,全国反垄断协议执法案件主要集中在医药、教育培训、建材、机动车检测等行业领域。其中,辽宁省组织对锦州中燃有限公司涉嫌滥用市场支配地位等 5 件涉嫌垄断案件线索开展前期核查,完成市场监管总局交办的三件垄断案件线索核查工作。[②] 另外,2019 年,辽宁省市

---

① 《市场监管总局关于反垄断执法授权的通知》,国家市场监督管理总局,https://www.samr.gov.cn/zw/zfxxgk/fdzdgknr/bgt/art/2023/art_97325c1372cf4af4b74ea8cdafa84564.html,2018 年 12 月 28 日。

② 《中国反垄断执法年度报告(2022)》,中国政府网,https://www.gov.cn/lianbo/bumen/202306/P020230612294618624831.pdf,2023 年 6 月。

场监督管理局对东北制药集团股份有限公司涉嫌在中国左卡尼汀原料药市场滥用市场支配地位行为展开立案调查,并于 2023年初依法作出行政处罚决定,最终对涉事公司处以 13,300.44万元的罚款,①此案也成为近年来辽宁省开展反垄断执法的典型案例。2024 年初,辽宁省又分别对盘锦市住房和城乡建设局、辽阳市辽阳县和白塔区住房和城乡建设局的滥用行政权力排除、限制竞争行为作出纠正。可以看出,辽宁省正在不断加大反垄断执法的频次和力度,利用执法权威性,强制有关企业和单位杜绝扰乱市场竞争秩序的垄断行为。另外,2023 年 10 月,辽宁省还发布《经营者反垄断合规导则》省级地方标准,《导则》从机构、制度、队伍、信息化、文化等方面为经营主体防范反垄断合规风险提供指导。这也意味着辽宁省的反垄断执法走上了"硬约束"与"软引导"相结合的阶段。

第三,构建全社会广泛参与的信用联动机制。2021 年,第十三次辽宁省党代会报告提出"把法治环境、信用环境建设作为优化营商环境最突出、最紧迫的任务"。截至 2022 年末,辽宁省累计出台的信用法规 3 部,政府规章 2 个,省委、省政府相关政策文件 10余件。2021 年,更是连续出台了《辽宁省惩戒严重失信行为规定》和《辽宁省社会信用条例》这两部极具辨识度的信用法规。② 辽宁省的信用立法已经走在全国前列,从根本上提升了信用建设的法

---

① 《辽宁省市场监督管理局行政处罚决定书》,国家市场监督管理总局,https://www. samr. gov. cn/cms_files/filemanager/1647978232/attach/20233/P020230220564978823534. pdf,2023 年 3 月。

② 《"辽宁这十年"主题系列新闻发布会(第一场)》,辽宁省人民政府,https://www. ln. gov. cn/web/spzb/2022xwfbh/20221212170932448857/,2022 年 12 月 12 日。

治化水平和信用规制的权威性与公信力。在数字赋能信用信息共享方面,2005 年,辽宁省便率先在全国建立起信用信息归集共享平台,目前已经形成了省、市、县三级信用信息共享平台建设模式,形成了覆盖全省的全省公共信用服务网络系统,信用数据的归集实现了多层次、多角度、多渠道、全覆盖。据统计,2021 年度"信用辽宁"网站共归集"双公示"信息 250 万余条,红黑名单信息 24.5 万余条,其他涉企相关信息 3.16 亿条。完成平台查询和接口调用信用信息 3 万余次,社会公众通过信用中国(辽宁)网站查询近 40 万人次。① 2022 年,辽宁省融资信用服务平台也正式上线运行,其利用信用信息共享机制,全面提升了全省的金融服务效率,切实解决企业的融资难点。除宏观性的信用建设不断完善外,近年来,辽宁省还按照行业细分,不断细化信用建设方案体系。例如,印发《辽宁省公路工程设计和施工企业信用评价实施细则(试行)》《辽宁省知识产权领域信用分级分类监管办法(试行)》《辽宁省医疗保障基金监管信用管理暂行办法》《辽宁省建设工程质量检测机构信用评价管理办法(试行)》等若干信用管理政策措施。不仅如此,政务诚信也是近年来辽宁省营造良好社会信用环境的关键所在。在 2023 年的全力打造一流营商环境主题系列新闻发布会上,辽宁省强调"以政务诚信引领社会信用体系建设"。自 2019 年发布《辽宁省人民政府关于加强诚信政府建设的决定》后,辽宁省已经连续 5

---

① 《对省十三届人大六次会议以诚信社会建设助推辽宁高质量发展(第 1235 号)的答复》,辽宁省发展和改革委员会,https://fgw.ln.gov.cn/fgw/zfxxgk/fdzdgknr/jyta/srddbjy/sssjrdlchy2022/823AEF2D0E094E1C8E12D0D0FAB6D48E/index.shtml,2022 年 9 月 14 日。

年开展政府失信行为专项整治,并组织开展全省政务诚信监测评价。2023 年,沈阳市发布《行政村诚信评价指标与规范》《区县(市)政务诚信评价指标与规范》《诚信示范企业评价指标与规范》等三项标准,在全国率先建立起覆盖政府和企业信用的系列地方标准。综合来看,辽宁省的社会信用建设加速明显,诚实守信成为政府、市场、社会的自觉追求,营商环境在信用框架下不断实现质的飞跃。

第四,大力强化社会创新创造激励与保护力度。习近平总书记曾指出"知识产权保护工作关系国家对外开放大局,只有严格保护知识产权,才能优化营商环境、建设更高水平开放型经济新体制"。近年来,辽宁省不断完善地区知识产权保护制度,最大限度激发社会创新创造势能。数据显示,辽宁省在"十三五"末期,每万人口发明专利拥有量达到 10.98 件,全省 R&D 经费(研究与试验发展经费)支出占 GDP 的比重达到 2.19%,列全国第 11 位。全省 19 家省级以上高新区贡献全省 13.9% 的地区生产总值、29.2% 的高新技术产品产值。[①] 而截至 2022 年末,每万人口发明专利拥有量上升至 15.14 件,全年 R&D 经费支出预计 660 亿元左右,占 GDP 的比重为 2.28%。[②] 由上述数据可以看出,辽宁省的科技创新正处于"爬坡"阶段。

---

① 《辽宁省"十四五"科技创新规划》,辽宁省人民政府,https://www.ln.gov.cn/web/zwgkx/zfxxgk1/fdzdgknr/ghxx/zxgh/20230206164829883735/index.shtml,2022 年 2 月 21 日。

② 《二〇二二年辽宁省国民经济和社会发展统计公报》,辽宁省人民政府,https://www.ln.gov.cn/web/zwgkx/tjgb2/ln/20230329120438500007/index.shtml,2023 年 3 月 16 日。

尽管与发达地区仍存在一定的差距,但整体上全省的创新环境已经得到显著优化。从保护和激励创新的具体实践来看,近年来,辽宁省不断加大知识产权保护力度。出台了《辽宁省知识产权保护办法》《关于新形势下加快知识产权强省建设的实施意见》《辽宁省专利奖励办法》《辽宁省关于强化知识产权保护的实施意见》等多部政策方案,不断强化知识产权保护的政策支撑。2021 年,《辽宁省知识产权保护条例》出台,标志着全省知识产权保护的制度性地位得到根本巩固。同年,《辽宁省"十四五"知识产权保护和运用规划》发布,对全省知识产权保护进行详细的安排和部署。同时,辽宁省不断加强法院系统、市场监管系统、海关系统等对知识产权违法犯罪案件的监管查处力度。2022 年,全省法院受理各类知识产权案件 13134 件,全省市场监管系统查处知识产权案件 467 件,大连海关共对侵权涉嫌货物采取知识产权保护措施 157 批次、查扣侵权货物 116 批次,涉及货物数量 25.38 万件。沈阳海关共查获侵权货物 1905 批次,涉及货物 16776 件,扣留货物 7834 件。此外,为提升维权的便捷性和可获得性,2022 年,辽宁省新设维权工作站 19 家,全省维权工作站数量达到 131 家。① 在促进全省的创新发展能力上,辽宁可谓是火力全开,既注重个人知识产权的保护,又注重企业科技创新激励及保障。出台了若干企业科技创新相关政策法规,不断完善科技型企业的公共服务体系。据统计,2023 年,辽宁省新增注册科技型中小企业 10341 家,同比增长 55.6%,总数

---

① 《2022 年辽宁省知识产权发展与保护情况新闻发布会》,辽宁省人民政府,https://www.ln.gov.cn/web/spzb/2023nxwfbh/2023042515311362188/,2023 年 4 月 25 日。

达到 33484 家。① 为进一步解决科技型企业的融资问题，2023年，《辽宁省金融支持科技型企业全生命周期发展若干举措》出台，从根本上为满足科技型企业全生命周期的融资需求提供了解决方案。总的来说，辽宁省总体的创新水平正在急速上升，社会创新创造潜力正在被深入挖掘，更具竞争力的创新生态已经形成，这也必将促进全省营商环境的数字转型。

2. 法治环境成为辽宁省经济发展的核心竞争力

全面依法治省是依法治国战略在地方政府发挥成效的主要载体，也是实现国家治理体系和治理能力现代化的基本手段。近年来，法治环境优化成为辽宁省优化营商环境建设中最突出、最紧迫的任务。《辽宁省营商环境建设行动方案（2021—2025 年）》中明确指出，要坚持以法治化为着力点，为各类市场主体投资兴业提供保障。② 2023 年，新的营商环境建设方案——《辽宁省营商环境质量提升行动实施方案》出台，《方案》围绕 44 项重点任务清晰地规划了辽宁省营商环境质量提升路径。2024 年初，辽宁省第十三届省委全面依法治省委员会第二次会议又从立法、执法、司法、守法四个环节提出全省法治化营商环境建设要不断强化法治供给、加快推进依法行政、规范司法权力、推进法治社会建设。③ 根据辽宁省统计局

———————————

① 《去年我省新增注册科技型中小企业超万家》，中国新闻网，https://www.ln.chinanews.com.cn/news/2024/0116/340616.html，2024 年 1 月 16 日。

② 《辽宁省人民政府办公厅关于印发〈辽宁省营商环境建设行动方案（2021—2025 年）〉的通知》，辽宁省人民政府，https://www.ln.gov.cn/web/qmzx/yshj/zcwj/FAD126C69A68440A93370E4F92F90FF8/index.shtml，2022 年 1 月 19 日。

③ 《以高水平法治更好保障高质量发展为实现新时代辽宁全面振兴打牢法治根基》，辽宁省人民政府，https://www.ln.gov.cn/web/zwgkx/rdxx01_105674/202401091629452 7555/index.shtml，2024 年 1 月 9 日。

发布的《2022年辽宁省营商环境改善满意度调查分析报告》可以得出,2022年,人民群众对行政机关的执法工作,市场主体对政府依法行政的信用环境、司法环境、执法环境以及人民群众和市场主体对纪委监委依法公开通报破坏营商环境案件处理情况的满意度均比较高①,这表明辽宁省的法治化营商环境取得了系统性的改善。

第一,建立健全营商环境法治体系和工作机制。近年来,围绕《优化营商环境条例》,辽宁省不断完善法治化营商环境建设的法规体系。从宏观顶层设计来看,辽宁省继2016年在全国率先发布《辽宁省优化营商环境条例》后,又于2019年在辽宁省第十三届人民代表大会常务委员会第十二次会议上通过了新版《辽宁省优化营商环境条例》。两版《条例》从根本上奠定了全省营商环境建设的总基调。2022年1月,《辽宁省营商环境建设行动方案(2021—2025年)》正式出台,提出要"全力打造办事方便、法治良好、成本竞争力强、生态宜居的营商环境",《方案》分别对市场环境、政务环境、法治环境、开放环境、人文环境等作出具体建设部署②,形成了营商环境建设主线。2023年,升级版行动方案——《辽宁省营商环境质量提升行动实施方案》出台,该《方案》的出台将全省的营商环境建设推向了新的高度,其更加强调营造公平诚信的法治环境。③

---

① 《2022年辽宁省营商环境改善满意度调查分析报告》,中共辽宁省纪律检查委员会,http://lnsjjjc. gov. cn/snyw/1245570. jhtml,2023年1月28日。

② 《辽宁省营商环境建设行动方案(2021—2025年)》,辽宁省人民政府,https://www. ln. gov. cn/web/qmzx/yshj/zcwj/FAD126C69A68440A93370E4F92F90FF8/index. shtml,2022年1月29日。

③ 《营商环境再升级〈辽宁省营商环境质量提升行动实施方案〉出台》,辽宁省大数据管理局,https://ysj. ln. gov. cn/ysj/gzdt/2023042516235539320/index. shtml,2023年4月25日。

从经济治理领域的立法来看,近年来,辽宁省的营商环境法规体系日益丰满。例如,2018年,《辽宁省行政审批中介服务管理条例》《辽宁省社会组织管理条例》《辽宁省开发区条例》等三部优化营商环境法规出台。2019年,《辽宁省企业权益保护条例》在辽宁省第十三届人民代表大会常务委员会第十四次会议上审议通过。2020年,《辽宁省防范和处置金融风险条例》制定印发。2021年,《辽宁省促进制造业高质量发展暂行规定》被纳入年度立法计划,同时修订《辽宁省促进中小企业发展条例》,一系列政策法规为营商环境建设提供了坚实的法治根基,使得市场经济不断走向法治经济。

在队伍建设上,辽宁省政法系统始终将打造法治化营商环境作为工作中的"重头戏"。2020年,《辽宁政法机关加强法治化营商环境建设指导意见》出台,同时还配套出台了《辽宁政法机关加强法治化营商环境建设工作方案》,为政法机关开展营商环境建设工作提供了基本遵循。同年,辽宁省发布《辽宁政法干警优化营商环境"十个严禁"》,从根本上规范了政法队伍的执法公正性和文明性。

2022年初,省委政法委制定印发《辽宁法治化营商环境建设"六抓六促"工程》,使政法领域的营商环境建设具备了更加清晰的规划。2023年,辽宁省委政法委又印发了《辽宁法治化营商环境建设"五个一批"创建活动方案》。同时,辽宁省高院、检察院、公安厅、司法厅分别制定《关于服务保障辽宁全面振兴新突破三年行动的实施方案》《辽宁省检察机关服务保障辽宁全面振兴新突破三年行动五大工程、十五项举措(2023—2025年)》《2023年全省公安机关优化营商环境建设重点工作任务实施方案》《全省司法行政系统法治化营商环境建设"2＋2＋3"专项工作方案》等政策法规。可以看出,以法治手段打造优质营商环境已经成为辽宁省各治理单位的基本共识。随着法治思维的不断占领思想高地,营商环境受不良风险损害的几率将进一步降低,市场主体对整体生存环境的主观感受也会随之升高。

第二,多措并举提升行政执法能力。进一步规范行政执法行为,是各项营商环境政策落地落实的基本保障。近年来,辽宁省为提升营商环境执法质效,从诸多方面探索执法能力提升举措。2019年4月,《辽宁省全面推行行政执法公示制度 执法全过程记录制度 重大执法决定法制审核制度实施方案》出台,这三项制度的制定使得行政执法的透明度和合规度大幅上升,有效地防止了执法过程中的乱作为与不作为问题。随后,关于上述三项制度的具体实施办法也相继发布,使得三项制度的实施有章可循,同时对于违反上述制度的行为判定也有据可依。为不断提升执法的规范性,辽宁省还重新修订《辽宁省行政执法条例》和《辽宁省规范行政裁量权基准办法》,前者为全省相关部门和人员开展行政执法工作提供了基本框架,后者从法律上赋予行政执法人员一定的弹性执法权限,按照科学公正的执法尺度和标准提升了执法的公正合理性。同时,围绕2017年出台的《辽宁省涉企行政执法检查计划管理办法》,辽宁省不断创新涉企行政执法检查方式与手段,以保证行政执法工作对企业的正常生产生活不造成影响。根据《辽宁省人民政府关于2022年法治政府建设情况的报告》,2022年,辽宁省坚持以问题为导向,大力纠正执法突出问题。通过开展行政执法专项考核,共计整改问题 2.56 万个,集中整治了行政执法 18 个领域的 50 余项突出问题,督促纠正违规违法行为 4432 起。①

　　辽宁省在不断完善行政执法制度建设和方案体系的同时,还不断创新行政执法手段。2020 年,辽宁省出台《辽宁省全面推行部门联合"双随机、一公开"监管实施方案》,提出依托"互联网＋监管"系统,建设全省统一的"双随机、一公开"监管工作平台。② 在此基础上,2023 年,辽宁省探索实现"对监管的监管",创新打造"一单两库"管理模式,建立执法检查人员名录库和与部门职责相对应的检查对象名录库,以避免出现职能重复和监管真空问题。截至 2023 年 4 月 15 日,辽宁省已有 2664 个政府部门进入平台,厘清监管职责,向社会公布 2031 个《随机抽查事项清单》和 1055 个《重点监管事项清单》,"照单监管"模式已经初步形成,为开展营商环境精准执法提供了保障。③ 近年来,开展柔性执法也是辽宁省进行行政体制改革的重点内容。2021 年,《辽宁省市场监管领域轻微违法行为不予行政处罚实施办法》正式出台,随后逐年发布《辽宁省市场监管局轻微违法行为包容免罚清单》,两部文件从对市场主体轻微违法行为建立容错纠错机制为出发点,将标准化执法与人性化服务相结合,维护了市场主体权益,促进违法者自觉改

---

① 《辽宁省人民政府关于 2022 年法治政府建设情况的报告》,辽宁省人民政府,https://www.ln.gov.cn/web/ywdt/jrln/wzxx2018/2023033114553615874/index.shtml,2023 年 3 月 31 日。

② 《辽宁省人民政府关于印发〈辽宁省全面推行部门联合"双随机、一公开"监管实施方案〉的通知》,辽宁省人民政府,https://www.ln.gov.cn/web/zwgkx/zfxxgk1/zc/xzgfxwj/szf/szfwj/2023010322052288311/index.shtml,2020 年 1 月 10 日。

③ 《我省开展"双随机、一公开"跨部门联合监管抽检》,新华网,http://ln.news.cn/2023-04/21/c_1129545313.htm,2023 年 4 月 21 日。

正行为。为深入落实"包容免罚"新型监管措施,盘锦市还创新性地提出了"721"工作法,即 70% 的问题用服务解决,20% 的问题用管理解决,10% 的问题用执法解决。① 2022 年,《辽宁省市场监督管理局关于推行包容审慎监管优化营商环境的指导意见》出台,包容审慎监管体制与营商环境建设的融合度进一步提升。在以"包容审慎"为典型代表的柔性执法机制下,市场主体的自主生产经营空间将被放宽,市场活力也将进一步迸发。

第三,持续打造良好司法生态。"确保公正、维护秩序"是司法存在的基本意义。对市场主体来说,有效的司法保护与服务体系是打造安全稳定生产经营环境、营造稳定健康的经济市场、提升资源利用效率、保护市场主体合法权益的基本要求。《辽宁省纪委监委营商环境监督行动方案》中明确强调要"整治司法不公、司法腐败问题,监督打造"公平公正"的司法环境"。② 党的十八大以后,辽宁省高度关注司法腐败问题的整治,尤其是重点查处政治问题和经济问题交织的腐败案件。截至 2022 年 6 月,辽宁省纪检监察机关在金融、政法、国企等领域共立案 213593 件、处分 192761 人、移送检察机关 5187 人,其中处分厅局级干部 1011 人、县处级干部 9338 人。③ 2022 年和 2023 年,辽宁省纪委监委逐年分三轮向基层纪委分别集中交办 10975 件和 11789 件

---

① 《盘锦市全面推行柔性执法助力营商环境建设》,盘锦市司法局,https://sfj. panjin. gov. cn/2021_12/23_08/content-355882. html,2021 年 12 月 23 日。

② 《辽宁省纪委监委营商环境监督行动方案》全文,中共辽宁省纪律检查委员会,http://lnsjjjc. gov. cn/rrdsysgjsdt/600216. jhtml,2022 年 1 月 10 日。

③ 《〈中国这十年〉辽宁:反腐败斗争取得压倒性胜利并全面巩固》,中国新闻网,https://www. chinanews. com. cn/gn/2022/09-06/9846096. shtml,2022 年 9 月 6 日。

"微腐败"信访举报案件。① 2023 年,辽宁省还开展营商环境问题"万件清理"监督行动,督办解决营商环境问题近 1.7 万个,立案 5671 件,处分 6746 人。② 数据表明,当前辽宁省在法治化营商环境建设领域的反腐败力度持续加强。为进一步加强反腐败对司法人员的威慑作用,2023 年,《辽宁省人民代表大会常务委员会关于加强司法工作人员相关职务犯罪侦查工作 切实维护司法公正的决议》也正式出台,该《决议》从五个方面对司法工作人员相关职务犯罪侦查工作作出指导,对进一步净化司法生态具有重要作用。

在司法服务创新方面,各司法机关还大力推进涉案企业合规改革,2022 年,由辽宁省工商联、省检察院等 11 家单位组成的辽宁省涉案企业合规第三方监督评估机制管理委员会正式成立。2023 年 5 月,辽宁省检察院与省法院联合印发《关于联合推进涉案企业合规改革的实施办法》,6 月,辽宁省高法、省公安厅正式加入涉案企业合规第三方监督评估机制管委会。全省公、检、法三方建立起规范协作体系,实现合规改革刑事诉讼全流程适用。据统计,自 2021 年 3 月辽宁省被确定为全国涉案企业合规改革试点地区后,截至 2023 年 11 月,辽宁省已累计办理涉案企业合规案件 353 件,适用第三方监督评估机制 307 件,在已办理涉案企业合规案件中,共涉及企业 361 家,检察机关已对 115 家涉案企业、215 名企业主或经

---

① 《从严整治"微腐败"辽宁两年来集中交办 22764 件信访举报》,中国经济网,http://www. ce. cn/xwzx/gnsz/gdxw/202311/01/t20231101_38773286. shtml,2023 年 11 月 1 日。

② 《辽宁省纪委监委发布 2023 年正风肃纪反腐十大"关键词"》,法制网,http:// www. legaldaily. com. cn/index/content/2024-01/07/content_8947517. html,2024 年 1 月 7 日。

营管理人员作出不起诉决定,众多涉案企业实现"司法康复"。① 企业合规改革从根本上推动了企业的合法合规经营,对预防企业违法犯罪具有极高的教育警示作用,同时也大大降低了企业犯罪造成的权益损害,可以说是打造法治化营商环境的一大壮举。作为"维稳"基本手段,辽宁省近年来的创新性司法实践层出不穷,除上述提到的各类司法机关自我革命以及涉企服务优化等,还推出了若干维护社会大局稳定、为市场主体提供和谐安全生存大环境的关键举措,例如,2023 年出台《关于加强"四所一庭"联动 推动矛盾纠纷多元化解的指导意见》,提出共建联动联调预防化解矛盾纠纷机制。再如,出台《全省司法行政系统法治化营商环境建设"2+2+3"专项工作方案》,通过建立新型工作机制,提升营商环境建设中的执法司法质效和公信力。可以看出,当前辽宁省的司法环境正处于全方位优化阶段,切实为打造法治化营商环境提供坚实的后盾。

第四,建立全方位普法新格局。普法是提高人民群众和市场主体法律意识的基础性工作。只有普法到位,提升法律在人们心中的警示作用,才能从根本上实现法治、促进良治。为全面提高人民群众的知法守法意识,辽宁省以《中华人民共和国宪法》和《中华人民共和国民法典》的教育宣传为主线,形成了"12·4"国家宪法日和宪法宣传周常态化普法机制。同时,积极打造在线学习平台,开展国家机关工作人员民法典知识测试,组织律师开展民法典进企业宣讲。基于乡村文化生活习惯特点,辽宁省积极建设"村(居)

① 《辽宁省实现涉案企业合规改革诉讼全流程适用》,阜新市中级人民法院,http://fx. lncourt. gov. cn/article/detail/2023/11/id/7634729. shtml,2023 年 11 月 13 日。

民评理说事点",将普法融入评理说事全过程,使农村基层的普法工作深入人心,加深了基层民众对相关法律知识的理解与运用,提高了基层群众获得法律服务的快捷性。截至 2023 年 3 月,辽宁省已经建立了 1.6 万余个"村(居)民评理说事点"①,为乡村普法工作提供了基本载体。此外,辽宁省还积极推进乡村"法律明白人"培养工程,旨在培养一支群众身边的普法依法治理工作队伍。2022 年起,辽宁省还组织开展农村"学法用法示范户"培育工作,截至 2023 年 11 月,全省共有 6.8 万余名"法律明白人",已培育有引领带动作用的"学法用法示范户"8000 余个。② 基层学法用法意识的普遍提升将进一步提高社会治理的法治化水平,尤其将进一步提升乡村营商环境法治化程度。

为了规范市场主体及各类企业的守法经营,从源头上降低经济领域的违法犯罪行为,辽宁省深入一线开展"送法入企"活动,并坚决落实"执法普法一体化"工作机制,坚持"谁执法、谁普法"。例如,2022 年,鞍山市生态环境局编制印发《鞍山市生态环境执法领域优化营商环境手册》《鞍山市生态环境保护执法典型案例宣传手册》,对企业生产经营各方面的法律法规进行业务指导,压实企业环保主体责任。③ 为保证企业能在法治轨道上健康运行,辽宁省还持续开展民营企业"法治体检"专项行动,精准对接企业的法律

---

① 《2025 年辽宁省将实现普法示范点全覆盖》,央视网,https://dbzx.cctv.com/2023/03/31/ARTIYNTry4vCoSAq9co84XSz230331.shtml,2023 年 3 月 31 日。

② 《我省着力提升法治乡村建设水平 推动普法"进村""入户""到人"》,辽宁省司法厅,https://sft.ln.gov.cn/sft/gzdt/tgzdt/2023071115303996182/index.shtml,2023 年 7 月 11 日。

③ 《面对面送法入企 零距离普法服务》,鞍山市生态环境局,http://sthjj.anshan.gov.cn/html/HBJ/202211/0166970164681467.html,2022 年 11 月 27 日。

需求。各地方不断创新"法治体检"形式。2022 年,大连开启首家"法治超市"并开展"法治超市明星店"创建活动,2023 年,朝阳市开展"一起益企"中小企业服务行动、营口市出台《法律服务合作框架协议》并开展"百名律师进企业把脉服务"活动,阜新市为企业提供订单式"法治体检"。① 从数据来看,仅 2023 年上半年,全省就有 47 家律师事务所、近 200 名律师走访企业 200 余次,为企业解决法律诉求和问题 300 件。② "法治体检"是降低企业违法风险的一把利器,通过提供精准的法律服务,大大降低企业违规经营风险,维护企业各项权益,使企业依法开展各类经营活动。目前,辽宁省多层次、多载体的新型普法格局已经形成,普法质效不断提升人民群众和市场主体的法律意识,助力全社会形成遵纪守法的良好风气,实现真正将"人人都是营商环境"融入社会治理格局。

3. 政务环境为打造高质量营商环境"兜底"

理顺政府与市场关系是营商环境建设的核心任务,也是政务环境优化升级的基本前提。2018 年,习近平总书记在考察东北时强调要"全面净化党内政治生态,营造风清气正、昂扬向上的社会氛围"。2023 年 9 月,总书记在新时代推动东北全面振兴座谈会上再次重申要"进一步优化政治生态",并将政治生态与营商环境紧密结合,充分表明政治生态是营商环境优劣的先决条件之一,应推进二者的一体化建设。优质的政务环境既需要良好的政治生态,又需要配合高

---

① 《企业爬坡过坎超级"遍、便、变"——辽宁省司法行政系统打造优化营商环境法律服务辽宁经验》,法制网,http://www.legaldaily.com.cn/index/content/2023-05/16/content_8854533.html,2023 年 5 月 16 日。

② 《全省近 200 名律师走进民营企业开展服务"法治体检"呵护企业健康发展》,新华网,http://ln.news.cn/2023-05/29/c_1129652762.htm,2023 年 5 月 29 日。

效的行政体制机制。2019 年修订的《辽宁省优化营商环境条例》中明确提出要打造"高效便利政务环境",要在政务和公共服务方面实现"精简程序、减少环节、缩短时限、优化流程"。[①] 根据《2023 年省政府工作报告》可知,2022 年,辽宁省进行了一系列政务改革措施,各级政府刀刃向内,加强营商环境问题整治整改。全面深化"放管服"改革,大幅缩减了政务服务事项平均办理时间。出台政务严重失信行为联合惩戒实施办法。[②] 目前,辽宁省政务环境已经实现了由内而外的"改头换面",切实提升了群众和市场主体的办事体验。

第一,以良好政治生态推动营商环境政策落实。2023 年 5 月,辽宁省持续净化政治生态暨警示教育大会召开,大会主题为"以风清气正的良好政治生态保障全面振兴新突破"。可见,改善政治生态在辽宁振兴发展中具有相当重要的意义。2023 年,辽宁省营商局带头开启"办事不找关系"政务办理改革,依托辽宁政务服务网、辽宁阳光三务 APP、"辽事通"等线上平台建设"办事不找关系"专区。为进一步方便群众和市场主体办事,全省五级政务服务部门启动编制《办事不找关系指南》(以下简称《指南》)。2023 年,《指南》共核定辽宁全省高频热点权力事项 47.3 万项、可容缺办理事项 8.4 万项,绘制办事路径图 3.2 万张。[③] 除明确若干政

---

① 《辽宁省优化营商环境条例》,辽宁省人民政府,https://www.ln.gov.cn/web/qmzx/yshj/zcwj/9A5FA6FE379A4DDAAFF1EA8AF653764D/index.shtml,2019 年 8 月 8 日。

② 《2023 年省政府工作报告——2023 年 1 月 12 日在辽宁省第十四届人民代表大会第一次会议上》,辽宁省人民政府,https://www.ln.gov.cn/web/zwgkx/zfgzbg/szf-gzbg/EE9395E0C27941F89E476E1B07369A44/index.shtml,2023 年 1 月 18 日。

③ 《2023 年,辽宁营商环境发生重大转变——打造"升级版"迎来"好预期"》,辽宁省人力资源和社会保障厅,https://rst.ln.gov.cn/rst/ztzl/yshjjs/2024010909310399273/index.shtml,2024 年 1 月 9 日。

务办理流程及材料提交事项外,《指南》还加入了"违规禁办清单",确定了违规禁办事项 12.5 万项、违规禁办情形 27.8 万种。从表面看,"办事不找关系"改革既降低了主体的办事难度,又降低了制度性交易成本,使各类市场主体能在最短的时间内完成业务办理。但从深层次看,"办事不找关系"与各类在线政务服务平台的紧密配合,使办事者在一定程度上减少了与工作人员直接接触的机会,事实上更是治理腐败、优化政治生态的重要举措。与此同时,辽宁省还同步推进政务服务"清风辽宁"品牌打造,通过设立"清风辽宁政务窗口",优化窗口政务服务,为群众和企业开启绿色"办事通道"。截至 2023 年 8 月,全省 1931 个政务窗口获评首批"清风辽宁政务窗口",其中包括 35 个省级政务窗口和 1896 个地方政务窗口。① 在"中国改革 2023 年度案例征集活动"中,辽宁省有 9 项改革入选"中国改革 2023 年度地方全面深化改革典型案例",其中就包括"打造'清风辽宁政务窗口'创建良好营商环境"。目前,"清风窗口"已经成为全省净化政治生态、优化营商环境、展现地区良好政务形象的基本载体,真正实现了以服务"小窗口"推动作风"大转变"。

第二,以简政放权为主线优化政府职能。党的十八大以后,辽宁省出台《辽宁省人民政府转变职能简政放权实施意见》和《省政府第一批取消和调整的行政职权目录》,标志着全省正式进入到简政放权的制度化改革进程。党的十九大之后,尤其是进入到营商环境建设时期,简政放权改革进程进一步加快。在放权方面,辽宁

---

① 《首批 1931 个政务窗口获评"清风辽宁政务窗口"》,辽宁省大数据管理局,https://ysj. ln. gov. cn/ysj/gzdt/20230811111575880112/index. shtml,2023 年 8 月 11 日。

省不断强化减权放权力度。2018年,全省取消调整省级行政职权521项。① 2020年,又取消下放调整省级行政职权1005项。② 在自贸区的赋权上,2018年,辽宁省向各自贸区管委会下放省级行政职权133项。③ 2021年,省政府又向各自贸区下放省级行政职权事项454项。④ 两次赋权极大地提高了自贸区营商环境建设的自主性和自由度,有力地提升了自贸区的综合竞争力。

在简政方面,辽宁省以行政审批制度改革为主线,尤其注重"工程项目"的行政审批流程优化。2019年,相关部门制定印发了《辽宁省工程建设项目审批制度改革实施方案》。2019年6月底,全省工程建设项目审批时间就已经压缩至90个工作日以内。⑤ 2022年,"深化工程建设项目审批制度改革"被纳入营商环境建设方案,并提出将工程建设项目全流程审批时限压缩至60个工作日以内。⑥ 同年,辽宁省出台了《关于加强工程建设项目审批全流程

① 《辽宁:提高放权"含金量" 解决企业"办事难"》,辽宁省人民政府,https://www.gov.cn/xinwen/2019-02/19/content_5366722.htm,2019年2月19日。

② 《辽宁省人民政府关于取消下放调整一批省级行政权事项的决定》,辽宁省工业和信息化厅,https://gxt.ln.gov.cn/gxt/yfxz/yshj/9CB5D221A1C04F4F963FAE825A661E26/index.shtml,2020年9月10日。

③ 《辽宁省人民政府关于赋予中国(辽宁)自由贸易试验区各片区管委会第一批省级行政职权的决定》,辽宁省商务厅,https://swt.ln.gov.cn/swt/zfxxgk/fdzdgknr/ghxx/ptzc/C20C9EAC81DB476CB7DA3E3578FD8B67/index.shtml,2020年11月25日。

④ 《辽宁省人民政府关于赋予中国(辽宁)自由贸易试验区一批省级行政权事项的决定》,辽宁省人民政府,https://www.ln.gov.cn/web/zwgkx/zfxxgk1/zc/xzgfxwj/szf/szfwj/2023010321390033607/index.shtml,2021年2月5日。

⑤ 《辽宁省对工程建设项目审批制度实施改革》,中国政府网,https://www.gov.cn/xinwen/2019-05/28/content_5395370.htm,2019年5月28日。

⑥ 《辽宁省人民政府办公厅关于印发〈辽宁省营商环境建设行动方案(2021—2025年)〉的通知》,辽宁省人民政府,https://www.ln.gov.cn/web/qmzx/yshj/zcwj/FAD126C69A68440A93370E4F92F90FF8/index.shtml,2022年1月29日。

管理的指导意见》,要求根据《辽宁省工程建设项目审批全流程管理通用流程图(2022 版)》和《辽宁省工程建设项目审批全流程管理时间计算规则(2022 版)》严格控制审批时间,这也意味着辽宁省的工程项目审批流程被进一步精简优化。接下来,辽宁省将着力通过地市多规合一系统与工程建设项目审批管理系统互联互通。

在具体改革措施上,2018 年,《辽宁省全面推开"证照分离"改革实施方案》制定下发,共有 106 项涉企行政审批事项在全省范围内对分别按照直接取消审批、审批改为备案、实行告知承诺和优化准入服务等四种方式实施"证照分离"改革。[①] 2019 年,《中国(辽宁)自由贸易试验区"证照分离"改革全覆盖试点实施方案》也正式出台,决定也按照上述四类方式,在沈阳、大连、营口三个片区开展"证照分离"改革全覆盖试点。[②] 2021 年,在上述两次试点改革的基础上,"证照分离"改革实现全省全覆盖。2022 年,辽宁省全面实行"行政许可事项清单管理制度",大大提升了行政审批工作的规范性和科学性,优化了行政审批流程。另外,为进一步简化和优化市场主体登记服务,辽宁省 2014 年开始实行"一照多址""一证多址"改革,这一措施放宽了经营场所登记备案条件,为企业的可持续扩大发展进一步减负。2020 年,《关于进一步优化登记管理

---

①　《辽宁省人民政府关于印发〈辽宁省全面推开"证照分离"改革实施方案〉的通知》,辽宁省人民政府,https://www.ln.gov.cn/web/zwgkx/zffwj/szfwj/zfwj2011_125195/41169BF413EE489B8A338F69637D5769/index.shtml,2018 年 11 月 8 日。

②　《辽宁省人民政府关于印发〈中国(辽宁)自由贸易试验区"证照分离"改革全覆盖试点实施方案〉的通知》,辽宁省人民政府,https://www.ln.gov.cn/web/zwgkx/lnsrmzfgb/2020n/qk/2020n_deq/szfwj/4ACB124FFFB04B90B1BE012A1F5242DA/index.shtml,2019 年 11 月 28 日。

释放住所(经营场所)资源的通知》和《市场主体住所(经营场所)禁止类限制类目录》发布,进一步为"一照多址""一址多照"的企业开办经营模式提供支持,并推动破除各种形式的市场准入不合理限制和隐性壁垒。2022 年,辽宁省开始实行"免申即享"政策,以"惠企政策应享尽享、即享即兑"为实施原则,采用"零材料"的方式让企业享受相关税费优惠政策。据统计,截至 2023 年 2 月,辽宁省已经累计推出 647 条"免申即享"政策,共惠及企业 385 万户次,兑现资金支持超过 17 亿元,税费优惠达 672 亿元,减少跑动达 650 万次以上,减少申请达 500 万次以上。① "免申即享"使企业足不出户便可享受相关政策和优惠,是精简企业办事流程的又一重要举措。从一系列放权与审批制度改革来看,目前企业进入市场的渠道更加畅通,拓展经营空间的体制机制障碍逐渐减少,对于建设优化营商环境来讲,这无疑是一个巨大的进步。

第三,数字赋能打造新型政务服务体系。《国务院关于加强数字政府建设的指导意见》中明确提出"加强数字政府建设,是创新政府治理理念和方式的重要举措,对建设法治政府、廉洁政府和服务型政府意义重大"。② 近年来,辽宁省为提升政务服务的便捷高效,相继出台了《辽宁省加快推进全省一体化在线政务服务平台建设实施方案》《辽宁省政务服务"一网通办"平台管理暂行办法》《数字辽宁发展规划》《辽宁省"十四五"数字政府发展规划》等多部实

---

① 《辽宁"免申即享"改革惠及企业 385 万户次》,辽宁省营商环境建设局,https://ysj. ln. gov. cn/ysj/gzdt/2023022009362725298/index. shtml,2023 年 2 月 20 日。

② 《国务院关于加强数字政府建设的指导意见》,中国政府网,https://www.gov. cn/zhengce/content/2022-06/23/content_5697299. htm,2022 年 6 月 23 日。

现政务服务数字化转型的指导文件。据统计,截至 2021 年 2 月,省级实际网办率已经达到 95.6%,各市实际网办率达到 46.7%。① 2022 年全年,辽宁省一体化政务服务平台实名注册人数超过 5000 万,927 个"高频刚需"事项实现"掌上办、指尖办",137 个事项实现"跨省通办"。② "辽事通"APP 自 2019 年上线以来,截至 2023 年 9 月,已经上线服务事项 3340 项,实名注册用户 5350 万,提供各类服务 150 亿次,平均每月 200 多万人在线办理各类业务。③

　　在优化企业进入与退出机制上,2019 年起,辽宁省开始进行企业开办和注销登记改革,开通企业开办"一网通办"和企业注销"一网服务"平台。2020 年 12 月,升级版的企业开办"一网通办"正式上线,截至 2022 年 5 月,平台已经实现企业登记、刻制公章、申领发票和税控设备、社保登记、医保登记、住房公积金企业缴存登记、银行预约开户等事项全流程线上办理,全省一般性企业开办时间已经压缩至 1 个工作日。④ 2021 年 2 月,《企业简易注销登记改革试点办法》出台,要求进一步简化企业简易注销登记申请材料,完善企业注销网上服务功能。据统计,2022 年 1 月至 11 月,

---

① 《辽宁省政务服务数字化取得重大突破》,中华人民共和国国家互联网办公室,http://www.cac.gov.cn/2021-02/09/c_1614443424096415.htm,2021 年 2 月 9 日。

② 《辽宁举行"辽事通"上线运行四周年新闻发布会》,国务院新闻办公室,http://www.scio.gov.cn/xwfb/dfxwfb/gssfbh/ln_13831/202309/t20230922_770726.html,2023 年 9 月 20 日,2023 年 1 月 9 日。

③ 《政务服务更智慧 群众办事更便捷》,新华网,http://m.news.cn/ln/2023-01/09/c_1129266118.htm,2023 年 1 月 9 日。

④ 《网上办 马上办 一次办——"一网通办"平台为民服务"更进一步"》,辽宁省人民政府,https://www.ln.gov.cn/web/zxft/F9151AC7A3D14DAF8DEAF0BFBB76B032/index.shtml,2022 年 5 月 20 日。

全省通过简易注销程序退出的企业数量达 4.95 万户，占企业注销总量的 67.49%。①

　　在涉企审批服务方面，2020 年，辽宁省发布了《辽宁省一体化政务服务平台电子证照管理实施办法（试行）》，截至 2023 年 1 月，全省各政务服务部门归集制作电子证照 424 类，数量达 1.17 亿个，在政务服务过程中加盖电子印章 1.1 亿次。② 在具体的事项办理中，2019 年，辽宁省出台《辽宁省推进"最多跑一次"规定》，截至 2020 年 9 月，就已经公布了 1777 项"一件事"事项。2023 年，《深入推进"一件事一次办"工作方案》发布，标志着"一件事"将与辽宁的经济社会发展产生更高的融合度。③ 同时，辽宁省还大力推进"只提交一次材料"改革。以沈阳市为例，截至 2022 年 8 月，已实现 610 项事项材料免提交，占标准材料总数的 23.4%。④ 而到了 2023 年 10 月，沈阳市已经累计推动 2334 项申请材料和信息实现"只提交一次"或免予提交。⑤ 上述两个"一次"改革大幅度提升了政务办理的标准化和规范化，从源头上缩短了企业办事时间、减轻了企业办事负担。

---

① 《准入准营持续优化　市场主体稳步增长》，辽宁省人民政府，https://www.ln.gov.cn/web/qmzx/yshj/gzdt/E9A3449D3C264550BE581CF121E2CC03/index.shtml，2023 年 1 月 14 日。

② 《"数"说辽宁 2022 | 政务服务更智慧，群众办事更便捷》，盘锦市人民政府，https://www.panjin.gov.cn/html/2514/2023-01-11/content-126390.html，2023 年 1 月 11 日。

③ 《全省 1777 项"一件事"事项实现"最多跑一次"》，新华网，http://m.xinhuanet.com/ln/2020-08/25/c_1126408340.htm，2020 年 8 月 25 日。

④ 《沈阳"只提交一次材料"改革不断创新突破》，沈阳市人民政府，https://www.shenyang.gov.cn/zwgk/zwdt/bmdt/202208/t20220806_3802271.html，2022 年 8 月 6 日。

⑤ 《让"数据流动"代替"群众跑腿"》，沈阳市人民政府，https://www.shenyang.gov.cn/zwgk/zwdt/bmdt/202310/t20231024_4546512.html，2023 年 10 月 24 日。

另外,为优化涉企全生命周期服务,辽宁省还依托12345政务服务便民热线平台开通"政企直通车",设立专门的"管家服务""政策咨询"等模块来接受用户咨询与留言。截至2024年1月,已有6.8万名服务管家在"政企直通车"平台上为168万户经营主体提供了政策咨询、金融撮合、法律服务等专属服务。[①]根据辽宁省最新出台的《辽宁全面振兴新突破三年行动方案(2023—2025年)》和《辽宁省营商环境质量提升行动实施方案》,2024年,辽宁省将进一步优化政务服务,实现50个事项"一件事一次办",实现体化政务服务平台和辽事通APP日活跃用户数超过130万。[②]可以看出,实现政务服务数字化已经成为辽宁省优化营商环境的主体任务,随着办事效率及服务效能的不断提高,全省政务服务必将为各类市场主体带来更好的用户体验。

第四,"互联网＋监管"实现政府监管升级。2020年,"辽宁省互联网＋监管"平台正式上线运行,该系统通过归集行政许可信息、行政备案信息、企业分类名录、违法失信名录等4项企业运行信息,强化了对市场主体的"事中事后监管"。截至2020年11月,营口市利用不到1年的时间,以互联网＋监管系统区划管理员的身份便已经归集了信息65038条,其中行政许可信息25877条,行政处罚信息9896条,黑名单信息8422条,小微企业名录20843

---

①　《2023年,辽宁营商环境发生重大转变——打造"升级版"迎来"好预期"》,辽宁省人力资源和社会保障厅,https://rst.ln.gov.cn/rst/ztzl/yshjjs/2024010909310399273/index.shtml,2024年1月9日。

②　《辽宁营商环境"升级版":2025年,行政效能进入全国先进行列》,辽宁省营商环境建设局,https://ysj.ln.gov.cn/ysj/zfxxgk/zfxxgkzn/bbmzfxxgkzd/2023042607585416289/index.shtml,2023年4月26日。

条,大力提升了政府监管规范化、精准化、智能化程度。① 随后,《辽宁省全面推行部门联合"双随机、一公开"监管实施方案》的出台实现了"互联网＋监管"与"双随机、一公开"的正式结合,提出"依托辽宁省'互联网＋监管'系统,建设全省统一的'双随机、一公开'监管工作平台"。② 目前,我们可以在"辽宁省互联网＋监管"系统中便捷快速地找到"双随机、一公开"端口。并且,通过系统内部的实时报告数据可以随时查看全省"双随机、一公开"任务数量、具体监管事项及对应的监管部门。2022 年,辽宁省共 58 个省(中)直部门、3522 个市县部门将计划开展的所有抽查检查纳入辽宁省"互联网＋监管"系统。截至 2023 年 2 月 28 日,各地区各部门已在平台制定了 4497 项检查任务,其中随机抽查占比 70.5%。③ 为进一步推进"双随机、一公开"监管的规范化与程序化。2021 年,沈阳市出台《沈阳市政府部门"双随机、一公开"监管工作指引》,实现了全市随机抽查监管的一体化建设。不仅如此,沈阳市还不断创新监管方式,围绕《沈阳市市场监管系统企业信用风险分类管理暂行办法》,实现了企业信用监管数据与"辽宁省互联网＋监管"平台的对接,实现了对全市 36.3 万户存续企业信用

---

① 《营口市市场监管局依托"互联网＋监管"平台逐步实现"智慧监管"》,营口市市场监督管理局,http://scjgj. yingkou. gov. cn/003/20201111/48652d14-8dd6-45a8-aecb-a2e834327410. html,2020 年 11 月 11 日。

② 《辽宁省人民政府关于印发〈辽宁省全面推行部门联合"双随机、一公开"监管实施方案〉的通知》,辽宁省人民政府,https://www. ln. gov. cn/web/zwgkx/zfxxgkl/zc/xzgfxwj/szf/szfwj/2023010322052288311/index. shtml,2020 年 1 月 21 日。

③ 《辽宁:2022 年全省 4497 项抽查检查任务实行统一平台管理》,中国质量新闻网,https://www. cqn. com. cn/zj/content/2022-03/17/content_8796440. htm,2022 年 3 月 17 日。

的分类管理。① 截至 2023 年 8 月,沈阳市已经将全市 1043 项监管主项、3653 项监管子项、118.2 万户市场主体、9145 名执法人员全部纳入省"互联网＋监管"系统进行统一管理并实现 95459 家企业由低到高进行信用风险分类。"互联网＋监管"正在推动辽宁省市场治理智慧化升级,数字化已经成为政府治理创新的基本方向。

从具体监管领域来看,目前辽宁省已经建成了"辽宁省互联网医疗服务监管平台""辽宁省固体废物及危险废物互联网监管系统""辽宁省建筑安全监督管理信息系统""辽宁省建筑工程施工许可管理信息系统""辽宁省招标投标监管网""辽宁特种设备追溯管理系统"等,"互联网＋监管"已经成为全省打造智能化监管格局的共识,若干监管系统形成合力实现市场的法治化发展。2024 年初,《东北三省一区市场监管领域执法协作框架协议》正式签订,随后又通过了《东北三省一区市场监管领域轻微违法行为不予处罚和从轻减轻处罚规定》《东北三省一区市场监管领域免罚清单》《东北三省一区跨区域重大案件联合挂牌督办制度》三项配套文件,标志着东北的市场监管正在走向一体化建设进程,这也意味着各地将进一步加强市场监管信息的互联互通和共享共用,"互联网＋监管"效能正在无限扩大。

4. 数字环境助力构建"智造强省"

数字技术革新人们生产生活方式的两大主线,一是数字赋能政府,二是数字赋能企业。前者即打造数字政府,后者则包括实现

---

① 《助力优化营商环境,沈阳全力推进"双随机、一公开"监管》,沈阳市市场监督管理局, https：// scj. shenyang. gov. cn/zwgk/fdzdgknr/yhyshj/scjg/aljj/202310/t20231007_4538238. html,2023 年 10 月 7 日。

数字的市场化建设,二者基于共同的基础设施,产生合力构成优质的数字环境。辽宁作为中国的工业摇篮,具有雄厚的产业基础和完备的工业体系。2022年,《辽宁省深入推进结构调整"三篇大文章"三年行动方案(2022—2024年)》出台,强调要以清单化、项目化、工程化推动打造"智造强省"。在具体任务上,一要改造升级"老字号",推动老企业由办公系统到车间设备、由企业服务到品牌打造等方面的数字化转型;二要深入开发"原字号",提出要依托数字技术实现石化、冶金、菱镁、农产品加工产业等行业的产业链优化升级;三要培育壮大"新字号",从装备制造业、电子信息产业、生物医药产业、新材料产业、节能环保产业、新兴未来产业以及现代服务业七个方面培育新型经济业态。[①] 可见,数字化已经成为经济转型的不可逆趋势,必须将数字技术及数据要素深入融合至产业链的迭代升级过程中去,并结合辽宁"制造大省"的传统优势,才能彻底打造竞争力强的数字经济体系。

第一,信息基础设施建设速度持续加快。2015年,《辽宁省人民政府办公厅关于加强全省信息通信网络基础设施建设的通知》出台,提出要通过"加快构建宽带、融合、安全、泛在的下一代信息基础设施"促进全省"互联网＋"的蓬勃发展以及实现老工业基地的全面振兴。[②] 2021年,辽宁省建成开通5G基站25300个,累计

---

① 《辽宁省人民政府办公厅关于印发〈辽宁省深入推进结构调整"三篇大文章"三年行动方案(2022—2024年)〉的通知》,辽宁省人民政府,https://www. ln. gov. cn/web/zwgkx/zfwj/szfbgtwj/2022n/904A209702F4406EA7A52AA5CC032EFA/index. shtml,2022年2月19日。

② 《辽宁省人民政府办公厅关于加强全省信息通信网络基础设施建设的通知》,辽宁省人民政府,https://www. ln. gov. cn/web/zwgkx/zfxxgkl/zc/xzgfxwj/szf/szfbgt-wj/2023010615085773143/index. shtml,2015年5月15日。

建设 5G 基站达 50349 个。① 而截至 2023 年 9 月底,全省新建 5G 基站已经达到 35551 个,累计 5G 基站总数达 101406 个,每万人拥有 5G 基站 23.8 个,全国排名第 12 位。② 可以看出,辽宁省 5G 网络基建及普及正在提速。根据 2023 年 8 月发布的《全国移动网络质量监测报告》,在 2023 年的第二季度,辽宁省的 5G 网络下行接入速率、上行接入速率均入选为卓越省份。③

同时,作为信息社会的关键生产力要素,不断扩大算力规模成为近年来辽宁省发展现代化先进生产力的重要一环。《中国算力发展指数白皮书》显示,在"东数西算"战略的影响下,基于天然的气候及资源优势,青海、云南、新疆、贵州的算力指数增长率处于较高水平,均在 45％ 以上。而整个东三省的增长率均不超过 20％,辽宁省略高于其他两省,在 31 个省份中排名第 22 位。三个省份的算力规模也处于落后地位,其中辽宁省、黑龙江省、吉林省的排名分别为第 26 位、第 27 位、第 28 位。④ 可以看出,辽宁省还需要进一步挖掘算力潜力,不断扩大算力规模以支撑辽宁数字产业的发展壮大。值得高兴的是,2022 年,辽宁省沈阳人工智能计算中心、大连人工智能计算中心正式上线。截至 2023

---

① 《对省十三届人大六次会议〈关于加大辽宁省对数字化产业政策、资金、人才、税收扶持的建议〉(第 1298 号)的答复》,辽宁省工业和信息化厅,https://gxt. ln. gov. cn/gxt/zfxxgk/fdzdgknr/jyta/srddbjy/sssjrdlchy2022n/20230217112911 29732/index. shtml,2023 年 2 月 17 日。

② 《我省 5G 基站总数超 10 万个》,辽宁省人民政府,https://www. ln. gov. cn/web/ywdt/jrln/wzxx2018/2023112708445575767/index. shtml,2023 年 11 月 27 日。

③ 《全国移动网络质量监测报告》,移动网络质量领航方阵,http://www. mnppa. org. cn/achieve/bg/202309/P020230920317084407072. pdf,2023 年 8 月。

④ 《中国算力发展指数白皮书》,中国信通院,http://www. caict. ac. cn/kxyj/qwfb/bps/202309/P020230914584614752938. pdf,2023 年 9 月。

年 7 月,沈阳人工智能计算中心已经拓展客户 200 余家,服务客户 130 余家,签约客户 79 家,累计签约算力 303P,300P 算力在全国处于第一梯队。[①] 2021 年,大连人工智能计算中心正式开工,作为入驻"大连数谷"的第一个项目,大连人工智能计算中心计划建设 100P 人工智能算力和 4P 高性能算力(HPC),截至 2023 年 7 月,大连人工智能计算中心已经建成 100P 人工智能算力和 5P 高性能算力[②],超额完成预期任务。围绕 2019 年科技部印发的《国家新一代人工智能开放创新平台建设工作指引》,辽宁省两大人工智能计算中心不断以应用需求为牵引,促进人工智能与实体经济深度融合。2023 年,两大人工智能计算中心均入选首批"国家新一代人工智能公共算力开放创新平台",标志着辽宁省人工智能的算力已经达到国际领先地位,两家算力中心已正式被纳入全国人工智能算力战略体系中。目前,辽宁省的算力尽管在规模上还比较落后,但从发展速度以及当前全省经济转型带来的巨大算力需求来看,全省的智能计算发展势头强劲、迭代升级速度加快,算力将加快速度成为一项重要的社会公共资源,不断改善人们的生产生活方式,成为打造高质量数字环境的重要助推力。

第二,依托工业互联网平台实现传统企业的数字转型。工

---

① 《沈阳人工智能计算中心算力建设在全国处于第一梯队——"用我们的算力,能节省一半以上 AI 研发成本"》,辽宁省人民政府,https://www.ln.gov.cn/web/ywdt/tjdt/2023072814380183400/,2023 年 7 月 28 日。

② 《我省两中心获批建设国家新一代人工智能公共算力开放创新平台》,辽宁省人民政府,https://www.ln.gov.cn/web/ywdt/jrln/wzxx2018/2023070608263122920/index.shtml,2023 年 7 月 6 日。

业互联网的出现事实上是供应链、产业链、价值链的重塑过程。在这个过程中,以互联网为媒介连接人、机、物、系统,从而实现制造流程的优化以及创新社会服务体系。围绕工业和信息化部2020 年印发的《关于推动工业互联网加快发展》和 2021 年印发的《工业互联网创新发展行动计划(2021—2023 年)》,辽宁省从11 个方面提出了 44 项工业互联网建设优化重点任务,形成了《辽宁省工业互联网创新发展三年行动计划(2021—2023 年)》。2021 年,全省重点培育了 33 个省级工业互联网平台。[①] 目前,"5G＋工业互联网"赋能正在不断放大辽宁制造的场景资源优势和数据资源优势。围绕沈阳、大连和沈抚示范区"两市一区",辽宁省推动互联网产业集群发展,全力推动互联网产业集群发展,重点推动中航沈飞民用飞机等 20 个 5G 工厂、沈阳中德产业园等 15 个产业园区开展"5G＋工业互联网"融合应用先导区建设。截至 2023 年 10 月,辽宁省已重点培育省级工业互联网平台 87 个,服务工业企业近 5 万户,连接工业设备近 60 万台(套)。[②]

目前,辽宁省工业互联网二级解析节点接入企业突破 1 万家,标识注册量达 12 亿。7 家企业获评国家级智能工厂,40 个场景获评国家级智能制造优秀场景。8 个工厂入选工信部《2023 年 5G 工

---

① 《省政协十二届五次会议〈建设数字辽宁 推进振兴发展〉(第 0082 号)提案的答复》,辽宁省营商环境建设局,https://ysj. ln. gov. cn/ysj/zfxxgk/zfxxgkzd/jyta/szxta/szxsejwchy2022n/EDAD7A7630C3436E84F65E4B5E55A2F3/index. shtml,2022 年 11 月 8 日。

② 《辽宁"以智赋能"再造工业新优势》,辽宁省人民政府,https://www. ln. cn/web/ywdt/jrln/wzxx2018/2023101808532796489/index. shtml,2023 年 10 月 18 日。

厂名录》，数量居全国第八位。① 依托于工业互联网平台海量的数据分析及强大的数字赋能功能，辽宁省已经逐渐实现"制造"向"智造"的转变，数字赋能实效全速提升。根据《2023 年省政府工作报告》，2022 年，辽宁省已经建成 152 个数字化车间和智能工厂②，2023 年 11 月，又公布了 120 个数字化车间和 65 个智能工厂。③ 随着工业互联网平台的不断上新应用，辽宁省新型工业体系正在形成，产业基础再造和重大技术装备攻关推动制造业向高端化、智能化、绿色化方向不断发展。例如，2020 年，鞍钢集团自主研发出全球首个"5G 工业专网＋智慧炼钢"新型钢铁制造手段，并已经实现了工业化应用。依托"精钢云"计算平台，利用先进的网络通信和大数据分析研判等技术实现钢铁生产的高速、稳定、低价、安全。2021年，鞍山移动在更多区域部署商用的 4.9GHz 基站，全方位保障鞍钢总部和各分厂的业务需求。随着 5G 专网的不断完善，鞍钢集团成功打通 OT 域与 IT 域的连接，实现物联网和互联网融合的新型工业互联网。5G 炼钢系统使得冶炼全过程可以实时动态显示各类监测数据，一次拉碳出钢率从 86％提高至96％。④ 据统计，2021 年第一季度，鞍钢集团实现营业收入 642.44 亿元，同比增长

---

① 《我省成为全国首批数字化转型贯标试点省份》，辽宁省人民政府，https：//www. ln. gov. cn/web/ywdt/tjdt/2023091910092217918/index. shtml，2023 年 9 月 19 日。

② 《2023 年省政府工作报告》，辽宁省人民政府，https：//www. ln. gov. cn/web/zwgkx/zfgzbg/szfgzbg/EE9395E0C27941F89E476E1B07369A44/index. shtml，2023 年 1 月 18 日。

③ 《关于公布 2023 年辽宁省数字化车间、智能工厂的通知》，辽宁省工业和信息化厅，2https：//gxt. ln. gov. cn/gxt/tztg/2023112908560867586/index. shtml，2023 年 11 月 29 日。

④ 《辽宁：以创新推动制造业高质量发展》，中国政府网，https：//www. gov. cn/lianbo/2023-03/25/content_5749463. htm，2023 年 3 月 25 日。

47.46%，净利润为 60.37 亿元，是上年同期的 25 倍。[①] 可以说，智能制造从根本上提升了资源的利用效率及设备生产效率，提升了企业的核心竞争力。2023 年 10 月，辽宁省成功举办了全球工业互联网大会，表明全省工业互联网的建设已经逐渐达到了国际可比的水平。随着人工智能与工业发展更加深入地有机融合，工业互联网将从根本上推动企业全生命周期的数字化转型，新型工业体系的不断完善也将为打造现代化经济市场注入源源不断的新动力。

第三，以高新技术研发为引领，新产业、新模式、新业态持续壮大。根据《辽宁省"十四五"科技创新规划》，整个"十三五"期间，辽宁省高新技术企业突破 7000 家。"十三五"末期全省共有 19 家省级以上高新区，其中包括 8 家国家级高新区，数量居全国第六位。19 家高新区集聚了超过全省 1/3 的高新技术企业和 48.2% 的"雏鹰""瞪羚""独角兽"企业，贡献了全省 13.9% 的地区生产总值、29.2% 的高新技术产品产值。[②] 而 2015 年，全省高新区高新技术企业仅有 498 家，地区生产总值、高新技术产品增加值分别占全省的 5.3%、12.6%。[③] 根据华经产业研究院的统计，2020 年全年，仅 8 个国家级高新区在就有入统企业 4282 个，高新技术企业

---

① 《鞍钢集团实现首季"开门红"》，鞍钢集团，http://www. ansteel. cn/news/xin-wenzixun/2021-04-15/f3095aa6f11c89a1dc05b467cf287ac1. html，2021 年 4 月 15 日。

② 《辽宁省人民政府办公厅关于印发〈辽宁省"十四五"科技创新规划〉的通知》，辽宁省人民政府，https://www. ln. gov. cn/web/zwgkx/zfxxgk1/fdzdgknr/ghxx/zxgh/2023020616482983735/index. shtml，2022 年 2 月 21 日。

③ 《辽宁省"十三五"高新技术产业开发区科技发展规划》，辽宁省科技厅，https://kjt. ln. gov. cn/kjt/zfxxgk/fdzdgknr/ghxx/xggh/CF76DABFFA2249E28847F26138BD5329/index. shtml，2018 年 5 月 8 日。

2253 个,全年的营业收入为 6485 亿元,净利润为 373.9 亿元,工业总产值为 4094.9 亿元。① 可以看出,辽宁省高新技术产业开发区正在为全省经济社会发展提供强而有力的科技和产业支撑。2024 年初,辽宁省统计局副局长侯巍介绍辽宁省 2023 年的经济运行总体情况时指出:"2023 年,全年全省规上高技术制造业增加值增长 8.8%,比全国高 6.1 个百分点;高技术产业投资增长 32.8%,比全国高 22.5 个百分点;新能源汽车产量增长 29.2%,零售额增长 1.2 倍"。② 上述数据可以看出,辽宁省高新技术产业发展速度加快,尤其是在高技术产业投资方面,投资增速加大且远远高于国家平均水平,为高新技术的发展提供了坚实的资金支撑。

另外,近年来,为支持核心科技攻关,辽宁省还不断加大重点实验室及专业技术创新中心的组建工作。2022 年末,相关部门批准组建"辽宁省稀土微纳光电材料重点实验室"等 62 个重点实验室和"辽宁省催化技术及材料专业技术创新中心"等 43 个专业技术创新中心。③ 在研发项目上,重点领域关键核心技术研发和应用成为近年来辽宁省以高新技术为支撑力推动数字辽宁建设的重要抓手。据统计,截至 2023 年 11 月,辽宁省已经累计建设燃气轮机、冷热技术、工业母机等 9 家省级制造业创新中心,培育省级企

---

① 《2021 年辽宁省开发区、经开区及高新区数量统计分析》,华经情报网,https://www.huaon.com/channel/distdata/823180.html,2022 年 7 月 28 日。

② 《辽宁省统计局副局长就 2023 年全省国民经济运行情况答记者问》,辽宁省统计局,https://tjj.ln.gov.cn/tjj/tjgz/tpxw/20240119170722696036/index.shtml,2024 年 1 月 19 日。

③ 《我省下发通知,组建 62 个重点实验室 43 个专业技术创新中心》,中国日报网,https://ln.chinadaily.com.cn/a/202212/21/WS63a2a6c9a3102ada8b227a6f.html,2022 年 12 月 21 日。

业技术中心 877 个、国家技术创新示范企业 23 家、全国质量标杆企业 5 家。[①] 由此可见，目前辽宁省高新技术创新既具备十足的动力，又具有完备的载体，可谓是具备巨大的技术基础和无限的创新潜力。2023 年，辽宁省召开产业集群建设座谈会，会议指出辽宁省 22 个重点产业集群的创新能力持续提升，已经聚集了规上工业企业超 3500 家，推进工业项目 2000 余个，总投资 8000 多亿元。[②] 对于辽宁省这一传统老工业基地来讲，这无疑是一个巨大突破。随着先进数字技术与传统工业的融合程度不断加深以及高新技术创新潜能的进一步激发，辽宁省正在打造具有辽宁特色优势的现代化产业体系，必将助推辽宁省乃至东北地区实现全面振兴新突破。

5. 新型开放环境推动辽宁省更好地融于国际"大市场"

辽宁省作为 20 世纪 70、80 年代首批落实改革开放政策的地区，处于独特的地理区位，具有较强的资源及要素优势和相对发达的路运海运配置。近年来，不断完善的开放政策体系以及不断拓宽的对外合作开放领域使得辽宁省在国际市场上的开放影响力不断扩大。根据大连海关的数据统计，2022 年，辽宁省的外贸进出口总值为 7907.3 亿元，创历史新高，同比增长 2.4%。其中，出口 3584.6 亿元，增长 8.2%；进口 4322.7 亿元，下降 2%。尽管与上一年相比，各类指标的增速有所放缓，但在总量上仍呈现扩大趋

---

① 《牵住创新"牛鼻子"力推新型工业化》，辽宁省科学技术厅，https://kjt.ln. gov.cn/kjt/tztg/mtjj/2023112709072369268/index.shtml，2023 年 11 月 27 日。

② 《上下联动齐心协力推动产业集群高质量发展加快构建具有辽宁特色优势的现代化产业体系》，辽宁省人民政府，https://www.ln.gov.cn/web/zwgkx/rdxx01_105674/2023111909445787013/index.shtml，2023 年 11 月 18 日。

势。且值得关注的是,随着支持与纾困政策的不断完善,民营企业在辽宁省对外贸易合作中的稳增长作用日益突显。[①] 上述数据同时也表明,辽宁省的经济发展与国际市场的融合度正在不断提升。究其根本,在于近年来辽宁省致力于实现开放环境的系统优化,将"循环畅通"作为打造高水平开放环境的"关键词"。随着阻碍国际贸易合作的体制机制诟病的基本清除以及基础设施的不断完善与制度型开放格局的持续优化等,辽宁省的国际化营商环境水平一路攀升,目前正在打造对外开放新前沿。

第一,不断充实政策构成,形成完备的开放政策体系。自"十三五"时期以来,随着制度型开放格局的逐渐形成,辽宁省高度重视对外开放的顶层设计。尤其是党的十九大之后,辽宁省相继出台了《中共辽宁省委　辽宁省人民政府关于加快构建开放新格局以全面开放引领全面振兴的意见》《关于深度融入共建"一带一路"建设开放合作新高地的实施意见》《关于建立招商引资工作新机制的指导意见》《辽宁省人民政府关于加快东北亚经贸合作打造对外开放新前沿的意见》等一系列纲领性文件。进入到"十四五"时期,辽宁省又发布了《辽宁省"十四五"对外开放规划》《辽宁省人民政府办公厅关于在辽宁全面振兴新突破三年行动中进一步提升对外开放水平的实施意见》《辽宁省外商投资指引》等众多适合高质量发展阶段开放需要的宏观性指导文件。上述若干文件为畅通全省对外经济合作、丰富对外开放通道提供了坚实的政策

---

① 《2022 年辽宁省外贸进出口分析报告》,中华人民共和国大连海关,http://dalian. customs. gov. cn/dalian_customs/zfxxgk75/460678/lgtj/4013383/4875506/index. html,2023 年 2 月 15 日。

基底。

目前,辽宁省已经肩负深化东北亚地区经贸合作中心枢纽、畅通中日韩三国经贸合作、强化我国向北开放"窗口"建设以及积极推动"一带一路"沿线国家经贸往来等多项打造国家新开放格局的重要职责。根据辽宁省商务厅公布的数据,2022年,辽宁省招商引资实际到位资金达7095.6亿元,同比增长19.3%。实际使用外资达61.6亿美元,同比增长90.5%,占全国比重的3.3%,实际使用规模列全国第七位。[①] 可以看出,外资在辽宁省经济市场上的活跃度显著提升。根据2022年召开的"辽宁这十年"主题系列新闻发布会上的系列讲话可知,截至2021年,东北亚国家累计在辽宁设立外商投资企业846家,累计使用外资17.1亿美元。仅2021年全年,辽宁与东北亚五国贸易额就达到1803.5亿元。自党的十八大以来,截至2022年,辽宁商品已经出口到全球214个国家和地区,与"一带一路"沿线国家贸易额累计突破1万亿元。[②] 可以说,辽宁省的开放环境正在不断激发外商来辽投资建企的信心和勇气,辽宁也用实际行动不断优化外商投资体验。与此同时,近年来,在政策支持下,辽宁省还不断扩宽对外合作领域,形成了全新的对外开放格局。截至2022年8月,辽宁省已经与东北亚地区建立起42对友城,并形成了"辽宁省-日本神奈川县-韩国京畿道三省县道友好交流会议"交流机

---

① 《去年全省招商引资实际到位资金同比增近两成》,辽宁省商务厅,https://swt. ln. gov. cn/swt/ywxx/tpxw/2023021316424031519/index. shtml,2023年2月13日。

② 《"辽宁这十年"主题系列新闻发布会(第五场)》,辽宁省人民政府,https:// www. ln. gov. cn/web/spzb/2022xwfbh/2022121217052466179/index. shtml,2022年8月。

制、"三省县道青少年体育交流大会"交流机制、"东北亚青少年体育友好交流大会"机制等交流品牌[①]，同时还通过打造文化"组团出海"模式、开展国际科技合作计划项目申报工作、推进共建"一带一路"教育行动等不断提升各领域合作交流的深入和广度，为辽宁省与国际社会深入开展经贸、科技、文化等领域的友好合作提供机制与载体，也为打造亲切包容、和谐稳定的人文环境创造条件。目前，辽宁省正在全力打造对外开放新前沿，主动扩大对外开放"朋友圈"。在开放新格局中，辽宁的经济发展也将迎来更多的机会。

第二，日益标准化、信息化的口岸服务，促进投资便利度的显著提升。为进一步降低外资进入的门槛，辽宁省深入推进各口岸的"放管服"改革，不断优化口岸服务流程、压缩进口整体通关时间。截至 2023 年 3 月，辽宁进口整体通关时间为 27.94 小时，比全国平均水平快 1.54 小时。出口整体通关时间为 0.94 小时，比全国平均水平快 0.01 小时。[②] 同时，辽宁省将打造"智慧口岸""功能多元化口岸"作为优化通关服务的基本目标。2021 年，《辽宁省优化口岸营商环境深化跨境贸易便利化改革若干措施》发布，强调要"全面提升口岸智能化和信息化水平"。[③] 以大连海关为

[①] 《辽宁：东北亚经贸合作中心枢纽作用凸显》，中国新闻网，https://www.chinanews.com.cn/cj/2022/08-23/9834949.shtml，2022 年 8 月 23 日。

[②] 《辽宁出台方案压缩整体通关时效 推广口岸"一站式"阳光收费》，辽宁省人民政府，https://www.ln.gov.cn/web/ywdt/zymtkln/2023060509303633928/，2023 年 6 月 5 日。

[③] 《关于印发〈辽宁省优化口岸营商环境深化跨境贸易便利化改革若干措施〉的通知》，辽宁省商务厅，https://swt.ln.gov.cn/swt/zfxxgk/fdzdgknr/lzyj/bbmgfxwj/FF57CB3A69C441CBA2C5C59A61232DFA/index.shtml，2021 年 5 月 28 日。

例,近年来,为进一步实现提质增效,大连口岸不断以市场需求和企业意愿为导向创新工作模式。一方面不断减少非必要的材料提交及申报流程,采用"提前申报""两步申报"等申报模式大力压缩货物进出口时间,同时深入落实"减证便民",不仅将进出口环节需要监管的证件由 86 种减少至 41 种,同时还实现 38 种证件的联网核查。①

另一方面,口岸的信息化建设进程加快。在"十三五"末期,大连海关就已经开启了全流程业务的"无纸化"时代。同时,大连口岸不断开发和优化国际贸易"单一窗口"的平台功能,持续提升口岸服务的信息化与标准化。2022 年,大连市获批国际贸易"单一窗口"与国家物流大数据平台互联互通全国试点,截至 2023 年 8 月,已经完成了 25 个业务领域的 134 项功能建设,业务涵盖海关、边检、海事、外管、税务等 23 个部门,实现进出口货物申报一点接入、一次提交、一次查验、一键跟踪、一站办理。② 不仅如此,大连口岸还不断创新数字化监管模式,相继在全国首创出口货物检验检疫证书"云签发"、进口货物目的地检查"云眼查"等新模式,实现了新冠肺炎疫情期间的进出口货物远程检查。目前,大连海关成功实现进口汽车的全过程监管数字化,实现海关、企业、检测公司数据网络互通,进一步提升货物通关便利度。2023 年,大连又成功获批"促进跨境贸易便利化专项行动"试点城市,本轮试点的核

---

① 《多措并举,持续推动大连口岸营商环境优化提升》,大连市营商环境建设局,https://xzfw.dl.gov.cn/art/2022/6/15/art_7916_2023774.html,2022 年 6 月 15 日。

② 《大连口岸营商环境建设成效显著,中国(辽宁)国际贸易单一窗口》,http://www.singlewindow.ln.cn/html/web/zwgk/xwzx/1665929045346963457.html,2023 年 3 月 22 日。

心任务在于深化"智慧口岸"以及口岸数字化转型,彼时,大连口岸将进一步成为聚集跨境贸易资源,为提升东北地区外贸竞争力提供更加有力的支撑。

另外,辽宁口岸建设的另一个亮点是"降费"。近几年来,辽宁省大力推行口岸"一站式"阳光收费,推行收费目录清单制度。随着全省海运口岸各环节收费标准线上公开、在线查询机制的形成,外贸企业可根据需要,随时开展收费信息线上查询。同时,辽宁省还免除了海关查验没有问题外贸企业吊装移位仓储费。截至2021年底,辽宁省已经共计免除外贸企业口岸查验没有问题的吊装移位试点仓储费约2.3亿元,大幅减轻了外贸企业成本负担。[①]除此之外,辽宁省降低企业通关成本的措施还有许多,包括免费提供基本出口保险、清理规范口岸经营服务性收费、破除跨境贸易服务垄断等等。当前,辽宁省的口岸服务已经跻身全国领先水平,真正为企业来华投资留下好的"第一印象"。

第三,完备的现代化交通、运输、物流等基础设施,为打造高水平开放型经济提供坚实的后盾。作为东北唯一的沿海省份,截至2022年底,辽宁沿海港口共有生产性泊位433个,总通过能力7.7亿吨/年、集装箱通过能力879万TEU/年。其中,5万吨级及以上泊位数量占比35.3%、能力占比73.6%,专业化泊位数量占比45.8%、能力占比70.3%,公用泊位数量占比79.4%、能力占比77.8%。港口的专业化和公用化程度均比较高。2022年,辽宁省

---

① 《降低实体经济企业成本|辽宁省持续降低外贸企业口岸收费 推动商贸物流提质降本增效》,中华人民共和国国家发展和改革委员会,https://www.ndrc.gov.cn/fzggw/jgsj/yxj/sjdt/202203/t20220328_1320537.html,2022年3月28日。

港口完成货物吞吐量达 7.4 亿吨。① 另外,根据中国民用航空局的数据统计,在全国民用机场货邮吞吐量整体下滑的趋势下,2022年,辽宁省民用机场的货邮吞吐量为 26 万吨,与 2021 年的 31.3万吨相比,降幅 16.9%,增速位居全国第 13 位,仍处于中上水平。② 在交通和运输能力上,华经产业研究院的数据显示,2021年,辽宁省铁路营业里程数为 6733.56 公里、内河航道通航里程数为 413 公里,公路线路里程数为 131587.8 公里。尽管整体上里程数增长速度较为缓慢,但也承担着重要的货物运输和旅客周转的重要职责。③ 根据辽宁省统计局公布的《二〇二二年辽宁省国民经济和社会发展统计公报》,2022 年全年辽宁省公路、铁路、水运和民航四种运输方式完成货物运输量 16.6 亿吨,旅客运输量达1.8 亿人次。④

2022 年,辽宁省还发布了《辽宁省推进多式联运高质量发展优化调整运输结构行动方案(2022—2025 年)》,对建成东北地区海陆大通道以及基于地理条件形成大宗货物及集装箱中长距离运输以铁路和水路为主的发展格局提出了具体的设施与服务体系构

---

① 《对省政协十三届一次会议关于推进新时代辽宁港口物流一体化数字化转型升级的建议(第 163 号)的答复》,辽宁省发展和改革委员会,https://fgw.ln.gov.cn/fgw/zfxxgk/fdzdgknr/jyta/szxta/szxssjychy2023n/2023081817242077641/index.shtml,2023 年 8月 18 日。

② 《2022 年全国民用运输机场生产统计公报》,中国民用航空局,http://www.caac.gov.cn/XXGK/XXGK/TJSJ/202303/t20230317_217609.html,2023 年 3 月 16 日。

③ 《2021 年辽宁省交通运输长度、客运量、货运量以及货物周转量统计》,华经情报网,https://www.huaon.com/channel/distdata/852124.html,2022 年 11 月 19 日。

④ 《二〇二二年辽宁省国民经济和社会发展统计公报》,辽宁省统计局,https://tjj.ln.gov.cn/tjj/tjxx/tjgb/ndtjgb/087FC55AC89E4353A9AB55F2C7FCF611/index.shtml,2022 年 3 月 19 日。

建方案。[①] 2022 年 1 月至 7 月，辽宁省海铁联运量就已经达到 80.8 万标箱，为 2021 年同期的 105.6%，总量位居全国第三，占港口集装箱吞吐量比重的 13.46%，占比继续保持全国第一。[②] 在全省邮政寄递业务量上，2022 年，辽宁省邮政行业寄递业务量累计完成 24.28 亿件，其中全省快递服务企业业务量累计完成 17.12 亿件。[③] 2023 年，全省邮政行业寄递业务量累计完成 28.94 亿件，较 2022 年上升了近 20.0%。[④] 上述一系列基础数据表明，辽宁省已经建成了较为完备的货物运输和物流服务体系。

在畅通国际货物运输通道方面，2015 年沈阳中欧班列正式开通运行。截至 2023 年 12 月，已联通了二连浩特、满洲里、绥芬河、阿拉山口、霍尔果斯及同江六个边境口岸，发运货物种类突破 300 种，真正成为国际物流大通道。[⑤] 中欧班列的运行为辽宁省打造高水平的开放型经济体制提供了巨大的契机，截至 2023 年 9 月，中欧班列（沈阳）货物已经辐射全球 20 余个国家，与国内外 140 余个城市开

---

① 《辽宁省人民政府办公厅关于印发〈辽宁省推进多式联运高质量发展优化调整〉运输结构行动方案（2022—2025 年）的通知》，辽宁省人民政府，https://www. ln. gov. cn/web/zwgkx/zfwj/szfbgtwj/2022n/FFD612E664644FF7B87F57E9D46D005B/index. shtml，2022 年 9 月 21 日。

② 《辽宁省物流指标基本恢复至 2021 年同期水平》，国际在线，https://ln. cri. cn/n/20220912/6ebf96c6-cafa-afb8-87a5-afe8534365e5. html，2022 年 9 月 12 日。

③ 《辽宁省邮政管理局公布 2022 年全省邮政行业运行情况》，辽宁省邮政管理局，http://ln. spb. gov. cn/lnsyzglj/c100062/c100149/202301/87c2ef210fdc481e82f7cdb6bd2ca570. shtml，2023 年 1 月 19 日。

④ 《辽宁省邮政管理局公布 2023 年全省邮政行业运行情况》，辽宁省邮政管理局，http://ln. spb. gov. cn/lnsyzglj/c100062/c100149/202401/4fb181ef936f4f4f93bf5445eff74d46. shtml，2024 年 1 月 22 日。

⑤ 《沈阳海关优化营商环境助力辽宁全面振兴新突破三年行动有关情况新闻发布会》，辽宁省人民政府，https://www. ln. gov. cn/web/spzb/2023nxwfbh/2023122812271217572/，2023 年 12 月 28 日。

展货物集散合作,吸引 10 余家物流贸易企业在沈投资。依托于往返双向开行模式,2022 年全年中欧班列(大连)共完成 152 列次,较 2021 年增加 48 列次,重箱率保持 100%。其中,去程班列完成 106 列,同比增长 38%;回程班列完成 46 列,同比增长 70%。① 不仅如此,辽宁省还不断强化与"一带一路"沿线国家间的互联互通。2023 年上半年,辽宁省以水路运输和铁路运输方式对"一带一路"沿线国家进出口分别增长 9.9% 和 6.6%,以公路运输方式对这些国家进出口增长 97.1%。② 除此之外,在 2023 年举办的"辽宁举行海事系统助力全面振兴新突破三年行动十项举措新闻发布会"上,辽宁省海事局各部门还提出了众多保障海上运输安全、打造沿海船舶航路体系、提升口岸集群优势、优化政务服务效能等多个方面具体措施。③ 可以看出,作为重要的经济枢纽和货物集散中心,辽宁省正在不断提升自身的运载能力,以更好地应对高水平对外开放需求。

第四,自由贸易区的繁荣发展,推动营商环境建设更好地与国际接轨。辽宁自由贸易试验区自 2016 年挂牌成立以来,坚持以制度创新为核心,不断释放各项改革红利,逐渐形成开放的"新阵地"。各片区不断深化"放管服"改革,优化涉企服务流程。例如,

---

① 《中欧班列为辽宁高水平对外开放赋能》,国新网,http://www.scio.gov.cn/gxzl/ydyl_26587/zxtj_26590/zxtj_26591/202309/t20230921_770232.html,2023 年 9 月 20 日。

② 《辽宁省与"一带一路"沿线国家贸易额十年增长 45.5%》,国际在线,中国经济网,http://district.ce.cn/newarea//roll/202308/02/t20230802_38656012.shtml,2023 年 8 月 2 日。

③ 《辽宁举行海事系统助力全面振兴新突破三年行动十项举措新闻发布会》,国务院新闻办公室,http://www.scio.gov.cn/xwfb/dfxwfb/gssfbh/ln_13831/202308/t20230831_767100.html,2023 年 8 月 30 日。

营口片区构建"审批＋监管＋执法＋法治"审管联动闭环管理新模式。设立行政审批局，集中行使 29 个部门、416 项省市审批权限。同时整合 16 个执法部门职权，打造集成化综合监管模式。2021年，片区已经实现一般类企业 2 小时办照，半个工作日开办。另外，还有 100 项现场核查事项转为"不见面核查"，40 天内可完成一般类工业项目建设全链条审批流程。① 再如，2021 年，沈阳片区承接 116 项省级下放行政权限，还实现了行政审批事项 100％"最多跑一次"，并且完成"一枚印章管审批"创新改革。② 截至 2023年 4 月，境外投资者在辽宁省自贸试验区内创办企业时间平均缩减 30 天，依托权责清单制度、行政审批管理目录制度，沈阳、大连、营口三个片区均实现了为企业从设立到退出的"一站式"服务。③2022 年，在对标国际与国内先进的贸易区建设样板基础上，通过对三个片区展开实地调研，辽宁省出台《进一步深化中国（辽宁）自由贸易试验区改革开放方案》，要求深化自由贸易区的系统集成改革，建立同国际投资和贸易通行规则相衔接的制度体系。④ 随着自贸区内部体制机制的日益完善，2022 年，全省自贸区共引进外

① 《辽宁自贸试验区深化"放管服"改革 构建审管联动闭环管理新模式》，中华人民共和国商务部，http：//zmqgs. mofcom. gov. cn/article/gzjb/202110/20211003208998. shtml，2021 年 9 月 7 日。

② 《沈阳市"十四五"中国（辽宁）自由贸易试验区沈阳片区发展规划》，沈阳市人民政府，https：//www. shenyang. gov. cn/zwgk/fdzdgknr/ghxx/zxghx/202201/t20220122_2628656. html，2021 年 8 月 23 日。

③ 《中国（辽宁）自由贸易试验区挂牌运行六周年建设发展有关情况新闻发布会》，辽宁省人民政府，https：//www. ln. gov. cn/web/spzb/2023nxwfbh/2023041214282173924/，2023 年 4 月 12 日。

④ 《辽宁省人民政府关于印发进一步深化〈中国（辽宁）自由贸易试验区改革开放方案〉的通知》，辽宁省人民政府，https：//www. ln. gov. cn/web/zwgkx/zfwj/szfwj/2022n/D1B363AFBEDE49E68031861C525DD651/index. shtml，2022 年 3 月 11 日。

资企业 216 家,实际利用外资达 13.4 亿美元,而在 2017 年,全省自贸区的实际利用外资规模仅 0.15 亿美元。[①] 这一巨大的增长量足以表明自贸区已经成为辽宁省吸引外资入驻,提升外资利用率的新载体。

而辽宁省自贸区繁荣发展的标志不仅在如何更多地"引进来",还在如何更好地"走出去"。据统计,2022 年的前 4 个月,沈阳片区的跨境电商交易额达到了 2.3 亿元,同比增长 95.8%。在此之前,沈阳在全省率先开通了沈阳至伦敦、洛杉矶、旧金山等 6 条跨境电商定班国际货运包机航线,同时仅利用 1 个月的时间就建成并运行了东北地区唯一的菜鸟网络保税仓。[②] 在 2022 年商务部公布的全国 105 个跨境电商综合试验区综合评估结果中,沈阳市的跨境电商产业生态建设占据东北地区榜首,而其中 98.2% 的跨境电商业务量均来自沈阳片区。[③] 更有甚者,截至 2023 年末,全市 400 余家跨境电商企业中有 95% 的企业选择落户沈阳片区,真正实现了电商企业的集群化发展。[④] 沈阳片区可谓是创造了国内跨境电商领域的一个发展"奇迹",但同时也说明辽宁省自贸区蕴含着无限的开放潜力。当前,辽宁省自贸区已

---

① 《辽宁自贸试验区:建设试验高地　助力东北振兴》,《光明日报》2023 年 10 月 6 日。

② 《自贸区沈阳片区:跨境电商综合评估跃居东北首位》,沈阳市人民政府,https://www.shenyang.gov.cn/zwgk/zwdt/qxdt/202204/t20220419_2923654.html,2022 年 4 月 19 日。

③ 《商务部公布 2021 年跨境电商综试区评估结果》,电商报,https://www.dsb.cn/181499.html,2022 年 3 月 31 日。

④ 《辽宁自贸区沈阳片区:以制度创新为高质量发展"探路"》,新华网,http://www.ln.xinhuanet.com/20231203/3b806553382d487fb4623390f020d9da/c.html,2023 年 12 月 3 日。

然成为提升全省国际影响力的重大开放平台,尤其对打通"东北亚经济圈"投资堵点具有极其重要的战略性地位。随着各片区辐射带动作用的不断增大,辽宁自贸试验区将不断为经济发展注入新的动能。

（二）基于问卷与访谈的营商环境建设问题分析

营商环境问题是关涉辽宁省全面振兴、全方位振兴的战略性问题。良好的营商环境能够显著降低制度性交易成本,有效稳定投资者预期,广泛聚集经济资源要素,是推动经济发展质量变革、效率变革、动力变革的重要抓手。建设和优化营商环境应坚持问题导向,提升政策决策的精准性,从而提升营商环境建设与优化水平,提升市场主体的整体满意度。为深入挖掘辽宁省存在的一系列关键掣肘问题,本书收集了对辽宁省132位营商环境建设局局长的结构化访谈和问卷调查记录。结合辽宁省营商环境建设实际,调查分为两个主线:一是从宏观角度对辽宁省市场化、法治化、国际化营商环境建设情况展开调查;二是从微观角度围绕政府观念、办事便利度、法治环境、成本竞争力、生态宜居度、机构设置等诸多方面分析当前辽宁省营商环境建设的短板问题。此次调查中,问卷共设计了23道题目,97个变量。共发放问卷132份,回收120份,总计11640个数据,回收率高达90%。

1. 辽宁省营商环境的总体性问题分析

自2016年起,辽宁省不断加大市场化法治化国际化营商环境建设的力度。2017年,辽宁省在全国实现第一家省级营商环境建设监督局先行先试。2018年辽宁省又通过开展纠四风专项整治,重点整治干部作风,推进"五个一"工程①,营商环境得到显著改善;2021 年 6 月,沈阳市跻身国家发改委评选的全国 20 个营商环境标杆城市之一,营商便利度得分 82.38 分,在东北地区排名最优。尽管取得了众多喜人成绩,但辽宁省的营商环境整体上与"发展营商环境最优省"的目标仍存在较大差距。

从市场化法治化国际化的层面考虑,当前辽宁省市场化、法治化营商环境正在逐步完善的过程中,但是国际化营商环境则远远没有实现。从调研结果看,全省市场化、法治化、国际化营商环境建设的总体满意度"满意"和"不满意(或不能确定)"约各占 50%,一方面说明在实现营商环境建设"市场化法治化国际化"的总体目标在行政群体中还未达成共识,另一方面说明营商环境建设离"三化"总体目标仍存在一定距离,具体见表 5-1。

表 5-1 您认为辽宁省市场化法治化国际化营商环境建设的总体满意度为?

选 项		频率	百分比	有效百分比	累积百分比
有效	未作答	8	6.5	6.7	6.7
	很满意	2	1.6	1.7	8.3
	满意	55	44.4	45.8	54.2
	不能确定	45	36.3	37.5	91.7
	不满意	9	7.3	7.5	99.2
	很不满意	1	0.8	0.8	100.0
	合 计	120	96.8	100.0	
缺失	系统	4	3.2	——	
合 计		124	100.0		

数据来源:根据调查结果自行分析所得。

---

① 杜尚昧:《优化营商环境 助推辽宁民营经济健康发展》,《辽宁省社会主义学院学报》2019 年第 1 期。

关于辽宁省市场化营商环境,其存在的问题主要集中于政府缺乏信用(64.2%)、监管机制不完善(60.6%)、政府服务意识不强(50.5%)、行政审批效能较低(44.0%)市场准入存在壁垒(41.3%)、市场化程度低(38.5%)等几个方面。这一组数据展示出除了经年存在的政府失信问题外,"监管"问题已经成为影响全省市场化营商环境建设的关键问题,其重要程度甚至被认为超过服务意识、市场壁垒以及市场化程度,具体见表5-2。

表5-2　您认为辽宁省市场化营商环境建设存在的问题有?

题　项		频率	百分比	个案百分比
$Q19 您认为辽宁省市场化营商环境建设存在的问题有?	市场化程度低,政府干预经济运行	42	12.8%	38.5%
	市场准入存在壁垒	45	13.7%	41.3%
	政府缺乏信用问题	70	21.3%	64.2%
	地方政府服务意识不强	55	16.8%	50.5%
	行政审批的管理效能不强	48	14.6%	44.0%
	监管机制不完善	66	20.1%	60.6%
	其他	2	0.6%	1.8%
总　计		328	100.0%	300.9%

数据来源:根据调查结果自行分析所得。

关于辽宁省法治化营商环境,其存在的问题主要集中于司法执行效率低(56.0%)、司法不公(50.5%)、执法体制不健全(50.5%)、执法不规范(50.5%)等几个方面,这些问题可以从总体上归结为两大类,即:司法和执法。相比较而言,立法和守法被提及较少(问卷中存在开放式作答选项,但是也很少有被调查者涉及这两方面问题)。上述调查数据反映的尽管是一些老生常谈的问题,但是这也从一个侧面暴露出上述这些问题一直没有得到妥善解决,具体见表5-3。

表5-3　您认为辽宁省法治化营商环境建设存在的问题有?

题　项		频率	百分比	个案百分比
$Q20 您认为辽宁省法治化营商环境建设存在的问题有?	执法不规范	55	19.1%	50.5%
	执法不透明	41	14.2%	37.6%
	执法体制不健全	55	19.1%	50.5%
	司法不公依然存在	55	19.1%	50.5%
	行政干预司法屡禁不止	18	6.3%	16.5%
	司法执行效率低	61	21.2%	56.0%
	其他	3	1.0%	2.8%
总　计		288	100.0%	264.2%

数据来源:根据调查结果自行分析所得。

　　关于辽宁省国际化营商环境,其存在的问题主要集中于国际化人才缺乏(80.9%)、国际化信息基础薄弱(66.4%)、境外投资公共服务体系不健全(39.1%)、外资融资渠道相对单一(32.7%)、境外投资便利度较低(30.0%)等几个方面。同时,也有被调查者表示,辽宁省国际化营商环境建设还存在"标准行为与世界接轨程度不够"的问题。此外,县级层面几乎没有外资注入。可见,相比较市场化、法治化营商环境而言,辽宁省国际化营商环境的建设是一个薄弱点,具体见表5-4。

表5-4　您认为辽宁省国际化营商环境建设存在的问题有?

题　项		频率	百分比	个案百分比
$Q21 您认为辽宁省国际化营商环境建设存在的问题有?	国际化人才缺乏	89	30.4%	80.9%
	国际化信息基础薄弱	73	24.9%	66.4%
	境外投资公共服务体系不健全	43	14.7%	39.1%
	境外投资便利度较低	33	11.3%	30.0%
	外资融资渠道相对单一	36	12.3%	32.7%
	外资利用不合理	16	5.5%	14.5%
	其他	3	1.0%	2.7%
总　计		293	100.0%	266.4%

数据来源:根据调查结果自行分析所得。

2. 辽宁省营商环境的基础问题、核心问题与关键问题分析

辽宁省具有较好的工业和农业基础、高素质的劳动力、优质的科教资源、丰富的自然资源和完善的基础设施。加快营造良好营商环境,破除阻碍东北地区经济发展的体制机制障碍,有利于深化供给侧结构性改革、加快培育经济发展新动能、激发各类市场主体活力、增强人民群众获得感、调动保护广大干部群众积极性,推动东北全面振兴全方位振兴。近年来,辽宁省持续全面优化营商环境的主要任务在于以下四个方面:法治良好、办事方便、成本竞争力强、生态宜居。围绕上述几个方面,此次调查折射出辽宁省营商环境建设存在各项短板问题。

（1）基础问题分析

首先,思想观念落后。一是政府工作人员的思想意识相对保守陈旧、安于现状,对于"人人都是营商环境,个个都是开放形象"的总体要求,部分部门及领导干部理解还不够深入,认识还不够到位,改革创新存在惰性和畏难情绪,对于营商环境工作仍存在与己无关思想。二是"门难进""脸难看""事难办""中梗阻"等现象不同程度依然存在,营商意识和服务市场主体意识仍然不强,"不想干、不愿干、不会干"的庸政懒政思想依然存在。在实际调查中,有接近62％的被调查者认为公务人员"依法行政意识低";有接近47％的被调查者认为"政务信息公开不够";有接近40％的被调查者认为政务环境中仍然存在"工作推诿"现象;有23.9％的被调查者认为部分公务人员依旧存在"服务态度差"的情况,具体见表5-5。

表5-5　您认为辽宁省政务环境建设仍存在哪些问题?

题　项		频率	百分比	个案百分比
$Q15 您认为辽宁省政务环境建设仍存在哪些问题?	依法行政意识低	70	26.2%	61.9%
	政务信息公开不够	53	19.9%	46.9%
	工作推诿	44	16.5%	38.9%
	工作效率低	67	25.1%	59.3%
	服务态度差	27	10.1%	23.9%
	其他	6	2.2%	5.3%
总　计		267	100.0%	236.3%

数据来源:根据调查结果自行分析所得。

其次,政府失信严重。政府失信是导致企业家对营商环境信心不足的重要因素,在问到"辽宁省市场化营商环境建设存在的问题"时,在有效作答的问卷中回答"政府缺乏信用"的高达64.2%(详见表2),这一比例不容忽视,政府失信问题长期得不到解决将严重影响营商环境建设成效。由于历史沿革等一些复杂原因,部分企业存在历史遗留问题,一般而言,企业投诉、政府失信问题几乎都涉及土地、资金等问题。这些问题往往存在资金数额大、积压久等特征,或者与目前实际情况、政策存在矛盾,处理难度太大,导致"新官不理旧账",企业诉求长时间得不到解决。此外,现实中还存在一部分"人走政息"的情况。这些情况成为掣肘我省营商环境建设的基础性问题。

最后,行政效能低下。从量化数据来看,表5的调查数据显示,有59.3%的被调查者认为当前辽宁省政务工作效率偏低。具体来看,行政效能较低主要分为以下几种情况:首先,政府与企业间的无障碍联络机制尚未形成,导致对企业发展过程中存在的问题及需求了解不够或者了解不及时,从而造成了工作断层;

其次,数据库、清单建设、流程设计等工作的顶层设计薄弱,导致重复性的工作较多;第三,"一网通办"各项工作还没完全落实到位,无论是在办事效率还是便利度上,距离群众期盼还有差距;第四,落实"放管服"改革实效与群众期盼存在一定差距,部分行政审批事项,名义上进了政务服务中心,实际上还有"两头办理"现象。

(2) 核心问题分析

首先,办事便利度不高。从有效百分比来看,被调查者认为辽宁省营商环境建设中办事便利度"很便利"的仅占 5.8%,"便利"的占 45.8%,"一般"的占 41.7%,还有 6.7%的被调查者甚至认为办事便利度"不便利"。从激烈的全球竞争和全国竞争的角度来看,办事"便利"已然不能作为衡量指标的"标准",实现"发展环境最优省"的目标理应是将办事"很便利"作为衡量的标尺,而从现实情况看,辽宁省距离这一目标还相差甚远,具体见表 5-6。

表 5-6 您认为辽宁省营商环境办事便利度?

选 项		频率	百分比	有效百分比	累积百分比
有效	很便利	7	5.6	5.8	5.8
	便利	55	44.4	45.8	51.7
	一般	50	40.3	41.7	93.3
	不便利	8	6.5	6.7	100.0
	合计	120	96.8	100.0	
缺失	系统	4	3.2		
合 计		124	100.0		

数据来源:根据调查结果自行分析所得。

当问及辽宁省营商环境建设中具体哪些方面办事"不便捷"时,问题占比由高到低依次为:"多部门重复递交材料"和"工作人

员业务不熟悉"(各占 47.3%),"办事流程复杂"(占 44.6%),"拒
办未一次性告知办事所需材料"(占 31.3%)。被调查者表明未来
应进一步进行"减环节、减材料、减流程、减时限"的改革,以不断提
高办事便利度。在开放式作答的选项中,也有被调查者认为诸如
"专业网不对接;信息不共享;电子证照推进慢;跨域办不便捷;标
准不统一"等问题也一定程度地体现了办事不便利的情况,具体见
表 5-7。

表 5-7 您遇到哪些办事不便捷的情况?

题 项		频率	百分比	个案百分比
$Q2 您遇到哪些办事不便捷的情况?	办事人员相互推诿,拒办	29	11.5%	25.9%
	未一次性告知办事所需材料	35	13.8%	31.3%
	流程指南模糊不易办理	31	12.3%	27.7%
	办事流程复杂	50	19.8%	44.6%
	多部门重复递交材料	53	20.9%	47.3%
	工作人员业务不熟悉	53	20.9%	47.3%
	其他	2	0.8%	1.8%
总 计		253	100.0%	225.9%
开放式回答统计		专业网不对接、信息不共享、电子证照推进慢、跨域办不便捷、标准不统一……		

数据来源:根据调查结果自行分析所得。

其次,法治环境尚待完善。法治问题一直以来是掣肘辽宁省
发展的关键性问题。法治方面的问题一部分反映在前文的表 3
中,但并未全面展示辽宁省法治环境建设存在的问题。从立法、司
法、执法和守法四大层面看,立法层面的问题主要体现在立法的可
操作性不强,法律法规的实效性偏弱,更新调整较为缓慢。另外,
辽宁省也存在法律法规、政策的知晓度与通俗程度不高的情况。

司法层面的问题主要体现在司法不公、行政干预司法、执行难等方面。执法层面的问题在于：一方面，如表3所显示的执法体制不健全和执法规范性不强；另一方面，县级执法部门人员少、工作任务重，特别是具有行政执法证件的人员较少，也就是基层的执法力量有待加强。

再次，成本竞争力不强。关于辽宁省营商环境建设中的成本竞争力，一共约有85%的被调查者认为当前办事成本很高、高、一般，也就是说，目前辽宁省营商环境中成本竞争力并不高，具体见表5-8。

表5-8　您认为辽宁省营商环境办事成本？

选项		频率	百分比	有效百分比	累积百分比
有效	未作答	2	1.6	1.7	1.7
	很低	1	0.8	0.8	2.5
	低	15	12.1	12.5	15.0
	一般	83	66.9	69.2	84.2
	高	18	14.5	15.0	99.2
	很高	1	0.8	0.8	100.0
	合计	120	96.8	100.0	
缺失	系统	4	3.2		
合计		124	100.0		

数据来源：根据调查结果自行分析所得。

办事成本高的原因分析中，百分比由高到低为：融资成本高（63.5%）、用能用电成本高（53.8%）、物流成本高（30.8%）、税费高（22.1%）、涉企收费高（16.3%），以及"法律规定以外的收费、摊派情况"（10.6%）。这组数据尤其表明辽宁省"融资成本高"将成为下一步营商环境亟待解决的问题，具体见表5-9。

表 5-9　您认为造成辽宁省企业办事成本高的原因是?

题项		频率	百分比	个案百分比
$Q4 您认为造成辽宁省企业办事成本高的原因是?	存在法律规定以外的收费、摊派情况	11	5.3%	10.6%
	用能用电成本高	56	26.8%	53.8%
	融资成本高	66	31.6%	63.5%
	税费高	23	11.0%	22.1%
	涉企收费高	17	8.1%	16.3%
	物流成本高	32	15.3%	30.8%
	其他	4	1.9%	3.8%
总　计		209	100.0%	201.0%

数据来源:根据调查结果自行分析所得。

最后,生态宜居度不高。关于生态宜居问题,根据有效百分比,有接近 6 成的被调查者表示辽宁省生态宜居度"低"或者"一般",其余近四成被调查者则认为"高",而做出"很高"选择的仅占4%,也就是说。辽宁省的生态宜居度还有非常大的上升空间,具体见表 5-10。

表 5-10　您认为辽宁省生态宜居性?

选　项		频率	百分比	有效百分比	累积百分比
有效	未作答	2	1.6	1.7	1.7
	很高	5	4.0	4.2	5.8
	高	45	36.3	37.5	43.3
	一般	62	50.0	51.7	95.0
	低	6	4.8	5.0	100.0
	合计	120	96.8	100.0	
缺失	系统	4	3.2		
合　计		124	100.0		

数据来源:根据调查结果自行分析所得。

从生态宜居建设存在的具体问题来看,被调查者中认为"政治生态建设存在阻碍"和"自然生态建设尚有不足"的各占 33.6%,认为"社会生态建设存在短板"的占 58.4%,认为"创新生态建设不够完善"的占 61.1%,具体见表 5-11。

表 5-11　您认为辽宁省生态宜居建设存在的问题有?

题　项		频率	百分比	个案百分比
$Qx 您认为辽宁省生态宜居建设存在的问题有	政治生态建设存在阻碍	38	12.6%	33.6%
	自然生态建设尚有不足	38	12.6%	33.6%
	社会生态建设存在短板	66	21.9%	58.4%
	创新生态建设不够完善	69	22.8%	61.1%
	其他	91	30.1%	80.5%
总　计		302	100.0%	267.3%

数据来源:根据调查结果自行分析所得。

而在关于自然生态的调查中,被调查者反映最多的问题是"城市固体废物管理不完善",对其持支持态度的占比接近 60%;其次是认为"城市绿地系统不健全"的被调查者占 51.8%;排在第三位和第四位的则分别是"城市空气质量差(48.2%)"和"城市地表水质量差(42.9%)",具体见表 5-12。

表 5-12　您认为辽宁省自然生态建设存在的问题有?

题　项		频率	百分比	个案百分比
$Q6 您认为辽宁省自然生态建设存在的问题有	城市空气质量差	54	17.8%	48.2%
	城市地表水质量差	48	15.8%	42.9%
	城市噪音控制差	41	13.5%	36.6%
	城市固体废物管理不完善	65	21.4%	58.0%
	城市绿地系统不健全	58	19.1%	51.8%
	城市周边自然环境被破坏	32	10.5%	28.6%
	其他	6	2.0%	5.4%
总　计		304	100.0%	271.4%

数据来源:根据调查结果自行分析所得。

（3）关键问题分析

首先，机构设置不科学。体制机制障碍是制约辽宁省营商环境建设的关键因素之一。营商部门的工作很多涉及到协调、监督，甚至改革，尤其是类似政府职能转变与简政放权背后的实质相当于"拿刀割肉"，需要以"壮士断腕"的革命精神进行党委政府内部的自身改革，但由于体制机制方面的不顺畅，营商部门很难真正有效地去协调或督促省委、公检法系统等部门的问题改革和改进。营商办属于议事协调机构，营商办的合理设置和有效运行有助于协调统筹好各类复杂问题。因此，关于"营商办"的设置是十分必需的而且也应当更科学合理。然而据调查，当前辽宁省有 20％的县（市）区没有营商办，具体见表5-13。

表5-13 您所在地区是否有营商办？

选 项		频率	百分比	有效百分比	累积百分比
有效	未作答	11	8.9	9.2	9.2
	是	85	68.5	70.8	80.0
	否	24	19.4	20.0	100.0
	合 计	120	96.8	100.0	
缺失	系统	4	3.2		
合 计		124	100.0		

数据来源：根据调查结果自行分析所得。

不仅如此，辽宁省还有超过六成的营商办设置在营商局（设置在区委的仅约 7％），营商办主任一般由营商局长兼任（约占53％），这就存在上述讨论的无法协调党委部门和公检法部门的问题，具体见表5-14至表5-15。

表5-14　您所地区的营商办设置在？

选 项		频率	百分比	有效百分比	累积百分比
有效	未作答	35	28.2	29.2	29.2
	区委	8	6.5	6.7	35.8
	市直部门	1	.8	.8	36.7
	营商局	74	59.7	61.7	98.3
	其他	2	1.6	1.7	100.0
	合计	120	96.8	100.0	
缺失	系统	4	3.2		
合　计		124	100.0		
开放式回答统计		党政办公室,行政审批办			

数据来源:根据调查结果自行分析所得。

表5-15　您所在地区的营商办主任由谁来兼任？

选 项		频率	百分比	有效百分比	累积百分比
有效	未作答	36	29.0	30.0	30.0
	区委副书记	4	3.2	3.3	33.3
	政府常务区长	8	6.5	6.7	40.0
	秘书长或副秘书长	2	1.6	1.7	41.7
	营商局局长	64	51.6	53.3	95.0
	其他	6	4.8	5.0	100.0
	合计	120	96.8	100.0	
缺失	系统	4	3.2		
合计		124	100.0		
开放式回答统计		区委常委、常务市长、市常委、分管副市长			

数据来源:根据调查结果自行分析所得。

　　另外,在调查中,对于"您认为营商办履职的效果如何"这一问题,回答"一般"和"差"的占60%,回答"好"和"很好"的占30%,其中,回答"很好"的占6.7%,表明辽宁省已设的营商环境办公室的履职效果并不理想,具体见表5-16。

表5-16 您认为营商办职能履行效果如何?

选 项		频率	百分比	有效百分比	累积百分比
有效	未作答	13	10.5	10.8	10.8
	很好	8	6.5	6.7	17.5
	好	27	21.8	22.5	40.0
	一般	63	50.8	52.5	92.5
	差	9	7.3	7.5	100.0
	合计	120	96.8	100.0	
缺失	系统	4	3.2		
合 计		124	100.0		

数据来源:根据调查结果自行分析所得。

而在"您认为营商办的运行机制存在什么问题?"的调查中,支持度最高的两个选项分别是"执行效率不高"和"决策制度不科学,不完善",二者分别约占50%。其次是"监督存在滞后性"和"执行行为不规范",前者约占30%,后者约占20%,具体见表5-17。在开放式作答中,也有被调查者表示营商办运行机制上主要存在"事务性工作多、指标多;营商局统筹协调难、职责边界不清;以及因为都是平行机构所以缺乏权威性等一系列问题。

表5-17 您认为营商办的运行机制存在什么问题?

题 项		频率	百分比	个案百分比
$Q12 您认为营商办的运行机制存在什么问题?	决策制度不科学,不完善	43	25.9%	51.2%
	决策过程不透明	11	6.6%	13.1%
	执行效率不高	46	27.7%	54.8%
	执行行为不规范	18	10.8%	21.4%
	监督缺乏公开性	15	9.0%	17.9%
	监督存在滞后性	25	15.1%	29.8%
	其他	8	4.8%	9.5%
总 计		166	100.0%	197.6%

数据来源:根据调查结果自行分析所得。

其次,数字建设不健全。数字经济是引领未来经济增长的重要增长极,数字治理是国家治理现代化的重要工具。当问及辽宁省"数字化建设效果"时,约90%的被调查者认为辽宁省数字化建设"很落后""落后""一般",这表明在这一问题上,几乎全部被调查者已经达成一致意见,具体见表5-18。

表5-18 您认为辽宁省数字化建设效果如何?

选　项		频率	百分比	有效百分比	累积百分比
有效	未作答	3	2.4	2.5	2.5
	先进	9	7.3	7.5	10.0
	一般	80	64.5	66.7	76.7
	落后	24	19.4	20.0	96.7
	很落后	4	3.2	3.3	100.0
	合计	120	96.8	100.0	
缺失	系统	4	3.2		
合　计		124	100.0		

数据来源:根据调查结果自行分析所得。

当进一步问及"辽宁省数字化建设存在的问题"时,被调查者的选择从高到低依次为:城市基础数据库建设不健全(79.8%)、城市智能化的全面建设比较落后(75.4%)、电子政府建设水平较低(64.0%)、城市信息基础设施规划不完善(59.6%)等,数据表明下一步辽宁数字化建设仍然面临诸多任务,具体见表5-19。

表5-19 您认为辽宁省数字化建设存在的问题是?

题　项		频率	百分比	个案百分比
＄Q14 您认为辽宁省数字化建设存在的问题是?	城市信息基础设施规划不完善	68	19.2%	59.6%
	城市基础数据库建设不健全	91	25.7%	79.8%
	电子政府建设水平较低	73	20.6%	64.0%
	电子商务架构受到制约	32	9.0%	28.1%
	城市智能化的全面建设比较落后	86	24.3%	75.4%
	其他	4	1.1%	3.5%
总　计		354	100.0%	310.5%

（续表）

题 项	频率	百分比	个案百分比
开放式回答统计	一体化在线政务服务平台存在政务信息共享不充分、政务数据积累和政务信息数据挖掘技术不足； 政务服务数据应用需要深入推进,数据共享应用任重道远； 做好顶层设计,避免重复建设……		

数据来源:根据调查结果自行分析所得。

最后,营商文化不浓厚。加强营商文化建设是改善营商环境的中心环节、重中之重。营商文化可被誉为营商环境的"魂"。多年来,尽管辽宁省在营商文化建设方面取得了一定成绩,但与全国先进地区相比,仍存在较大差距,集中表现为尚未形成具有辽宁特色的、能够概括辽商过去、现在与未来文化实质的营商文化成果。通过这一部分的调研可以十分清晰地看到绝大多数营商局长没有营商文化概念,不知道营商文化的内涵、外延应该包括什么,更别提对其精神实质的认知和提炼。大多数的被调查者将营商文化简单对等于作风建设,这实则是混淆了营商文化与营商环境建设文化的区别。如在调查中,有接近50％的人认为辽宁营商文化建设的主要问题是"作风建设不重不实",有接近30％的人则认为是"政商关系不亲不清"。这一调查结果表明应抓紧进行辽宁省营商文化的提纯和高位建设。因为文化认同是最高层次和最深层次的认同,如果辽宁的营商文化得到多数市场主体的认同则将大大增加市场主体对辽宁市场的黏性。

二　辽宁省营商环境建设路径

进一步优化营商环境有利于破除制约辽宁振兴发展的体制机制障碍,进一步解放和发展生产力,更新思想观念,推动打造办事方便、法治良好、成本竞争力强、生态宜居的经济社会发展"软环境",推动习近平总书记重要讲话精神在辽宁落地。同时,优化营商环境也有利于提高辽宁省对国际投资的吸引力,从而将辽宁打造为对外开放新前沿。在辽宁省的营商环境建设中,应遵循市场化法治化国际化要求,不断强化顶层设计,坚持深化改革,始终牵住"放管服"改革牛鼻子,激发市场活力和社会创造力,营造"人人好、事事好、处处好、时时好"的良好营商氛围,确保各项改革任务取得实效,从而推动辽宁省贯彻落实新发展理念,实现全省经济高质量发展。本部分将基于前文对辽宁省营商环境的各项问题分析,提出具体的营商环境建设与优化路径。

（一）基于"三化"问题分析的辽宁省营商环境建设路径

针对辽宁省在营商环境"三化"建设中存在的短板问题,本书提出如下三个方面的优化路径:

第一,坚持市场本位思想,以政府改革为核心提升营商环境市场化水平。首先要全面提升辽宁省政府诚信标准,建立政府诚信公开奖惩机制,以诚信政府引领社会信用建设。一是构建独立的、成体系的全省"政府诚信评价"指标体系,开展诚信政府多元评价机制。将诚信政府建设标准化,通过开展各地诚信政府评价排名,建立公开奖惩机制;二是打破信用信息的数据壁垒,捋顺社会信用建设机制与市场监管体制机制,实现二者之间的有机配合。同时,应整合省发改部门和市场监管部门的信用信息归集入口,提高信息资源的归集力度;三是进一步开展政府诚信历史遗留问题专项清理工作,要求各市建立欠账清单,并定期提交省级相关部门;四要强化政府工作人员考核力度,将个人信用记录纳入公务员录用机制。将政府诚信评价落实到个人,提高政府工作人员责任意识,以个人信用记录作为录用公务员的标准之一,从根本上提高政府工作人员的工作态度,发扬"店小二"精神,营造良好的工作作风。

其次,要强化政府对市场主体的服务意识,提升政务办理的便捷性。一要努力加强辽宁省市场主体服务。全面推进涉企政策精准推送和落地服务,健全常态化政企沟通机制。建立完善"企业吹哨、部门报到"机制,充分发挥 12345 政府服务热线作用,全面提升全省市场主体诉求响应效率。二要努力打造高效便捷的政务环境。以推进"互联网＋政务服务"为主要抓手,以方便企业和群众办事为目标,进一步简化优化办事流程,在全省范围内全面实现"一网通办""不见面审批"等服务模式的进一步转型升级,实现全流程审批服务的高质量,大力提升政府办事效率,强化市场主人翁意识。

第二,将法治思维贯穿营商环境建设全程,尤其要以依法执法作为法治化营商环境建设的根本手段。首先,坚持以法治思维、法治方式营造公平守信的市场生存环境。一要深化辽宁省商事制度改革,大力推进"多证合一"改革,进一步推动"证照分离"改革全覆盖。全面实施辽宁省企业开办全程网上办,加深"一网通办"与社会生活的融合度,实现企业开办"一窗受理、一次办成"。持续推进全省电子营业执照和电子印章应用,大幅提高企业开办效率。全面实施市场准入负面清单制度,全面落实公平竞争审查制度。依法保障各类市场主体平等使用生产要素、公平参与市场竞争、同等受到法律保护。

其次,要强化辽宁省社会信用体系建设,实施守信联合激励和失信联合惩戒,完善守信联合激励和失信联合惩戒机制。深化大数据等新一代信息技术在公共服务领域的应用,推动数字经济健康发展。加快全省社会信用体系建设,不断健全和创新守信激励和失信惩戒机制,营造公平竞争的市场环境和社会氛围。

第三,要建立健全综合执法机构设置,加强营商环境执法监督。优化辽宁省的营商环境,亟须设立一个统一的综合执法机构,以保证市场秩序和社会秩序的稳定,为市场主体提供更加公正、公平、透明的发展环境。一方面应加强对执法工作的统一领导,建立健全综合执法机构,明确具体职能,加强对执法工作的管理和指导,确保执法工作高效、有序开展。各级地方政府要加强对优化营商环境工作的组织领导,进一步完善优化营商环境工作机制,严格执行《辽宁省优化营商环境条例》等相关规定。另一方面省发展改革委要会同有关部门加强对市、县(市、区)政府的指导,组织开展执法监督检查和专项治理活动。各级纪检监察机关要结合实际,把优化营商环境工作纳入监督检查内容。

最后,要推进辽宁省营商环境综合执法改革,建立健全营商环境考核机制。一要加快推进全省市场监管、生态环境保护、文化市场、交通运输、农业等领域综合执法改革,整合归并相近职能的执法队伍,通过减少执法层级来提高执法效率。二要建立健全统一指挥、快速反应的基层综合行政执法体系,实现跨部门、跨领域综合执法和联合惩戒。支持有条件的市县推行乡镇(街道)"一支队伍管执法"。三要通过各种形式,提高执法人员的素质和能力,使得执法队伍能够准确把握市场规律,为市场主体提供更加专业、优质的服务。另外,还应建立健全营商环境执法人员考核机制。通过定期的考核评估,实现执法过程的公正性和合法性。

第三,直面国际化营商环境基础羸弱的现实,全方位、多层次提升辽宁省的国际化建设进程。首先,从"宜居"角度全面打造国际化生活环境。结合东北亚的国际定位,推动全省打造各类双语环境。一是打造国际化双语人居环境。进行全省公共交通、生活便利店、商场、出租车、餐饮、酒店、医院等公共场所的双语改造;进行外商服务体系的系统化建设。构建专门的国际外来人员的信息沟通平台,尤其是要畅通外商投诉求助平台建设,并在相关平台上提供辽宁省对外经济合作的相关政策、法规。二是营造双语政策法规环境,例如,建立英语政策法规数据库、双语政府网站、公众号等,以回应《进一步完善社会主义市场经济体制的意见》和习近平总书记讲的"高水平对外开放"——由要素开放转向制度型开放的总体要求;并且要实现规则、标准的国际化对标,对比辽宁省目前营商环境建设和国家优化营商环境最新文件精神以及国际高标准市场规则体系建设的标准,着力解决辽宁省营商环境建设不足之处。另外,还要以北京、上海等先进地区为范本,同步发行相关政策文件的英文版,包括省优化营商环境条例、全套外商投资流程材料以及相关配套法律的英文版,以夯实外商来辽投资合作的政策基础。三是打造重点地区的国际语言环境,如英语、韩语、日语等。针对来辽投资重点国家人群,要求与外商开展经济合作的重点地区加强行政人员的外语学习和培训力度,尤其是面向东北亚的日语、韩语等培训力度,强化地区吸引力。四是打造国际化人才环境。根据需求分类引入国际化专业人才,搭建国际化营商建设与沟通桥梁。五是打造国际化数字环境。通过建立共享信息平台的数据"双语公布"机制,加深外商对辽宁省营商环境的了解程度,主动迎合数字经济时代的机遇,开展精准合作。还要构建数字技术领域"双语教学"机制。鼓励各单位引进国际优秀师资力量,深化数字技术相关专业领域内双语教学程度,消除国外与国内技术人员之间的沟通障碍和技术鸿沟。

其次,健全境外投资公共服务体系,拓展多种外资融资渠道。辽宁省境外投资公共服务平台要对企业境外投资的风险预警、项目信息查询、投资政策咨询、项目可行性研究报告编制等提供服务,为全省企业"走出去"提供全面的信息支持和保障。引导金融机构为境外投资企业提供融资支持,创新多种形式的融资方式,拓展多种外资融资渠道,通过对企业的融资进行合理的引导,拓宽企业融资渠道,有效解决资金短缺问题。政府应不断鼓励、支持大型企业通过海外上市等方式实现资金回流。同时,政府还应积极引导中小型企业与外资建立合作关系,鼓励外资参与中小微企业的发展,拓宽融资渠道。此外,政府更应加大对企业境外投资的政策支持力度,提高境外投资相关政策的透明度和可预期性,并进一步简化审批流程，提高审批效率。为全省企业提供与政府之间的信息交流平台，降低信息不对称性，增强境外投资企业对相关政策和市场环境的了解程度。再者，应加强对全省企业境外的投资风险评估工作。政府应建立健全境外投资风险预警机制，建立完善的风险评估系统。对风险较高的项目采取有效措施进行风险控制和管理，降低企业经营风险和财务风险。

最后，规范全省企业开展对外投资活动，建立境外投资信息共享平台。各级政府应引导企业规范开展对外投资活动，鼓励有实力、信誉好的大型国有和民营企业开展境外并购、合资合作等多种方式的对外投资活动。政府应加大对境外投资企业的扶持力度，对符合条件的企业给予一定政策支持。此外，政府应建立辽宁省境外投资信息共享平台，加强对境外投资企业的信息收集和分析，为其提供信息服务。不仅如此，政府还应建立境外投资企业数据库，实现对境外投资企业的动态跟踪和管理。

（二）基于具体性问题分析的辽宁省营商环境建设路径

针对辽宁省在营商环境建设上存在的具体性短板问题，本书提出如下四个方面的优化路径：

第一，从市场需求出发，实现精准化服务改革。当前，辽宁省需要努力为市场主体营造公平竞争的市场环境，为市场主体投资兴业营造稳定、公平、透明、可预期的良好环境，让各类市场主体可以更加便利地获取要素资源，平等参与市场竞争。首先，应不断加大对民营企业、外资企业等各类市场主体的支持力度。对各类市场主体一视同仁，给予公平竞争的政策支持，营造各种所有制主体依法平等使用资源要素、公开公平公正参与竞争、同等受到法律保护的市场环境。另外,还要努力完善公共服务政策。坚持权利平等、机会平等、规则平等,保障各类市场主体依法依规享受各种优惠政策,充分激发各类市场主体活力。其次,应努力提高政府服务效能。全面推行行政许可标准化,严格落实行政审批事项"清单"管理制度,加强事中事后监管,推进政务服务一网通办、一窗通办、一事联办。聚焦市场主体的所思所想所盼,建立健全市场主体全生命周期服务机制。坚持把企业作为推进改革发展的主体、推动经济社会高质量发展的主体、维护国家经济安全的主体来看待和对待,围绕企业全生命周期精准制定政策。落实好市场准入负面"清单"制度,对标世界银行营商环境评价体系加强系统集成各地区各部门在优化营商环境方面的经验做法,切实解决好"准入不准营"问题。落实好公平竞争审查制度,维护公平竞争市场秩序。最后,应深化"放管服"改革,以政府职能转变为牵引推进经济体制改革和行政管理体制改革,以政府职能优化带动打造良好发展环境,维护社会公平正义。政府应努力树立主动服务意识、提高服务能力水平。牢固树立"人人都是营商环境"理念,强化全省营商环境理念培育、营商环境制度建设、营商环境监督管理的意识和能力。切实提高、政务服务效率和质量,畅通与企业沟通交流渠道,切实帮助企业解决实际问题。

第二,提高营商环境行政效能,提升市场主体办事便利度。首先,应持续优化审批服务。推行"一业一证"改革,将一个行业准入涉及的多张许可证整合为一张"行业综合许可证",实现"一证准营"。推进企业开办"一网通办",进一步压缩企业开办时间。持续强化工程建设项目审批的全流程改革,推行并联审批、多图联审、联合验收等改革。提升不动产登记办理效率,实现最短工作日办结完成。其次,继续深化商事制度改革。在全省范围内深入实施"先照后证"改革,大幅降低准入门槛。全面推行企业简易注销改革,进一步提升市场主体退出便利度。深化企业登记全程电子化改革,全面实行电子营业执照和全程电子化登记管理制度,实现网上申请、网上受理、网上审核、网上发照、网上公示和网上查询。推进市场监管领域跨部门"双随机、一公开"监管,积极推动信用分级分类监管制度建设,实现全覆盖和常态化的动态监管。最后,大力提升政务服务的标准化与规范化。全力推广"一件事一次办"改革试点经验,建立全省政务服务标准化体系和运行机制。同时落实好全省政务服务"好差评"工作机制建设试点工作,以"好评"鼓励发扬先进,以"差评"督促政务改革,努力减少营商环境建设的体制机制障碍。

第三,降低市场主体办事成本,不断提升成本竞争力。一要持续推动审批服务便民化。优化办事流程,实现更多事项在网上办理。对标国际先进水平,进一步优化简化企业开办程序。推行"一窗受理、集成服务""一站式办理""一件事一次办"。进一步完善电子证照、电子印章、电子档案应用场景,加强电子证照共享应用,推动更多政务服务事项实现网上办理。二要深入推进"互联网+监管"。推进市场监管领域部门联合"双随机、一公开"监管全覆盖,实现部门间对同一市场主体的检查结果互认共享。实施包容审慎监管,进一步推行轻微违法行为不予行政处罚、从轻行政处罚和减轻行政处罚等措施。加强和规范事中事后监管,全面推行"互联网＋监管",推动对新兴产业实施包容审慎监管。三要提高政务服务标准化规范化便利化水平。全面推进政务服务标准化建设,制定政务服务事项清单并向社会公布,推进同一事项无差别受理、同标准办理。实施政务服务"好差评"制度,提升政务服务水平。加快推进跨省通办、省内通办和省内跨市通办。全面实施企业投资项目承诺制改革,探索推行区域评估评审机制。四要提升企业群众办事便利度。实现更多事项的一次办成、网上办、就近办、掌上办。全面推广证明事项告知承诺制,全力剔除企业和群众办事面临的"奇葩"证明、循环证明、重复证明等问题。

第四,以法治思维和数字手段,共同打造安全稳定的营商环境运行机制。一要进一步完善法治环境。必须充分发挥法治"固根本、稳预期、利长远"的保障作用,持续优化法治化营商环境,以"法治"促"良治"不断健全公平开放透明的市场规则体系,完善市场主体保护、行业协会商会行为规范、纠纷解决和监督机制,为全省市场主体提供安全稳定的生产生活环境,进而创造出更大的经济发展动能。另外,还要全面推进全省普法工作,在现有普法格局的基础上,加大对优化营商环境相关法律法规的宣传力度,提高全社会法治意识。二要进一步加大辽宁省数字基础设施建设投入力度。尽管当前全省的数字化建设进程处于不断加快的状态,但与发达地区相比,仍然存在比较明显的差距。因此,应不断加大数字基础设施的投资力度,同时吸引更多的数字项目落户辽宁,深化全省上下的数字化氛围,一方面以数字技术不断推动政务服务改革,提升市场主体的办事满意度,另一方面要以加快传统产业的数字化转型,吸引更多的数字产业聚集,形成数字经济产业集群,通过降低生产成本和提高生产效率来不断提高企业收益,增强各类市场主体进入辽宁市场的信心,进而强化辽宁省数字经济在国内外市场上的影响力和竞争力。

参 考 文 献

[1] 宋林霖,何成祥:《从招商引资至优化营商环境:地方政府经济职能履行方式的重大转向》,《上海行政学院学报》2019 年第 6 期。

[2] 李吟枫:《对目前中国投资环境的概要分析》,《世界经济文汇》1992 年第 2 期。

[3] 袁易明:《中国经济特区建立与发展的三大制度贡献》,深圳大学学报(人文社会科学版)2018 第 4 期。

[4] 董洁:《70 年来经济体制的探索与启示》,《经济日报》2019 年第 14 版。

[5] 刘建丽:《新中国利用外资 70 年:历程、效应与主要经验》,《管理世界》2019 第 11 期。

[6] 何勇钦:《中国经济特区的回顾与展望》,硕士学位论文,长江大学,2013 年,第 1—7 页。

[7] 马相东,张文魁,刘丁一:《地方政府招商引资政策的变迁历程与取向观察:1978—2021 年》,《改革》2021 年第 8 期。

[8] 张翼,董蓓:《一串明珠点亮改革开放前沿》,《光明日报》2021 年 03 月 26 日第 6 版。

[9] 张亚雄:《"高新区一定要成为科技型企业的栖息地"》,《光明日报》2020

年 7 月 24 日第 9 版。

[10] 菲利普斯,张鹏:《一个外国人看中国的投资环境》,《瞭望周刊》1984 年第 44 期。

[11] 陈乔之:《试析新加坡的投资气候——兼论改善我国经济特区投资环境的问题》,《东南亚研究资料》1982 年第 3 期。

[12] 王萍:《改善我国投资环境亟待解决的几个问题》,《特区经济》1990 年第 1 期。

[13] 陈乔之:《试析新加坡的投资气候——兼论改善我国经济特区投资环境的问题》,《东南亚研究资料》1982 年第 3 期。

[14] 孙世群:《创造条件加快招商引资》,《老区建设》1992 年第 11 期。

[15] 朱秉衡:《广州经济技术开发区的发展策略》,《热带地理》1988 年第 4 期。

[16] 孙世群:《创造条件加快招商引资》,《老区建设》1992 年第 11 期。

[17] 蔡定创:《信用价值论》,2015 年第一版,2020 年第二版。

[18] 刘佳骏:《中国产业园区转型升级历程与政策建议》,《重庆理工大学学报》(社会科学)2019 年第 9 期。

[19] 甄杰,任浩,唐开翼:《中国产业园区持续发展:历程、形态与逻辑》,《城市规划学刊》2022 年第 1 期。

[20] 辜胜阻,韩龙艳:《中国民营经济发展进入新的历史阶段》,《求是》2017 年 3 月 31 日。

[21] 张志勇:《民营企业 40 年》,经济日报出版社 2019 年版,第 10 页。

[22] 郑修敏,许晓明:《政策引导还是自我发展?——新中国六十年中国民营经济发展动力探究》,《社会科学战线》2009 年第 9 期。

[23] 黄孟复:《中国民营经济史·大事记》,社会科学文献出版社 2009 年版,第 13—16 页。

[24] 高尚全:《体制创新与民营经济发展》,《中国工业经济》2001 年第 12 期。

[25] 阮雯:《政府管理制度创新与浙江民营经济发展》,《中共杭州市委党校学报》2001 年第 6 期。

[26] 陈大鹏,吴舒钰,李稻葵:《中国构建开放型经济的经验和对新发展阶段的启示——政府与市场经济学的视角》,《国际经济评论》2021 年第 6 期。

[27] 薛荣久:《入世在中国改革开放中的意义、作用与维护》,《国际贸易问题》2018 年第 10 期。

[28] 马宏滨:《加入 WTO 与我国招商引资策略的调整》,《齐齐哈尔大学学报》(哲学社会科学版)2003 年第 2 版。

[29] 黄小勇:《机构改革的历程及其内在逻辑》,《行政管理改革》2018 第 5 版。

[30] 罗兰:《取消"超国民待遇"是国际惯例》,《人民日报海外版》2013 年 10 月 21 日第 2 版。

[31] 刘洁:《我国管道燃气规制机构亟需调整》,《开放导报》2007 年第 6 期。

[32] 张定安,彭云,武俊伟:《深化行政审批制度改革 推进政府治理现代化》,《中国行政管理》2022 年第 7 期。

[33] 潘小娟:《政府的自我革命:中国行政审批制度改革的逻辑起点与发展深化》,《行政管理改革》2021 年第 3 版。

[34] 孙彩红:《改革开放以来行政审批制度改革历史与发展逻辑》,《行政论坛》2022 年第 2 期。

[35] 江彩云:《我国行政审批制度改革的发展及特征》,《学术交流》2019 年第 1 期。

[36] 景朝阳,李勇,高成运,陈建国:《协会商会蓝皮书:中国行业协会商会发展报告(2014)》,社会科学文献出版社,2015 年。

[37] 马庆钰:《行业协会商会脱钩改革急需解决的关键问题》,《行政管理改革》2020 年第 12 期。

[38] 佚名:《起步、发展、停滞、再发展——中国行业协会发展历程》,《中国市场》1998 年第 11 期。

[39] 张冉:《中国行业协会研究综述》,《甘肃社会科学》2007 年第 5 期。

[40] 臧姗:《政府经济治理视角下营商环境优化的历程、特点及走向》,《中共四川省委党校学报》2022 年第 1 期。

[41] 沈荣华:《优化营商环境的内涵、现状与思考》,《行政管理改革》2020 年第 10 期。

[42] 郭燕芬,柏维春:《营商环境建设中的政府责任:历史逻辑、理论逻辑与实践逻辑》,《重庆社会科学》2019 年第 2 期。

[43] 陈华平,樊艳丽:《协同治理视阈下的营商环境建设:内在治理逻辑及优化路径》,《南宁师范大学学报》(哲学社会科学版)2020 年第 2 期。

[44] 冯其予:《自贸试验区硕果累累》,《经济日报》2022 年 5 月 2 日第 5 版。

[45] 周进:《共建"一带一路":发展历程、主要成果与重要经验》,《当代中国史研究》2023 年第 3 期。

[46] 鲁元珍:《市场主体汇聚发展澎湃动力》,《光明日报》2022 年 10 月 12 日第 10 版。

[47] 邢玉冠,杨道玲:《大数据分析十八大以来我国营商环境建设成效》,《中国发展》2022 年第 5 期。

[48] 马海涛,姚东旻,孟晓雨:《党的十八大以来我国财税改革的重大成就、理论经验与未来展望》,《管理世界》2022 年第 10 期。

[49]《我国行业协会商会数量达 11.39 万》,《人民日报》2022 年 08 月 25 日第 4 版。

[50] 王冰洁:《成功走出一条具有中国特色的社会组织发展之路》,《中国社

会报》2022 年第 4 期。

［51］陈诗怡:《"放管服"改革背景下的营商环境优化》,《中共山西省委党校学报》2023 年第 3 期。

［52］张莉:《全面加强知识产权保护　优化创新环境和营商环境》,《中国对外贸易》2022 年第 5 期。

［53］赵玉辉:《统筹发展和安全的理论逻辑、历史逻辑和现实逻辑》,《中国应急管理科学》2023 年第 7 期。

［54］高中华:《近代史是中国发展的"清醒剂"》,《人民论坛》2016 年第 19 期。

［55］吴林潼:《构建高水平社会主义市场经济体制的三维探析》,《社会科学动态》2023 年第 8 期。

［56］郭宏福:《社会主义市场经济是更优越的市场经济》,《中国物价》2019 年第 5 期。

［57］黄恒学,彭组峰:《论建立和完善中国特色社会主义市场经济体制的若干重大理论问题》,《行政管理改革》2018 年第 9 期。

［58］陈可煜:《营商环境》,《开放导报》2000 年第 6 期。

［59］马爱华:《香港的营商环境及对天津开发区的启示》,《天津经济》2002 年第 11 期。

［60］潘小飞,王薇:《深圳有多贵?——深圳营商成本分析》,《深圳特区科技》2003 年第 12 期。

［61］陈峰,羽林:《解析武汉"营商成本"》,《学习与实践》2004 年第 4 期。

［62］王焕培:《关于降低湖南个体私营企业营商成本的思考》,《湖南省社会主义学院学报》2005 年第 6 期。

［63］吴冰:《打造法治化、国际化的营商环境》,《广东经济》2012 年第 6 期。

［64］向景,刘中虎:《借鉴国际经验　优化我国税务营商环境》,《国际税收》2013 年第 8 期。

[65] 龚柏华:《国际化和法治化视野下的上海自贸区营商环境建设》,《学术月刊》2014 年第 1 期。

[66] 彭清华:《深化改革 强化监管 优化营商环境》,《广西经济》2015 年第 9 期。

[67] 武文卿:《负面清单制度:构建法治化营商环境》,《中国招标》2015 年第 43 期。

[68] 崔庆安:《以深化建设项目审批改革为引擎 做好优化营商环境大文章》,《机构与行政》2016 年第 9 期。

[69] 金彦海:《辽宁营商环境存在的问题及对策》,《辽宁省社会主义学院学报》2017 年第 1 期。

[70] 张威:《我国营商环境存在的问题及优化建议》,《理论学刊》2017 年第 5 期。

[71] 丁新正:《优化我国中小微企业营商法制环境的路径研究——以重庆为个案》,《重庆理工大学学报》(社会科学)2018 年第 2 期。

[72] 李瑞峰:《如何构建更加和谐的营商环境》,《人民论坛》2018 年第 11 期。

[73] 天酬:《物流业对营商环境优化需求迫切》,《中国储运》2018 年第 3 期。

[74] 周鲜华,肖乃和,龙玲:《沈阳市建筑业企业营商环境现状分析与优化对策研究》,《辽宁经济》2018 年第 6 期。

[75] 周名峰:《和谐价值观视域下"一带一路"沿线营商环境的优化》,《云南社会科学》2018 年第 5 期。

[76] 代中现,曾宪慧:《粤港澳大湾区营商环境法治化建设存在的问题及对策》,《探求》2018 年第 6 期。

[77] 王庆德:《北部湾经济区营商环境优化策略研究》,《中国经贸导刊(中)》2019 年第 3 期。

[78] 毛雁冰:《提升长三角区域一体化营商环境的关键问题及对策》,《中国发展》2019 年第 6 期。

[79] 夏洪利:《新冠疫情背景下复工复产政策对营商环境优化的影响分析》,《行政科学论坛》2020 年第 6 期。

[80] 黄晓艳:《破解疫情影响下中小微企业经济发展与融资困境的研究》,《商业经济》2021 年第 10 期。

[81] 王昭君,肖萍:《疫情影响下我国跨境电商面临的困境与对策》,《中国经贸导刊(中)》2021 年第 5 期。

[82] 贺桂华,胡霄桐:《常态化疫情防控下企业破产重整之纾困》,《经济研究导刊》2022 年第 9 期。

[83] 侯冠宇:《营商环境赋能工业高质量发展:影响因素与提升路径》,《理论月刊》2023 年第 11 期。

[84] 胡杨:《营商环境影响因素分析及其对区域经济高质量发展的影响》,《科技经济市场》2023 年第 6 期。

[85] 程风雨,王翔宇:《广州营商环境高质量发展的城市比较分析:兼论打造国际一流营商环境标杆城市》,《特区经济》2023 年第 12 期。

[86] Eifert, Benn, Alan Gelb and Vijaya Ramachandran, "Business Environment and Comparative Advantage in Africa: Evidence from the Investment Climate Data" *Emerging Markets: Economics*, 2005.

[87] 陈伟伟,张琦:《系统优化我国区域营商环境的逻辑框架和思路》,《改革》2019 年第 5 期。

[88] 张国勇,娄成武:《基于制度嵌入性的营商环境优化研究——以辽宁省为例》,《东北大学学报》(社会科学版)2018 年第 3 期。

[89] 张定安,高乐:《聚焦市场主体关切持续打造市场化法治化国际化营商环境》,《中国行政管理》2021 年第 8 期。

[90] 顾东明,周明:《激励相容视角下地方政府优化营商环境的动因研究:一个央地关系的分析框架》,《现代管理科学》2023 年第 4 期。

［91］刘勉,黄娅妮:《基于萨缪尔森经典定义对公共物品定义的研究》,《中国市场》2010 年第 49 期。

［92］郭燕芬,柏维春:《营商环境建设中的政府责任:历史逻辑、理论逻辑与实践逻辑》,《重庆社会科学》2019 年第 2 期。

［93］宋林霖,陈志超:《中国营商环境治理:寻求技术逻辑与制度逻辑的平衡》,《行政论坛》,2022 年第 5 期。

［94］高明华:《创造低制度成本营商环境》,《智库时代》2017 年第 1 期。

［95］朱晓红,伊强:《论社会治理的多元主体结构》,《学习论坛》2007 年第 8 期。

［96］李恒全:《增强社会治理主体的协调性》,《光明日报》2016 年 4 月 6 日第 13 版。

［97］杨寅:《公共利益的程序主义考量》,《法学》2004 年第 10 期。

［98］梁玉红:《优化营商环境重在降成本》,《江西日报》2022 年 12 月 22 日。

［99］沈春耀:《有效发挥法治固根本、稳预期、利长远的保障作用》,《中国人大》2020 年第 22 期。

［100］石羚:《形成亲清统一的新型政商关系》,《人民日报》2023 年 7 月 19 日第 4 版。

［101］胡鞍钢,唐啸,杨竺松,鄢一龙:《中国国家治理现代化》,中国人民大学出版社,2014 年。

［102］朱旭峰,吴冠生:《中国特色的央地关系:演变与特点》,《治理研究》2018 年第 2 期。

［103］张树华,王阳亮:《制度、体制与机制:对国家治理体系的系统分析》,《管理世界》2022 年第 1 期。

［104］王东京:《我国基本经济制度形成发展的理论逻辑和历史逻辑》,《中国军转民》2021 年第 24 期。

[105] 陈启清:《健全和完善生产要素参与分配机制》,《经济日报》2020 年第
　　　 11 期。

[106] 何立胜:《公平竞争制度是市场公平竞争的基础保障》,《学习时报》
　　　 2020 年 3 月 18 日。

[107] 刘亚平,苏娇妮:《中国市场监管改革 70 年的变迁经验与演进逻辑》,
　　　《中国行政管理》2019 年第 5 期。

[108] 赵志远:《政府职责体系构建中的权责清单制度:结构、过程与机制》,
　　　《政治学研究》2021 年第 5 期。

[109] 任进:《推行政府及部门权力清单制度》,《行政管理改革》2014 年第
　　　 12 期。

[110] 熊选国:《坚持依法治国、依法执政、依法行政共同推进,法治国家、法
　　　 治政府、法治社会一体建设》,《中国律师》2021 年第 5 期。

[111] 马怀德,张泽宇:《中国法治政府发展报告(2022)》,中国政法大学法治
　　　 政府研究院,http://fzzfyjy.cupl.edu.cn/info/1437/15596.htm,2023
　　　 年 7 月 9 日。

[112] 杨学聪:《统筹推进京津冀营商环境建设》,《经济日报》2023 年第 6 期。

[113] 章政:《如何理解国内大循环的本质和要义》,人民论坛网,http://
　　　 www.rmlt.com.cn/2020/1012/595622.shtml,2020 年 10 月 12 日。

[114] 姚迈新:《公共治理的理论基础:政府、市场与社会的三边互动》,《陕西
　　　 行政学院学报》2010 年第 1 期。

[115] 卢晨曦,许克祥:《我国跨界治理研究热点、演化趋势及展望》,《河南财
　　　 政税务高等专科学校学报》2022 年第 2 期。

[116] 郭燕芬:《营商环境协同治理的结构要素、运行机理与实现机制研究》,
　　　《当代经济管理》2019 年第 12 期。

[117] 范恒山:《把握营商环境优化的正确方向深化行政体制改革》,国脉电

子政务网,http://www.echinagov.com/viewpoint/342383.htm,2023年6月15日。

[118] 陈付龙:《推进国家治理体系现代化的重要标志》,中工网,https://www.workercn.cn/c/2021-04-14/6716137.shtml,2021年4月14日。

[119] 王滨,陈律:《新时代契约精神的传承与创新》,《人民论坛》2021年第23期。

[120] 张家琦,何欣颖,郭薇:《政府监管与行业自律互动合作的困境及实现路径》,《辽宁行政学院学报》2023年第2期。

[121] 陈东,杨平宇,陈晓宇:《发挥行业协会商会在长三角区域一体化中的作用》,《现代金融》2021年第1期。

[122] 杨晓丹:《行业协会商会参与国家治理的优势及其效能提升的路径》,《党政干部学刊》2023年第9期。

[123] 王道勇:《习近平总书记关于社会治理重要论述的理论贡献》,《学习时报》2022年9月13日。

[124] 艾志强,韩宁:《坚持人民性 建设社会治理共同体》,《光明日报》2020年1月17日第6版。

[125] 陈一新:《坚持和完善共建共治共享的社会治理制度》,《学习时报》2020年1月20日第1版。

[126] 徐汉明:《持续提升社会治理效能(治理之道)》,《人民日报》2022年1月5日第9版。

[127] 边飞飞:《汇聚多元社会治理主体协同合力》,《中国社会科学报》2023年第5期。

[128] 杜鹃:《加快推进市域社会治理现代化(治理之道)》,《人民日报》2020年7月21日。

[129] 陈成文:《市域社会治理现代化的理论蕴含与实践路向》,《光明日报》

2019 年 11 月 22 日第 6 版。

[130] 刘波:《积极构建信用监管新格局》,《小康》2023 年第 12 期。

[131] 陈兵:《治理平台经济领域价格欺诈行为需多措并举》,第一财经,ht-
tps://www.yicai.com/news/101090801.html,2021 年 6 月 23 日。

[132] 彭向刚,马冉:《政务营商环境优化及其评价指标体系构建》,《学术研
究》2018 第 11 期。

[133] 徐现祥等:《中国营商环境调查报告(2022)》,社会科学文献出版社,
2022 年。

[134] 张德森,李林芳:《营商环境的数字化转型:生成逻辑与实践进路》,《北
京行政学院学报》2023 年第 6 期。

[135] 周伟:《数据赋能:数字营商环境建设的理论逻辑与优化路径》,《求实》
2022 年第 4 期。

[136] 周强:《加强数字经济法治建设 服务数字经济高质量发展》,《中国法
院报》2022 年 5 月 27 日。

[137] 杨大鹏:《数字产业化的模式与路径研究:以浙江为例》,《中共杭州市
委党校学报》2019 年第 5 期。

[138] 丁东铭,魏永艳:《优化对外开放营商环境进程中面临的挑战与对策》,
《经济纵横》2020 年第 4 期。

[139] 王俊岭:《中国与世界实现共赢》,《人民日报》2021 年 12 月 11 日。

[140] 薛军等:《中国民营企业对外直接投资指数年度报告(2021 版)》,人民
出版社,2022 年。

[141] 唐佳丽:《辽宁:优化发展环境 壮大经营主体》,《辽宁日报》2023 年第
1 期。

[142] 杜尚昧:《优化营商环境 助推辽宁民营经济健康发展》,《辽宁省社会
主义学院学报》2019 年第 1 期。

后　　记

　　营商环境是一个地区竞争力的关键元素,营商环境不仅是经济问题,也是政治问题,更是事关全局的发展战略问题。习近平总书记2018年在亚洲博鳌论坛上讲"好的营商环境就像是空气,只有空气清新才能吸引来更多的投资者"。党的十八大以来,我国持续推进"放管服"改革和"优化营商环境"建设,营商环境明显改善、成效显著。本书的选题正是基于这样的大背景,书稿将从营商环境建设的理论逻辑入手,研究营商环境建设背后的逻辑理路、价值基础、目标定位、现实困境、指标体系等问题,最后提出"十四五"时期进一步优化营商环境的路径选择。

　　回顾过去学界在营商环境建设方面的文献,我们可以发现,到目前为止的此类研究存在着或多或少的局限性,可以被总结为以下两点:

　　首先,从研究方法看。在研究方法上,学术界对我国营商环境的分析多为定性分析,定量分析较少。学者多用纵横比较、历史分析与现实分析的方式进行,注重宏观性的政策指导建议,缺乏有根基的理论体系与数据分析，导致提出的观点多，但切实的实证少，相关建议难以落地。并且，大多学者的研究是采用截面数据，相关研究缺乏一定的连续性，其结论的真实性有待考证。

其次，从研究内容看。当前的研究关于营商环境的优化建议大多以从"国家"视角展开，并缺乏相应的理论指导。营商环境建设是现实问题，需立足于实践，通过更为详实规范的实证研究来促进理论研究的突破，为管理实践提出有针对性的改进建议。同时，对于其优化路径的研究必然需要扎实的研究框架与符合逻辑的逻辑理路，现有研究的体系性有所欠缺，应当着力构建立体化、系统化的研究框架，探索具有高度内部自洽性的改善路径。

本书的研究恰从上述两个方面弥补了当前学界研究的不足，一是本书的研究采用了实证研究的方法，二是本书的研究将注重于对体系化的学理框架的探索，这在目前的学术市场上尚很少见，这成为本书的书稿特色和出版的价值所在。

本书的完成得益于团队的努力，其中郭薇主要负责全书的策划、撰写和统稿工作，总计涉及 15 万余字；何欣颖主要负责全书的写作、统稿和校对，在一到四章都做了大量的工作；纪秀娟主要参与撰写了第一章；魏晓晶主要参与撰写了第二章的部分内容；崔莹心主要参与撰写了第四章的部分内容；王咏诗主要参与撰写了第五章的部分内容。在此，向全书作者致以最崇高的敬意！也祝福中国营商环境拥有更加美好灿烂的明天！

郭薇于沈阳

2024 年 5 月 6 日

图书在版编目(CIP)数据

营商环境建设的理论逻辑及实现路径研究/郭薇等著.
—上海:上海三联书店,2024

--ISBN 978-7-5426-8741-8

Ⅰ.F832.48

中国国家版本馆 CIP 数据核字第 20246VR386 号

营商环境建设的理论逻辑及实现路径研究

著　　者　郭　薇等

责任编辑　钱震华

装帧设计　陈益平

出版发行　上海三联书店

　　　　　中国上海市威海路 755 号

印　　刷　浙江临安曙光印务有限公司

版　　次　2024 年 10 月第 1 版
印　　次　2024 年 10 月第 1 次印刷
开　　本　700×1000　1/16
字　　数　208 千字
印　　张　19.25
书　　号　ISBN 978-7-5426-8741-8/F·935
定　　价　98.00 元